管清友的股票投资课

做趋势的朋友

管清友 著

中信出版集团｜北京

图书在版编目（CIP）数据

管清友的股票投资课：做趋势的朋友 / 管清友著 . -- 北京：中信出版社，2020.9（2022.5 重印）
　ISBN 978-7-5217-2036-5

Ⅰ. ①管… Ⅱ. ①管… Ⅲ. ①股票投资－基本知识
Ⅳ. ① F830.91

中国版本图书馆 CIP 数据核字（2020）第 124796 号

管清友的股票投资课——做趋势的朋友

著　　者：管清友
出版发行：中信出版集团股份有限公司
　　　　　（北京市朝阳区惠新东街甲 4 号富盛大厦 2 座　邮编　100029）
承　印　者：北京盛通印刷股份有限公司

开　　本：880mm×1230mm　1/32　　印　张：11.25　　字　数：240 千字
版　　次：2020 年 9 月第 1 版　　　　印　次：2022 年 5 月第 4 次印刷
书　　号：ISBN 978–7–5217–2036–5
定　　价：65.00 元

版权所有·侵权必究
如有印刷、装订问题，本公司负责调换。
服务热线：400–600–8099
投稿邮箱：author@citicpub.com

目 录

引子　中国式股票投资之道：如何穿越牛熊？ /V

第 1 讲　重新认识市场 ｜ 股市基础结构

股票才是最重要的资产，没有之一 / 003
A 股为何牛短熊长：中国股市的特色基因 / 008
市场结构：从 5 个维度认识股市 / 013
投资逻辑：哪种投资流派更适合你？ / 018
市场趋势：未来股票投资的四大趋势 / 023

第 2 讲　把握市场大势 ｜ 宏观经济周期

判断经济周期：如何解读常见的经济指标？ / 035
顺势而为：经济好转时该如何投资？ / 044
逆流而上：经济变差时该如何投资？ / 049
未来大周期：为什么中国经济不可能重回 8%？ / 054
国运之辩：我们会重蹈日本的覆辙吗？ / 059
当前小周期：这轮经济下行接近尾声了吗？ / 064

流动性：央行一举一动如何影响股市？/ 068
汇率：人民币贬值对股市意味着什么？/ 074
资金供求：交易量中隐含哪些市场信号？/ 079

第 3 讲　投资方法｜判断方向的 4 种方法

主题投资法

主题投资：小白也能学会的投资方法 / 091

十大政策主题：混改和大湾区以外的投资机会 / 100

十大技术主题：不止人工智能和 VR/AR / 114

十大另类主题：高送转和破净股以外的机遇 / 133

行业投资法

行业分析法：如何快速了解一个行业？/ 144

行业投资策略：不同时期如何挑选行业？/ 149

周期类行业：钢铁煤炭股如何投资？/ 153

成长类行业：高科技股如何投资？/ 158

消费类行业：衣食住行股如何投资？/ 164

金融类行业：银行券商股如何投资？/ 168

白马股重构：传统行业的"马太效应"/ 172

黑马股退潮：新兴产业的估值重估 / 176

公司投资法

股价的内核：如何分析公司盈利？/ 180

股价的外壳：估值到底是什么？/ 184

价值分析：如何发掘核心竞争力与护城河？/ 188

目 录

财务数据分析：财务报表指标中的奥秘 / 196
10 年 10 倍股是怎么炼成的？ / 205

资金分析法
A 股资金大解密：谁是最大的金主？ / 212
如何发现资金流向中的机会与风险？ / 217
未来还有哪些增量资金可以入市？ / 222
技术分析：K 线真的靠谱吗？ / 229
揭秘坐庄：中国式 A 股的毒瘤 / 233

第 4 讲　风险规避 | 2 种主要风险类型

市场风险
风险分析：这些年股民踩过的雷 / 241
中国式爆仓风险：董事长跑路的幕后推手 / 249
中国式减持：大股东减持背后的套路 / 254
杠杆配资：股灾的罪魁祸首还能信任吗？ / 258
中国式虚假概念股：哪些风口炒不得？ / 262
如何识别上市公司的造假套路？ / 267

政策风险
IPO 与注册制：打新股还靠谱吗？ / 273
处罚：A 股市场不能碰的 5 条红线 / 278
退市：如何提前发现公司有退市风险？ / 282
交易制度："T+0"能够实现吗？ / 287

III

第 5 讲　思维升级｜投资者的自我修养

时间的玫瑰：耐心是第一法则 / 293

逆向思维：危机中被忽略的投资机会 / 297

投资误区：避免 5 种非理性投资行为 / 302

投资纪律：除了止损，还要遵守哪些铁律？ / 306

附录　2009—2019 年 A 股 Top10 牛股分析 / 311

引 子

中国式股票投资之道：
如何穿越牛熊？

有人说，世界上有两种股市，一种叫股市，一种叫中国股市。似乎中国股市唯一的规律就是没有规律。不管你是一无所知的投资小白，还是久经沙场的专业投资者，中国股市似乎总能找到方法让你服气。大家应该听过很多老鼠仓的新闻，最专业的基金经理加上内幕交易竟然还赚不到钱，这真是天下最大的笑话。广大的散户就更难赚到钱了。

为什么大家在中国股市里很难赚到钱呢？归根结底，是大家还在用传统的思维方法来分析A股市场，而这套方法基本上是从西方发达市场衍生出来的，完全不适合A股市场，原因是我们的市场还太不成熟。市场有多不成熟呢？我给你讲一个真实的故事，这个故事听起来像一个段子，但确实是我亲身经历的真事。

2015年股市最疯狂的时候，每天都有很多人问我买什么股票，让我不堪其扰，所以我就在微博上调侃了一句："别问我股市了。除了股市，我们还有诗和远方。"结果可笑的是，网友竟然从中解读出"诗和远方"的首字母是 SHYF，正好和"石化油服"这只股票的简称相同，以为我是在推荐股票。更可笑的是，第二天石化油服竟然真的大涨，当月涨幅接近 40%。我当时开玩笑说，我猜中了开头，却没有猜中结尾。

类似的事情还有不少，历史上一次次奇葩的案例告诉我们，在这样的市场里做投资真的是一件很危险的事。之所以危险，是因为这个市场太特殊。我经常给那些自信满满、跃跃欲试的投资者泼冷水，说我们首先应该学会敬畏市场，A 股市场就是一个桀骜不驯的猛兽，如果你过于自信，赤手空拳地去挑战它，一定会被伤得很惨。

我过去在证券公司担任高管，分管公司的研究业务，长期给基金、保险等机构投资者以及一些高净值的个人投资者提供投资建议。这个工作有两个好处：一是可以对市场保持密切的跟踪和研究，并在实践中检验自己的判断，持续改善自己的投资框架；二是可以和投资者保持密切沟通，从他们的投资成败中吸取经验和教训。

在这个过程中，我越来越坚信一个理念：市场是一个客观的存在，不管它涨还是跌，你必须要敬畏它，因为市场永远是对的。我们的股市是有问题，但在这一个喜怒无常的庞然大物面前，个人的力量是非常渺小的。我们既没有能力去判断它的对错,更不可能凭一己之力去改变结果。要想穿越牛市和熊市,从市场中赚钱,我们真正要做,或者唯一要做的,就是了解市场、适应市场、尊重市场。投资不是你改变市场,而是向市场学习、让市场改变你的过程。

你可能听过很多所谓的炒股神技,但最后不但没有成为股神,反而成了被大家调侃的韭菜。这并不是因为A股市场无道可循,恰恰相反,在中国做股票投资是最讲究"道"的,你听到的那些所谓股神的"道",其实仅仅是投机取巧的"术"而已。我曾经在投资报告中引用"道可道,非常道"这句话,我觉得非常适合讲给想要学习股票投资的朋友。市场不是没有规律,没有方法。放下你的幻想和自大,做市场的学生,才是穿越牛熊之道。

出于这样一种理念,我希望出一本和传统股票投资教程不太一样的书。我不迷信任何理论,在这本书里,我们唯一的老师是市场,我只是你的向导。我会带着我的团队再一次系统地梳理市场留给我们的历史、数据和案例,进而帮你描绘出一幅完整而又清晰的投资地图。

这本书大致分为五讲:第1讲是重新认识市场,主要是为大家介绍一些我认为投资必备的基础知识,纠正一些常见的误解,扫除一些你可能忽略的市场盲点。第2讲是把握市场大势,主要是从宏观的角度给大家分析投资股票的周期以及一些具体的市场信号。第

3讲是投资方法。股票投资最后还是要落地，这里给大家讲解的是具体的落地方法，包括行业分析、主题分析、公司分析以及资金分析等，这也是整本书的核心。第4讲是风险规避，我一直认为规避风险比追求收益更重要。这可能不会让你赚大钱，但是可以让你活下去。第5讲是思维升级，希望给大家传递一些投资理念，这可能比具体的投资策略更重要。

让我们一起做市场的学生，做市场的朋友，一起去穿越牛熊。

第 *1* 讲

重新认识市场
股市基础结构

股票才是最重要的资产，没有之一

过去 20 年，说起投资，大家的第一反应都是房地产，这成了中国一个特色。从全球来看，没有一个成熟的市场化国家像我们一样，把买房当成主要的投资手段。我们可以看一个数据，2018 年中国家庭资产中房产占比高达 77.7%，远高于美国的 34.6%。而股票在家庭总资产中占比仅为 8.1%，即便加上和股票相关的基金、信托等金融产品，这个数字也远远低于美国。那么问题来了，是我们的投资方式太初级还是他们的资产结构不合理？答案显然是前者。

房子是用来住的，现在却成了老百姓的主要投资工具，这是特定历史阶段产生的特定问题。伴随着经济和社会的发展，房子必然会逐步退出投资的历史舞台，而以股票为核心的金融资产会成为老百姓的主要投资方式。如果说过去 20 年是房地产造富的时代，未来 20 年将是股权造富的时代。房子是死的，股票是活的。毫不夸张地说，股票才是最重要的投资品，没有之一。

我们先来重新认识一下股票这个资产。说起来，股票大家都很熟悉，就是一种由股份公司发行的所有权凭证。你买了一家公司的股票，从原则上来讲你也是这家公司的主人之一了。作为主人，你可以享有一系列综合权利，比如参加股东大会、投票表决、参与公司的重大决策，收取上市公司的利润分红或者享受股票价格上涨的收益，等等。在 A 股市场上，大部分普通投资者可能只享受了分享股票差价的权利，但其实股票的其他权利也很重要，甚至更加重要。

第一个权利是在 A 股市场被很多人忽略的分红权。投资股票最终投资的是公司，投资公司是为了分享公司的利润分红，也就是我们常说的股息。从数据来看，A 股市场能够持续分红的公司很少。我们统计了 2020 年之前上市的公司，其中竟然有 10 多家公司从来没有分过红。这有多种原因：一是 A 股市场上市公司的盈利水平参差不齐，很多公司总体来看是亏损的；二是很多上市公司是国企；三是一些新兴上市公司处于成长期，它们更倾向于把利润再投资。这导致很多投资者炒股从来不考虑分红这个问题，而是只依靠股价的上涨赚钱，很容易形成短线投机思维，不愿意耐心持有，这是不合理的。A 股市场很多优质公司的股息分红是很高的，比如格力、上汽这几年的平均股息率都在 6% 左右。也就是说，不管股价怎么波动，你每年可以比较确定地拿到 6% 左右的收益，再加上股价的上涨，收益是很可观的。当然，分红不一定是以现金的形式，有时会折算成股票派送给你,等于增加了持股的数量。高股息是价值投资重要的护城河。

第二个权利是参与公司管理决策。当你持股达到一定比例,就有机会参与公司的经营管理。一般来说,普通投资者不会考虑这个问题,考虑这个问题的主要是机构投资者。如果机构投资者的投资涉及控股权和董事会构成的变化,也会影响公司前景,从而间接影响公司的股价。比如前几年轰轰烈烈的宝万之争,宝能系增持万科股票,最终引发了万科内部大洗牌,也让万科的股价在短期内大起大落,让不少投资者损失惨重。

为什么要给大家介绍这些看似基础的概念呢?其实就是想告诉大家一个道理,股票绝不只是你交易软件中那个跳来跳去的虚拟数字,还是一份实实在在的股东权利。股票不是用来炒的,而是用来支持实体经济的。尽管由于各种主客观因素,A股市场在很多时候背离了支持实体经济的初心和本原,但随着资本市场改革的推进,未来股票一定会成为最重要的资产选择,因为它有着无可比拟的优势。

第一,长期收益率最高。很多人觉得股票风险大,但其实从长期来看,股票收益率是最高的,没有之一。有人算过一笔账,假如1802年把1美元分别投资于美元现金、黄金、债券当中,那么到2017年你拥有的价值分别是0.053美元、4.27美元、1700美元。而如果你当时投资了股票,你就能拥有超过61万美元。

有人说200年这个周期太长了，那我们看近10年的数据。2010—2019年美股的年化收益率高达9.9%，明显高于黄金的2.5%、美元的2.2%。

有人说美股是牛长熊短，而我们是牛短熊长，但其实A股市场的长期收益率也没那么不堪。2006—2019年，沪深300指数的年化收益率高达11.6%，上证综指是7.3%。如果拉长周期到1990年上交所的成立时点，那上证综指的年化收益率则高达11.8%。如果你那时候幸运地买到了茅台、格力这些绩优股，那么收益率更是高得惊人，涨幅甚至远远超过了京沪深的房价。

第二，市场最为规范。尽管A股市场存在各种各样的漏洞，但相比P2P（互联网借贷平台）等很多新兴的投资工具来说，股票市场依然是最健康、最透明、最规范的。从大类资产的角度来说，A股市场发展了30年，比商品房市场的历史还要早，更不用说近几年才诞生的P2P、数字货币等资产。从内部组成的角度来说，A股市场上的上市公司都是经过投行、律师、会计师和证监会层层把关审核后IPO（首次公开募股）的，是中国最优质的一批企业。上市之后，它们还要按证监会的要求进行信息披露，尤其是一些重大事件。相比之下，如果你投了一个不规范的金融产品，可能连钱去哪儿了都不知道。比如最近我看到某个爆雷的P2P平台，投资者的钱竟然被平台老板的个人账户挪用，这种悲剧在股票市场上是绝对不可能发生的。

第三，流动性最好。流动性好是兑现投资收益的保障，而股票无疑是流动性最好的资产，没有之一。股票是标准化的证券化资产，交易信息相对透明，尤其是证券交易所作为中介，让股票买卖变得非常便利。不像房地产、文物等非标准化资产，交易需要经过漫长的询价、成交和过户等程序。即便是非常抢手的北京房产，从挂牌到成交也得数月。这和股票是没法比的。

第四，门槛最为亲民。这是股票流动性好的另一个原因。投资股票的门槛低，最低的只要几百元就能买一手，也就是 100 股。这让股票市场成为投资者最多的市场。数据显示，2020 年 1 月国内已开立 A 股账户的投资者超过 1.59 亿。

第五，空间最为广阔。巴菲特经常用证券化率来衡量一国股市增长的空间。所谓证券化率，就是一个国家各类证券的总市值与该国国内生产总值的比率。2019 年 A 股市场的总市值为 65.8 万亿元，而同期中国的 GDP（国内生产总值）已经达到 99.1 万亿元，由此计算我国的证券化比率不到 70%。这不仅明显低于发达国家 100% 左右的水平，也远远低于我们 2007 年和 2015 年巅峰时期 100% 以上的水平。这意味着我们的股票市场还有相当大的扩容空间，未来股票市场的规模会加速扩大，优质的股票会加速涌现。所以，我的判断是，房地产也许已经是夕阳资产，但股票绝对还是朝阳资产。

总之，我们可能都知道股票，但可能并没有理解股票的本质。

股票投资不是猜测涨跌的投机游戏，而是作为所有者分享实体公司成长的价值投资。我们不应该把股票看作一种数字资产，它其实是一个与实体经济血脉相连、有血有肉的资产。在众多资产里，股票是长期收益、流动性、规范性、可参与性、发展性最好的资产，没有之一。

A股为何牛短熊长：中国股市的特色基因

我们在引子中曾经讲过，中国股市是一个非常特殊的市场，它最突出的特色有三个：一是牛短熊长，波动性强；二是换手率高，投机性强；三是政策影响明显，随机性强。其实这些只是你看到的表象，根本原因是A股市场的基因不同。这种中国特色的股市基因主要表现在9个方面。

第一，从发行制度看，以往实行IPO核准制，新股发行节奏由政府把控，定价存在双轨制。股票的发行制度主要有三种：审批制、核准制和注册制。我国股市建立之初，实行审批制，比如一年发行300亿元股票，这块蛋糕由各省、部委审批和分配，企业搞不到指标就无法上市。2001年开始启动核准制，先由证券中介机构对企业能否发行股票做出判断，再由证监会发审委对发行人是否合规进行审查，发审委有权直接否决发行申请。也就是说，证监会掌握着新股发行的生杀大权。而注册制是成熟股票市场普遍采用的，上市公司按要求提交材料，真实与否由市场自己评判。2020年3月1日，中国新《证券法》正式实施，将IPO核准制改为注册制，采取更加开放的、系统的、及时的信息披露制度，同时也为下一步资本市场开放打下非常好的基础。

美国实行彻底的注册制，充分发挥市场机制的作用，通过发行人和投资者之间的博弈，来满足投融资需求。实际上，这样的高效率、低成本、市场化机制，极大地降低了公司的身价和稀缺性，也使定价更为合理。美国投资者对新股的态度十分谨慎，而在中国却完全不一样。

第二，从发行数量看，政府主导着新股发行的节奏。在过去，IPO上市排队时间很长，甚至要等好几年，这样使很多优质公司望而却步，绕道境外上市，而剩下的很多公司则在排队中形成了"堰塞湖"。后来，新股发行节奏加快，一周六七家，"堰塞湖"问题逐渐解决了，但也相当于对当时的股市资金进行了大抽血。目前，IPO新股上市标准趋严，新股少了，不过质量也高了很多。

第三，从定价机制看，新股发行的定价存在双轨制。现行的新股定价实行询价制。简单说，就是打算上市的公司和承销商证券公司一起，找来几十家机构投资者，问问他们愿意出多少钱买新发行的股票，但中小投资者无缘参与。新股发行的价格不是由全体投资者通过自由申购确定的，而且政策也会对定价有很多限制，并非由参加询价的机构自由报价确定。也就是说，IPO新股的定价不是真正的市场定价，而是一种体现了管理层的定价指令和定价意图的半官方定价，这样就与二级市场完全由自由交易产生的最终定价形成了双轨制。2018年，A股市场新股的定价一般都被限定在市盈率（P/E）22倍左右，但二级市场却不这么认为，所以新股上市后会迎来连续好几个涨停板，因此很多人热衷于打新股。

第四，从交易制度看，A股市场缺乏做空机制。A股市场在交易制度设计上鼓励做多，抑制做空。做多就是看涨，买股票，低买高卖赚差价；做空就是看跌，先借入股票在高位卖出，然后再低位买进归还。目前A股在做空机制上设计较为缺乏，这也是因为目前A股市场的基础设施和投资者风险控制水平还不够成熟，可能还不足以驾驭卖空机制下的股价下跌。但股市的基本功能之一是价格发现，只鼓励看涨，却限制看跌，很大程度上也使市场失去了自我平衡、价值回归的能力，市场在看好时容易急涨，在看跌时也容易恐慌急跌，而不是有涨有跌缓慢进行。目前A股市场仅有的卖空方式是融资融券中的融券，但在实际操中也是融资容易融券难。

第五，A股交易限制很多，最主要的就是设有涨跌停板和"T+1"。涨跌停板是指当天的股票收盘价相比上一个交易日而言，涨跌幅度最多为10%。也就是昨天股价为100元的股票，今天收盘最多涨10元或跌10元。而"T+1"是指当日买进的股票，必须要

第1讲 重新认识市场｜股市基础结构

下一个交易日才能卖出。实际上，这也是为了保护投资者，避免股市过热或者过度恐慌，抑制频繁买卖的投机行为，但也在一定程度上影响了市场价格的实现，在国内做空工具缺乏的情况下，容易造成大面积的停牌和流动性丧失。比如某公司突然陷入危机，股价理论上应该跌 25%，但因为交易限制，当天只能跌 10%，所以公司就可以紧急停牌，然后拖时间想对策；如果情况相反，股价涨停板后，其他人想买也买不了，造成了流动性的丧失。

第六，从退市制度看，标准不够完善，惩罚力度较弱。首先，退市制度不完善。A 股市场共有 3800 多家上市公司，从 1999 年到 2018 年底，退市的公司还不到 150 家。目前 A 股的退市制度偏重财务指标，忽略市场指标，而财务指标实际上更容易被粉饰。目前 A 股退市的公司近 1/2 都是因为净利润连续 3 年或 4 年亏损。而相比之下，美国的退市标准就严格得多，同时也引入了很多市场指标，如连续 30 个交易日收盘价低于 1 美元、股东人数低于 400 人等。其次，处罚力度也普遍较轻。当上市公司面临违规与否的权衡时，如果违规收益远大于违规成本，即使造假几个亿也只是接受谴责或轻微处罚，那试问公司会如何选择呢？比如长生生物的假疫苗事件，最终罚款 91 亿元，是迄今最大的罚单。而美国的强生在之前的爽身粉涉癌事件后，却直接面临 46.9 亿美元的赔偿。

第七，从分红机制看，缺乏有效的现金分红机制，推动了投机行为。因为没有相应的措施和分红环境，A 股市场上市公司大多是

011

各啬的"铁公鸡",很少进行现金分红。现金分红和低买高卖赚取差价是投资者获得回报的两种主要方式,没了现金分红,对投资者来说就只有低买高卖这一个途径,一定程度上打击了投资者的长期持股信心。而美国的分红机制就较为完善,公司可以通过红利政策向市场传递公司未来盈利能力的信息,比如标普500指数的成分股一直坚持连续稳定的分红。

第八,从资金结构看,中国股市散户占比较大,缺乏长线资金。中国股市的活跃投资者主要是散户,因此,短视、过度自大、羊群效应等非理性特征非常明显。截至2019年年底,A股投资者构成中,散户资金占流通市值比例近30%。在短视投机风潮下,甚至还有很多机构投资者操作时也有散户化倾向了。而在美国股市,近几年散户占比不到10%,机构投资者占比超90%,是长期投资的主力,其中最主要的是私人养老金和保险资金。而这些,正是目前中国股市所缺乏的。

第九,从监管机制看,中国股市内在机制不完善,监管干预相对较多。中国股市内在机制还不完善,只有正反馈而没有负反馈,也就是缺乏做空机制。这样,在股市上涨时,大家都可以赚钱,形成财富效应和不断跟风效应,容易形成过热,管理层不得不加以抑制;而在股市下跌的羊群效应下,大众恐慌性卖出股票时,容易造成股灾,这时又会出现高层喊话、降息降准、引入救市资金等。总之,对于个人投资者来说,一方面要提醒自己保证独立判断,不要被过热或恐慌的情绪所操纵；另一方面，救市本身也代表政策的底线，可能是个较好的投资时点。

总而言之，投资者在这样的股市中，听消息、追涨杀跌、短线操作，只能沦为大海中随波起伏的孤舟。只有掌握正确的方法才能穿越牛熊周期，到达成功的彼岸。

市场结构：从5个维度认识股市

之前我们讲了股票是什么，以及中国股票市场的特殊性，这节我们来讲一下股票市场的基本结构，相当于给大家画一幅股票市场的地图，以便大家在后续的投资中找到适合自己的目标。

我们经常把国内股市叫A股市场，其实除了A股还有B股，只不过B股市场主要面向境外，对于普通投资者而言，主要了解A股市场就可以了。A股市场于1990年建立，经历30年的发展，目前上市公司已经超过3800家，总市值超过65万亿元。即便是最专业的投资人，可能也没办法对每只股票如数家珍，但我们可以从几个维度入手，分门别类地认识一下这3800多只股票。

第一个维度：上市场所

从上市场所来看，股市可以分为主板、中小板、创业板以及科创板。为什么要分好几个板块呢？这主要是为了针对不同类型的企业设定不同的规则。

主板门槛最高，以大型蓝筹公司为主，上交所主板股票代码以60开头，深交所主板股票代码以000开头。能在主板上市的公司多为市场占有率高、规模较大、基础较好、高收益、低风险的大型优质企业。主板的上市公司共1965家，占A股市场的51.6%，总市值近46万亿元。2019年年底时主板整体市盈率为23~25倍，市净率为1.8~2.0倍。

中小板的门槛要低一些，主要是没有达到主板挂牌要求的中型稳定发展公司，股票代码以002开头，在深交所交易。这里大多是即将或已经进入成熟期、盈利能力强，但规模比主板小、成长性比主板强的中小企业。2019年年底，中小板整体的市盈率是30倍，市净率为2.5倍，比主板估值要高。

创业板设立于2009年，以创新型成长型的中小企业为主，属于深圳交易所里的一个板块，股票代码以300开头。这里的企业自主创新和成长性高，但风险也相对较高。2019年年底，创业板的市盈率为43.7倍，市净率为3.7倍，远远高于主板和中小板。

科创板于2018年设立，门槛最低，主要针对新经济企业，股票代码以 688 开头。科创板的股票交易制度总体上与其他板块相同，但建立了更加市场化的交易机制。科创板的上市公司共 94 家。2019 年年底，科创板的市盈率为 71.6 倍，远远高于其他板块。

可以看出，从主板、中小板、创业板到科创板，企业上市的门槛越来越低，成长性越来越强。比如创业板和科创板主要针对新经济企业，其上市门槛要比主板低很多，主板要求近三年利润不低于 3000 万，而创业板只需要近两年利润不低于 1000 万。但现在创业板的条件仍然无法完全适应新经济的需求，比如很多优质的互联网公司初期根本满足不了盈利要求，连创业板都上不去。这也是中央力推科创板并采用注册制的原因。这样，未来像 BAT（百度、阿里、腾讯）一样的独角兽可能就不用离家出走了。

第二个维度：行业结构

从行业结构来看，市场上有很多行业分类方法，包括证监会、申银万国、中信等分类。相对常用的是申银万国行业分类标准，也就是申万分类。按照这种方法，股市共分为 28 个一级子行业、104 个二级子行业。接下来我们就从市值、估值和风格这三个维度来认识一下这些行业。

市值。市值最大的是银行、非银金融和医药生物板块。金融是 A 股的第一大板块，其中仅工商银行一家的市值就接近 2 万亿。市值最小的是综合、休闲服务和纺织服装，这都是一些服务业和劳动密集型轻工业，所以规模都比较小。

估值。估值一般看市盈率（P/E），它是用股价除以盈利，用来反映股价水平是否合理。市盈率最高的是计算机、国防军工和电子板块。计算机板块的市盈率是61倍，国防军工板块是56倍，电子板块是44倍，计算机和电子属于大家常说的TMT（科技、传媒和通信的英文首字母缩写），成长性比较强，所以大家愿意给一个高估值。当然，这些板块风险也比较大，比如乐视估值曾经超过100倍，事后证明是高估。军工板块估值高主要是因为行业太特殊，不是完全市场化的，所以相对稀缺，这些估值的逻辑我们在后面会具体给大家讲解。市盈率最低的是银行、房地产和建筑装饰，银行是6.1倍，只有高估值板块的1/10。为什么这几个板块的估值这么低呢？其实听名字大家就应该有感觉，这些全部是非常传统的行业，它们可能很赚钱，但是未来盈利的增长性是不足的，典型的就是银行，比如农业银行高峰时一年利润增长近50%，而这几年基本是个位数，甚至零增长。

风格。我们一般把不同行业的公司分成5种风格，包括周期性行业、成长性行业、消费类行业、金融类行业和稳定类行业。周期性行业是一些和国内或国际经济波动相关性较强的行业，典型代表是钢铁、煤炭以及工程机械、船舶等；成长性行业多为高新技术和科技类企业；消费类行业包括家用电器、纺织服装、食品饮料等；

稳定类行业主要是大型多元化的控股集团。总的来说，金融类行业的市值规模最大，而周期性行业的企业数量最多。

第三个维度：个体公司

从个体公司来看，A股市场的市值集中度在不断提升，头部化现象明显。我们以沪深300指数和上证50指数为例，来看A股市场的集中度。沪深两市一共3800多家上市公司，沪深300指数的300只成分股的市值就占了56%。头部化更明显的是上证50指数，主板中质量最优的50家公司市值占据了整个市场的30%。

第四个维度：市场参与主体

从市场参与主体来看，A股市场主体一般分为以下三种：第一种是发行人，也就是上市公司；第二种是投资人，也就是股票的买家，我们常说的机构和散户；第三种是中介机构，比如会计师事务所、律师事务所、评级机构、证券登记结算公司、监管机构（证监会）和一些自律性组织，比如中国证券业协会。

在这里，再跟大家解释一下买方和卖方的概念。买方也就是证券市场上股票的买家，一般特指基金、保险等机构投资者。卖方则是指证券公司，他们在开展经纪业务的同时，为机构投资者提供研究服务。

第五个维度：资金结构

从资金结构来看，A股市场中个人投资者占比很高。从资金结构可以看出股票市场中各方的力量，越是成熟的资本市场，机构投资者占比就越高。

以上从上市场所、行业结构、个体公司、参与主体、资金结构5个维度系统地对股票市场进行了拆解。大家过去可能只是笼统地接触过股票市场，但要想成为一个专业的投资者，必须对股票市场有一个全面系统的了解，在这个地基上去搭建投资的框架才更加靠谱，希望本书能够帮大家扫除过去认知的一些盲点。

投资逻辑：哪种投资流派更适合你？

张艺谋说，每个人心中都有一个武侠梦。我也不例外。我从小就喜欢看武侠小说，最吸引我的就是武侠世界里各大门派的各种武功绝学，比如少林派、武当派等等，虽然都是为了击败对手，但各门派的套路却完全不一样。后来我从事投资研究工作之后,发现投资也是同样的道理,虽然都是为了赚钱,但赚钱的方法绝对不止一种。

在股票市场上,投资的流派可谓百花齐放,既有严谨的基本面分析,也有神秘的技术面分析,甚至有人用风水来预测市场,大家可以去看看香港某知名券商的风水报告,很有意思。这些互相看不上的流派完全有可能一起赚钱,当然,也有可能一起亏钱。也就是说,投资和江湖上的武功一样,没有对错优劣,只有适合不适合。在讲解我们的投资方法之前,我们有必要先来了解一下市场上主要的一些投资流派。根据我的观察,目前常见的投资流派大概可以分为五种。

宏观策略分析法

顾名思义,宏观策略分析法就是从宏观经济变化的大方向入手,然后再应用到具体的股票投资中,所以也叫自上而下的研究方法。具体来说就是先看当前经济形势下是否应该投资股票,然后了解市场中期和长期的趋势,并理解影响这个趋势的核心驱动因素有哪些,然后在这个趋势背景下,选择哪种风格、主题、行业,甚至选择哪种投资组合。这种投资方法大多是对市场整体和背景的"面"上的研究,然后选择出最合理的方向。这是专业机构做股票投资时运用最多的方法之一。

我举一个实际的例子来帮助大家更清楚地理解宏观策略分析法。比如我们都知道经济是有周期的，行业在周期中会有规律地轮动。在一个完整的经济周期中，有些是先行行业，有些是跟随行业。比如对某个地方进行基础设施投资，钢铁、水泥、机械会先行，也就是先导行业。投资完成后会带动房地产、消费、文化行业的发展，这些行业就属于跟随行业。在一个经济周期中，伴随板块轮动来进行投资，先知先行，就可获得相对更高的收益。

公司价值投资法

公司价值投资法也叫自下而上的研究方法，简单说就是选股，选出有巨大增值潜力的股票。发现好的公司后，长期持有，不用过多理会市场短期的波动，伴随公司一起成长，获得长期收益。像巴菲特、格雷厄姆、彼得·林奇和费雪等投资大师，都是这种方法的代表人物。试想贵州茅台、格力电器、万科A、腾讯、阿里巴巴等现在的巨无霸公司，在十几年前你就投资了的话，现在的投资回报至少也有几十倍。

但这种自下而上的投资方法，需要对行业发展有较深的理解，知道具体行业的规模及市场蛋糕未来会有多大，行业有什么特点，竞争格局会如何演变，公司自身的核心竞争力和护城河怎样，业务、产品、盈利、品牌等如何，甚至还要剖析公司的各种财务数据，透过数据看到真实的公司样貌，并看到未来几年后的样子。

主题事件投资法

主题事件投资法是对某一事件发展趋势进行判断，通过寻找超预期或者制造预期，来找出具有相同属性特征股票的投资机会。大体可分为体系性主题和事件性主题两类。

体系性主题主要是关注宏观因素对具体股票的影响。比如说，过去几年央行经常放水，就有了降息受益行业。央行降息，利好三高行业：一是利息负担高的行业。利率下降直接减少财务费用，为净利润提升释放了弹性。二是资产负债率高的行业。资产负债率高意味着公司欠的钱多，利率降低了，还钱的成本就降低了，公司就有更多的钱去发展业务。三是分红股息率高的行业。固定的分红股息可以类比债券的利息，而降息使无风险收益率下降，若股票的分红股息率高于无风险收益率，那"类债券"属性的高股息股票自然就会更受欢迎了。对具体行业来说，降息对非银金融（如券商）、房地产、化工、公用事业、交运等行业都有很大的利好。

事件性主题就很容易理解了，某某新闻、利好事件、公司危机等都会在股价中得到反映。比如上海迪士尼乐园建设倒计时，对投资型的房地产、建筑建材，消费型的餐饮旅游酒店、商贸零售，品牌效应型的广告传媒、特许经营等方面的相关公司都产生了很大的利好。

技术分析法

很多散户对技术分析法都很熟悉，这种方法主要是以股价为研究对象，从股价变化的历史走势着手，看 K 线、看指标、看图形，对未来价格趋势的变化进行预测。像道氏理论、杰西和索罗斯的心理分析理论、江恩理论等都属于技术分析流派。技术分析一般有三类方法，一是看指标，二是画切线，三是研究 K 线图。

技术分析受到广大散户的推崇，但是在机构化投资中却很少采用。这主要是因为它的立论是建立在三大关键假设之上的，所有的分析方法都要符合这三大假设。（1）价格包含一切信息；（2）股价是趋势运动的；（3）历史可以重演。但实际上这些假设都是经不起推敲的。而且通过历史走势和画图形态等方法来预测未来，本身也有很大的局限性，技术分析的 K 线很多时候并不靠谱。

量化投资法

量化投资其实就是定量投资，是通过数量化和计算机程序化的方式来进行买卖，通过分析一定的数据，在合理逻辑的支撑下，运用某种策略来投资获得收益。量化投资方法在基金行业占比不高，2014年后才逐渐兴起，总体说来仍处于起步阶段。而国外则成熟得多，随着人工智能的发展与融入，未来这种投资方法的前景较好。

总结一下，目前主流的投资流派主要有五种：一是宏观策略分析法，二是公司价值投资法，三是主题事件投资法，四是技术分析法，五是量化投资法。目前在机构化投资中，运用较多的是宏观策略分析加公司价值分析，通过自上而下与自下而上两者相结合来研究基本面，当有特殊主题事件发生时，则用主题事件投资法来分析其影响。而量化投资，除了指定该类型的基金会专门运用，有时也会作为选股参考。至于技术分析，则运用较少。方法没有优劣之分，每个人个性不同、能力不同，适合自己的、能经受住市场检验的方法就是最好的。

市场趋势：未来股票投资的四大趋势

这一讲叫重新认识市场。前面我们讲了股票投资的优势和中国股市的特色，又站在投资的角度说了下目前主要的投资逻辑，这节我将给大家讲一下股票投资未来有何发展趋势。

刻舟求剑的故事相信大家都不陌生，它提醒我们要与时俱进，不要沉迷于过去。股票投资也是如此。过去中国的股市很不成熟，追涨杀跌、内幕坐庄等时有发生，收益还很高，但现在这些行为基本已经销声匿迹了，听消息、追涨杀跌的投资者往往也落下一身伤。随着股市内部机制的不断改革完善和外资引入国际化程度的提高，A股市场也在逐渐走向成熟，未来股票投资也将呈现以下4个新趋势。

第一个趋势：投资理念将更注重价值投资

这些年，巴菲特所代表的价值投资理念受到很多人的推崇。然而，一方面由于市场机制仍有很多不成熟之处，A股市场有效性很弱，导致短期投机仍然有利可图；另一方面，很多跟风标榜自己推崇价值投资理念的投资者，在实践中却并没有那样做。也就是说，实际上，价值投资理念一直都没有在实践中得到很好的贯彻。但未来，可能就不一样了。

我们先来说下什么叫价值投资。很多人误以为选只股票，然后丢在一边，或者即使亏了很多也不卖，坚定地捂着，等几年再说，这就叫价值投资。其实，这种认识是错的。价值投资的本质是均值回归和资本逐利。哪里赚钱，钱就会去哪里。所以长期来看，股票的价格总是围绕着价值波动。

具体来说，当股票价格涨幅过高时，未来的潜在回报不够，风险大于收益，就吸引不了新的跟随者，老的投资者也会逐渐离场，导致推动股票上涨的动能发生改变，价格回归；相反如果跌幅过大，超跌的股票也会机会大于风险，股价就会反弹。树不会长到天上，18层地狱下面也不会还有18层，即使可能有，也是小概率事件。我们投资就是要坚持长期做大概率事件，然后获得超额收益。

那为什么现在真正的价值投资者这么少呢？有客观和主观两个方面的原因。客观原因有三点：一是适合价值投资的标的不多。2018年以前A股市场的估值整体偏高，2015年，创业板估值高峰甚至高达140倍以上，而同期美国纳斯达克指数的估值只有20多倍。但现在两者估值已经趋同了，都在20多倍上。二是上市公司治理结构缺陷很多，股市成为捞金的工具，劣质公司退市难，分红机制也不完善，现金股利低，投资者只能以低买高卖来获得差价。而现在，退市制度正在逐渐完善。长生生物假疫苗事件后，A股市场增加了很多市场类指标和公共安全类标准；中弘股份因为收盘价连续20日低于1元，成为首个因市场指标而退市的上市公司。三是中国股市不成熟，波动率、换手率高。不过，股市的基础设施在经历不断的改革后，正在往正确的方向走。比如退市制度的完善、长线资金的引入，甚至在上交所另起炉灶建立科创板，试点注册制。这标志着两年来的注册制改革有了实质性的进步，而且试点成功后，将会倒逼股市其他板块的内在机制改革，股市资源配置和价格发现的功能将更加有效，价值投资的土壤也因此会更加肥沃。

主观原因也有三点：一是投资者不成熟，容易用短期股价涨跌来衡量公司业绩。二是价值投资长期业绩有保障，却无法保障短期业绩。这是个逆人性的长期旅途，而大多数人都期望一夜暴富，过度自信，喜欢从众，不能接受亏损和失败。三是价值投资需要长线资金和长期考核机制。如果投到股市的资金，动辄就取出来使用，又怎么去做价值投资呢？现在，股市长线资金正在不断引入，投资者结构也逐渐趋于机构化，价值投资理念未来将得到更好的落实。

第二个趋势：市场行情将呈现结构化

所谓的结构化行情，就是过去各板块普涨的局面没有了，每次只有部分板块上涨，而大多数股票板块只跟着小涨或者干脆就不涨。这一特征在近两年股市中已经略有体现，未来将成为常态。具体来说，会体现为两点：

一是股价走势出现分化，股票的表现出现冰火两重天。2016年年初至今，以沪深300指数为代表的大盘股取得的收益远超创业板。从股票涨跌数量来看，2016年和2017年全年上涨的股票仅占30%，而2018年更低，3558只股票仅有332只上涨，占比只有9%。

二是股票市值出现分化。大公司的市值持续上升，小公司的市值继续缩水。我们以年日均市值排序，最大的前十只股票的平均市值，在2017年时是1.1万亿元，2018年是1.2万亿元，2019年年底时已经是 1.3 万亿元了。相反，年日均市值低于 50 亿元的小市值股票，2017 年有 1032 只，占比 30%；2018 年有 1677 只，占比 47%；2019 年已经有 1885 只，占比超过 50% 了。市值分化趋势非常明显。

为什么会出现结构性分化呢？原因主要有三个。

一是流动性出现分化，资金更多地向大市值股票聚集。以前 A 股流动性并不是问题，但现在整体资金偏紧，部分股票日均成交额开始低于 1000 万元，甚至低于 500 万元。低于 500 万元的，过去 10 年几乎没有出现过，但截至 2008 年年底，就已经有 8 只股票出现了这种情况。与之相对的，流动性最好的股票，其流动性还会继续提升。未来，随着股市机制的不断健全，A 股市场可能会像港股那样出现大批僵尸股，而这种情况大概率会出现在小市值股票里。

二是盈利出现分化，业绩更多地向龙头企业聚集。经济下行压力大时，龙头企业抗风险能力更强，而非龙头企业则会弱很多。我和我的团队研究了一下相关数据，2018 年三季度上市公司的盈利增速明显下滑，A 股市场所有公司的净利润增速从二季度的 14% 下降到 10%，而沪深 300 代表的行业龙头净利润增速从 12% 下降到 10%，下降幅度小于整体水平。这说明在经济下行压力大时，龙头企业的业绩相对会更抗跌，行业内的盈利会更多地向龙头聚集。强者恒强，推动行业集中度不断提升。

三是外资的影响力逐渐增强。近年来，股市不断引入外资。实际上在这种对外开放中，A 股市场的生态已经潜移默化地发生了改变。境外投资者对 A 股市场相对陌生，而行业龙头股在公司治理、信息披露和财务规范等方面都更优秀，境外投资者在简单行事下也就更偏好龙头股。未来随着外资的进一步引入，这种影响力将越来越大。

第三个趋势：投资者结构将加速机构化

前面我们说到了未来市场行情会趋于结构化，也就是说未来股市一片红与一片绿共存会成为常态，那么策略配置与选股能力也就成为股票投资的关键。同时，相比有各种缺陷的散户，价值投资更适合专业机构投资者。我们都说价值投资，其实它的逻辑用一句话来概括，就是便宜买好货。但知易行难，何时买，个股的内在价值应该是多少，都是很大的问题。

首先，这涉及对国内外宏观经济周期的把握和判断，确定是否应该投资股市；其次，在大势研判的基础上，还要抓住主题投资机会，捕捉市场信号，进行行业比较；再次，要对具体的28个行业有较深度的理解，对3800多家上市公司至少有部分很熟悉，要能洞悉行业的发展趋势，预测企业未来的经营情况，探究企业的核心竞争力和护城河；最后，进行估值分析。虽然在理论上企业估值由未来的自由现金流贴现就可得出，但具体模型操作和预测更多的是一种思维方式和对行业公司预期变化的判断。

每个人的能力圈不同，专业机构可以更好地做到这些。从趋势上来说，投资者机构化是必然的。

近些年的发展情况也证明，机构投资者越来越多。在过去，我们经常说股市散户占七八成，后来又说A股散户占半边天。而从2015年至2019年年底，A股市场资金结构中，散户占比已经从49%下降到28%左右，机构占比则提升明显。而在美国，机构投资者占比近90%，是长期投资的主力，也就是说，A股市场在这方面还有很大的上升空间。近期，国家也在积极推进企业年金、保险资金和社保基金等机构资金入市，同时，MSCI（美国指数编制公司）和富时罗素将A股纳入其股指范围，外资机构将加速进场。

第四个趋势：人工智能将成为新的投资工具

人工智能技术迅速崛起，在各个领域掀起应用潮流，其中股票投资行业更多的是与量化投资相结合。

我们先来看下发达资本市场美国对人工智能的应用情况。美国现在超过60%的交易、接近1万亿美元的资金规模都是通过电脑程序化交易的。尤其随着人工智能技术的不断发展和融入，程序化交易的规模还在快速增加，很明显的趋势就是被动管理资产规模不断增加，人工主动管理资产规模逐渐减少。这意味着从业人员的减少。这几年，各种大型金融机构裁员的新闻不绝于耳。2015年，大批私募机构倒闭，许多从业人员就被迫离职。还有外媒报道，高盛过去 600 名交易员如今仅剩下 2 人。国外有机构预测，到 2025 年，单单因为人工智能技术的普及，华尔街就将减少 10% 的员工，也就是约 23 万人将被人工智能替代。

目前，量化投资在我国股市投资中占比不大，但人工智能早已成为国家战略，未来将步入发展的快车道。2018 年，量化基金的发行速度加快，全年共成立了 88 只量化基金。2019 年又成立了 72 只，增长速度较快。

同时，无论股市行情如何，量化基金收益均表现不俗。2018 年年初至 11 月 9 日，A 股上证综指跌幅为 21%，创业板指数跌幅为 25%，权益类普通股票型基金也平均下跌 22%；但量化基金方面，主动量化基金平均净值仅下跌 14%，量化对冲基金的平均净值甚至上涨了 0.2%。2019 年全年，A 股上证综指涨幅 22%，创业板指数涨幅 43%；但量化基金方面，主动量化基金平均净值上涨 44%，指数量化基金的平均净值甚至上涨了 52%。

这里再给大家介绍一个角度。金融从业者中有个证书含金量非常高，享誉全球，那就是特许金融分析师（CFA）。这是全球业内认可度最高的资格证书之一，而它已经正式在其考纲中加入了人工智能方面的内容，在 2019 年的考试中就已经正式出现。蝴蝶的翅膀已经扇动起来了，相信未来人工智能会成为新的投资工具，发展潜力很大。

这一讲主要是给大家介绍一些我认为投资必备的基础知识，纠正一些常见的误解，清除一些你可能忽略的市场盲点。接下来的第二讲，我将教大家如何把握市场大势，从宏观的角度去分析股票投资的周期以及一些具体的市场信号，帮助大家更好地在股市中提前顺势而为。

第 2 讲

把握市场大势
宏观经济周期

判断经济周期：
如何解读常见的经济指标？

历史研究表明，投资收益的90%以上是由大类资产配置决定的。也就是说，买哪一类资产远比在某一类资产下面具体买什么、什么时候买更重要。我们经常讲，你乘电梯时上升的速度主要取决于所乘电梯的速度，而不是你什么时候乘这部电梯。股票投资也一样，股票虽然是最重要的资产，但并不是唯一的资产，并不是每个时期都非投不可。

在不同的经济阶段，各类资产的表现完全不同，这就是所谓的经济周期和资产轮动。对于股票投资者来说，不管是长期投资，还是短期投资，都必须先搞清楚现在是什么经济周期，进而判断这个阶段是否适合进入股票这部电梯。

如何才能配置对的资产，坐上高速上升的电梯呢？这里面其实包含两个问题：第一是判断经济周期，第二是了解经济周期与各类资产的关系。这一节我们主要来讲第一个问题，即如何判断经济周期。

按照经典的经济周期理论，也就是很多人常说的美林投资时钟理论，我们主要通过经济增长和通货膨胀两类指标来判断周期。理论其实非常简单，经济有上行和下行两种状态，通胀有走高和低迷两种状态，它们两两组合就会有四种结果。一般来说，我们把经济周期划分为衰退、复苏、过热和滞胀四个阶段。一一对应的结果就是：经济下行加通胀低迷的时候是衰退期，经济上行加通胀低迷的时候就是复苏期，经济上行加通胀走高的时候就是过热期，经济下行加通胀走高的时候就是滞胀期。经济周期的四个阶段对应的是两个指标的不同状态（见图1）。

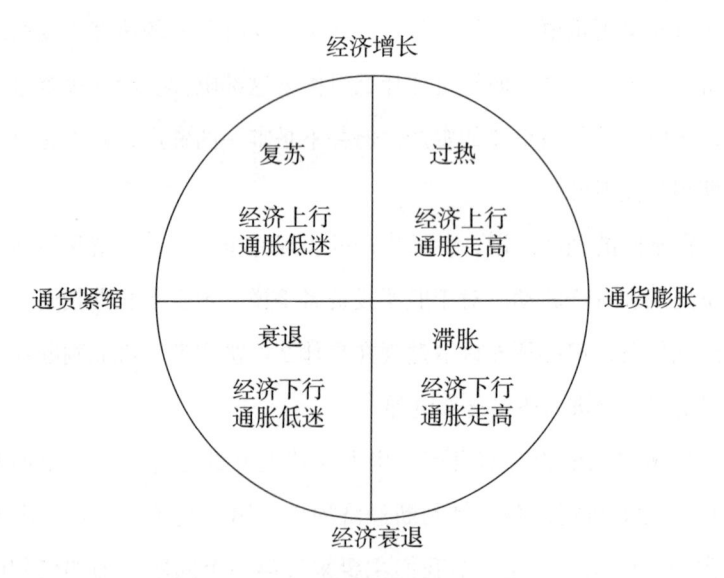

图1 经济周期的四个阶段

第2讲　把握市场大势｜宏观经济周期

经济增长类指标

　　什么时候是经济上行？什么时候是通胀低迷？经济周期理论虽然很成熟，但在中国的实际运用中，却常常出现偏差，因为中国的经济指标和西方的指标不太一样。所以在判断经济周期之前，我们需要先来系统地认识一下中国的经济指标，这样才能准确判断中国的经济周期。

　　衡量中国经济的指标有很多，这里我只挑机构投资者和研究者最常用也是最有效的几个指标来讲。先来讲经济增长类指标。

　　最常用的经济增长指标就是GDP。GDP有名义和实际之分，名义GDP包含了价格因素，实际GDP则是用不变价计算出来的，也就是扣除了价格涨跌的干扰，更能代表实体财富。大家平时听到的经济增速就是实际GDP增长率，比如2019年我国GDP比上年增长6.1%。GDP代表了国家或地区在特定时间内新创造的财富总量，是很重要的，但每个季度才公布一次，用它来判定经济周期，黄花菜都凉了。所以我们就需要一些高频指标来及时观察经济增长。

　　我们经常说拉动GDP有三驾马车——消费、投资和出口。近年来，三驾马车对于GDP的拉动作用呈现出明显的变化。消费对经济增长的拉动作用持续增强，2019年高达57.8%。不过，消费在很大程度上受收入以及另外两驾马车的影响，所以三驾马车里市场最关注的并不是消费，而是投资。投资主要包括基建、房地产和制造业三大块，三者在固定资产投资中占比接近80%。其中最重要的就是房地产，所以每月中旬公布的地产销售、投资、房价等数据都格外受关注。出口对 GDP 的拉动作用近年来在减弱，2018 年全年净出口对经济增长的贡献率是负的，这其实就是经济放缓的重要原因。

消费、出口和投资的数据每月公布一次。出口数据是海关公布的，一般是在每个月的上旬。投资和消费数据由统计局公布，会晚一些，一般是在每个月的中旬。总的来说，这三个数据也是经济的同步指标，只是比 GDP 频率高一些。

每月十几号你看到的数据只是上个月的经济情况，而我们做投资不能只解释过去，还必须预测未来，这个时候就需要借助一些领先指标，提前了解经济走向。这里给大家介绍两个最好用的：一个是 PMI，另一个是社会融资总量。

我们先讲 PMI。PMI 的全称叫采购经理人指数，顾名思义，就是对众多企业的采购经理调研，根据他们掌握的一线经营情况来反映经济的好坏。PMI 又可分为很多分项指数，最重要的是企业生产量和新订单数，前者反映当月企业产量如何，后者反映企业接到的新订单，比产量更具领先性。PMI 一般是指制造业 PMI，分为国家统计局公布的官方 PMI 和市场化的财新 PMI。官方 PMI 样本主要以大中型企业为主，而财新 PMI 涵盖更多的中小型和出口导向型企业，所以二者经常出现背离，大家可以将二者结合起来分析不同规模企业的经营情况。PMI 的解读非常简单：一是看绝对值，50 是经济的荣枯线，也就是区分经济强弱的分界点。当指数高于 50 说明经济扩张，低于 50 说明经济衰退。二是看相对走势，这比绝对值更重要，指数上升代表经济走强，反之则表示经济走弱。从历史来看，PMI 走势能较为准确地预测未来的 GDP 走势。2020 年 3 月制造业 PMI 为 52，虽在荣枯线之上，但考虑到 2 月的基数较低以及复工率的逐步提升，说明当时复工率虽高但实际复产率并不乐观，有可能在疫情冲击下大量企业经营在恶化。

社会融资总量就是全社会一共融了多少钱。它包含的范围非常广，不管是你的房贷，还是企业发债、上市融到的钱，都可以统计进去。这意味着社会融资可以最为准确地反映实体经济的资金需求，也因此成为预测未来实体增长的领先指标。逻辑很简单，如果大家融到的钱多了，接下来的生产活动就可能更旺盛。过去市场最关注的是贷款，因为大部分人融资是靠贷款，但现在融资方式多了，所以社会融资总量更加全面和准确。当然，分析数据有一个原则，不能只看当月的波动，要结合季节性等历史规律来看，比如历年 10 月都是融资淡季，社会融资都比较少，不能因为单月比 9 月下降就说经济下滑了。我比较喜欢将近 12 个月的数据加总来看，这样可以剔除季节性，预测周期相对准确些。比如从 2017 年 7 月社会融资增长开始放缓，就可以预测当年 10 月公布的三季度 GDP 大概率是下行，事后证明确实如此。

通货膨胀指标

通货膨胀是个学术用语,说白了其实就是价格。价格主要分为三种,包括消费者价格、生产者价格以及资产价格。一般来说,通胀最关注的是 CPI,也就是居民消费价格指数,这是站在消费者的角度统计日常商品服务的价格变动。物价普遍上涨,CPI 就会上升;大部分商品的价格下降,CPI 则下降。

CPI 有多重要呢?每年政府工作报告都是根据 CPI 来制定通胀目标,比如 2019 年时的目标就是控制在 3% 左右。也就是说,中央认为当 CPI 低于 3% 时,物价是相对平稳的;当 CPI 高于 3% 时,就出现通货膨胀的迹象了。但是我国的 CPI 指标一直以来都有很多争议。从历史来看,CPI 自 2014—2018 年长期处于低位,从未超过 3%,但这种数据的平稳似乎与老百姓的直观感受有巨大差异。根据公布的数据,2020 年 1 月,我国 CPI 达 5.4%,是 2013 年以来的最高值。

这是因为我国的 CPI 存在一些结构性缺陷。首先是食品类权重过高,超过 30%,远高于美国的 15%,这导致了食品类物价的变动对于 CPI 的影响权重过大,其中猪生长周期就是影响 CPI 的重要因素。因为生猪的养殖数量跟猪肉价格密切相关,而猪肉价格又是食品价格中的关键指标,比如 2018 年年末时 CPI 重返 2 时代主要是由猪价带动的。其次是居住类占比较低,不到 18%,远低于美国的 42%,这意味着房价的疯狂上涨并不能如实体现在 CPI 里,比如

2018年7—8月各大城市的房租大幅上涨就没有在CPI中体现出来。最后是CPI侧重反映下游销售环节的价格水平，对上游原材料价格的反映很有限。从2017年开始，供给侧改革推动上游原材料价格上涨，大宗商品价格指数持续上行，例如螺纹钢现货价格翻了两倍有余，但从CPI中几乎看不出来。

因此，单纯用CPI来衡量物价水平不太合理。观察社会的通胀水平需要配合其他指标来看，主要就是PPI（生产价格指数）和资产价格。

PPI和CPI是一个类型的指数，只不过统计对象是生产者，它反映了社会生产成本是上升还是下降。这部分产品虽然不直接影响消费者，但最终会传导到消费环节的价格指数上。因为产品的成本增加了，它的销售价格最终是要上涨的。PPI相对于CPI具有一定的领先性，但在中国由于存在价格管制等因素影响，PPI对CPI的传导并不显著。如2017年受供给侧改革影响，上游产品价格涨幅较大，PPI由上年下降1.4%转为上涨6.3%；但受猪肉和鲜菜价格下降的影响，CPI仅上涨1.6%，跟上年比反而回落了0.4个百分点，PPI和CPI出现背离。所以在分析物价水平时，不能只看CPI，还需要结合PPI来一起分析。

资产价格有很多，比如债券、股票、不动产等价格，这里可以主要看房价。因为上节我们讲过，投资、消费和出口三驾马车里，最受关注的是投资，投资里面最重要的又是房地产。

房价的数据有很多，最常用的是 70 城房价指数，是统计局通过对 70 个大中城市住宅销售价格数据算术平均而来，包括新房和二手房。过去几年房价的上涨相信大家一定还记忆犹新，不少一二线城市房价翻倍，三四线城市房价过万，对老百姓来说，CPI 虽然没动，但大家感觉到的通胀水平和生活成本其实大幅提高了。

每个月的第二周，统计局会公布上一个月的 CPI 和 PPI，具体的大家可以去统计局官网查询。到这里，我们基本可以建立一个分析经济增长和通货膨胀的指标框架，接下来我们通过这几年的实例讲讲怎么用这些指标来判定经济周期。

判定经济周期

我们就以 2014 年作为分析的起点，从 2014 年年初以来，我们基本经历了一轮完整的经济周期，具体的阶段是这样划分的。

粗略来看，2014—2015 年算是衰退期，当时经济一路下行，物价也很低迷。从经济增长指标来看，GDP 增速从 7.4% 的高位一路下行到 6.8%，经济增速明显放缓。从通货膨胀的指标来看，CPI 维持低位震荡，PPI 持续为负，经济较为低迷。

2016 年算是复苏期，经济已经开始企稳回暖，通胀整体可控。2015 年 9 月，面对经济下行趋势，国家发改委召开会议，部署了 10 项举措来促投资稳增长。2016 年，稳增长成效初现，GDP 增速企稳，开始上行。通货膨胀指标方面，CPI 仍在低位，PPI 一路震荡上行，房价开始上涨，通胀相对可控。

2017 年前三季度算是过热阶段，经济稳中向好，但通胀也开始走高。GDP 增速一度高达 6.9%，经济发展势头强劲。虽然 CPI 还在低位，但前三季度 PPI 同比上涨 6.9%，房价继续上行，经济明显过热。

2017 年第四季度至 2018 年年初算是类滞胀，经济增长乏力，通胀还在高位。这一阶段的 GDP 增速持平，均为 6.8%。CPI 一度上升至 2.9%，PPI 虽有所下滑，但仍处于相对高位，三四线城市楼市依旧火爆。经济增长动力不足和物价上涨并存，出现类滞胀。

2018 年二季度以来进入了衰退周期，经济加速下行，通胀开始松动。GDP 增速出现了明显的下滑，从 6.8% 降至 6.1%，创下 10 年来新低。通胀方面，受猪瘟、水灾的短期影响，CPI 有所上行，但整体可控。PPI 明显下滑，房价开始回落，这就是衰退的典型特征。

总结一下，经济周期决定了大类资产选择，是投资股票的前提。经济周期可通过经济增长和通货膨胀两大类指标划定。结合这些经济指标可以发现，2014—2018 年的中国经济已走完一个完整的经济周期，接下来我会继续给大家讲解在不同的周期应该如何配置资产，如何配置股票。

顺势而为：经济好转时该如何投资？

上一节，我们共同学习了美林投资时钟的基础知识，利用经济指标判断经济周期，通过经济增长和通货膨胀指标，将2014—2018年这个完整的经济周期划分为四个阶段。根据资产轮动逻辑，每个阶段的大类资产配置策略是不同的。从理论上来说，衰退期应该配置债券和现金，复苏期应该配置股票和债券，过热期应该配置商品和股票，滞胀期应该配置现金和商品。

不过实际操作中并没有这么简单，每一个阶段还需要区分具体情况。另外，由于股票市场包含很多行业和不同类型的个股，即使在同一经济周期下，不同上市公司的表现也千差万别，甚至会出现完全相反的走势。因此，接下来两节我们主要学习在不同的周期应该如何配置资产，如何配置股票。这一节我们主要讲经济好转时如何投资，下一节我们再讲经济形势变差时如何投资。

大类资产配置的逻辑

经济形势好是指经济持续增长，可分为复苏和过热两种不同的情况。复苏表现为经济持续上行、通胀下行或保持温和；过热则是经济上行，同时通胀上行或居高不下。

上节我们讲过，2016 年是复苏期，2017 年前三季度经济开始出现过热。我们就以此为例，看一下经济形势好的时候大类资产的配置选择。

复苏期内，经济增速加快，通胀保持低位，企业盈利改善，股票持有人能够切实分享企业盈利增长的红利，所以股票是复苏期最值得投资的资产。2016 年股市经过一个月的短暂调整后开始上行，上证综指从 2688 点上涨至 3103 点，涨幅超过 15%，收益相对可观。其次值得投资的是债券，因为这个时候货币政策依旧相对宽松，债券还存在一定的投资机会，表现整体会好于现金。2016 年，债市前 10 个月是脆弱的牛市，10 年期国债收益率最低只有 2.64%，存在一定的投资机会，后两个月由于资金面整体偏紧，债市才开始大幅调整。

过热期内，经济依旧上行，但通胀水平有所抬升，物价开始上涨，大宗商品走牛。这个阶段，可以对抗通胀的大宗商品成为资产配置中最好的选择。但由于 2016 年的供给侧改革，让大宗商品牛市提前开启，利好被提前透支，2017 年前三季度经济进入过热期后，大宗商品的涨速放缓。此时，上市公司盈利能力较为可观，基本面向好，股票市场也会有不错的表现。2017 年迎来"漂亮 50"行情，前三季度上证综指涨幅接近 7%，一大批蓝筹白马股的股价创下新高，迎来了估值修复的大行情。

股票配置策略

说完大类资产配置的逻辑，我们再着重介绍具体的股票配置策略。因为经济形势好又细分为几个阶段，在不同阶段，不同板块的股票有明显的轮动特征。

具体是怎么轮动的呢？我给大家一一分析其中的逻辑。经济复苏前期对应的是经济萧条的末期，应重点关注金融股。首先，这一阶段货币政策较为宽松，资金成本相对低廉，有利于降低金融业的负债成本。其次，复苏期经济活跃，企业融资扩张的意愿比较强，而且回报也比较好。同时由于复苏期的企业盈利改善，金融业获得的资产质量和收益率也会提升，这会直接加快金融业的资产扩张，扩大金融业的营收。最后，经济活跃的时候股票发行、并购等金融活动增加，有利于增加金融机构的资本中介收入。历史上，几乎每一轮牛市最先启动的都是金融股。复苏初期的典型就是2015年，央行五次降准降息，资金面相对充裕，银行、证券、保险等金融股崛起，拉开了2015年股市牛市的序幕。

经济复苏中期一般体现为GDP增速继续回升，PPI开始回升，CPI依然保持在低位。这个阶段应该重点关注周期股。简单来说，当PPI指标开始进入上行通道的时候，优选周期股。因为PPI触底回升意味着经济中的产能出现缺口，产能有扩张趋势，尤其是钢铁、有色金属、能源等周期性行业。它们一方面受益于经济需求回暖带来的产能扩张，另一方面受益于产能缺口带来的产品价格回升，量和价同时改善，当然会带来企业利润率的改善。

周期股主要分为三类：一是和房地产相关的建筑、建材行业；二是和基建直接相关的有色、钢铁；三是和制造业相关的重型机械、工业机械、工业制成品，如汽车、挖掘机等。从逻辑上讲，经济复苏一般是从房地产开始，因为政策宽松主要体现为货币政策和地产政策宽松，房地产对这些宽松政策最为敏感。回顾2016年上半年，房地产销售额同比增速超过40%，异常火爆。房地产的宽松会改善地方政府的财政和土地出让金收入，地方政府有了钱，自然可以做更多的基建投资。2016年上半年基建投资增速超过20%。房地产和基建投资又会进一步带动制造业的需求，典型的就是挖掘机。2016年我国挖掘机产量同比增长19.4%，主要是由房地产和基建拉动的。

2016年三季度GDP增速触及6.7%的低点，之后开始回升，PPI指数也结束54个月的连续负增长。这都是经济复苏正式启动的明确信号，随后市场表现也印证了这个逻辑。2016年前三季度建筑板块业绩好于A股整体水平，建筑建材等周期板块先开始上涨，随后钢铁板块持续上涨，最后是机械等制造业相关板块。

当PPI指标回升乏力，而且CPI也还保持温和的时候，经济复苏就进入后期，这个阶段具有成长性的科技股会表现更好。这是因为PPI增长乏力，周期性行业缺乏动能，而经济保持上行，通胀又没有风险,整个市场的风险偏好会提升,一些新技术也会涌现出来。最受欢迎的科技股就是TMT。如2016年年末GDP增速继续平稳回升,PPI同比增速持续回升,但CPI处于相对低位,所以成长股表现较好。

但当经济增长还在上行,PPI高位徘徊,CPI回升,出现通胀风险的时候,经济就进入过热阶段。这个时候看上去经济很热闹,但实际上企业已经开始难受了。这主要是因为PPI推高了企业的成本,尤其是对一些工业企业来说,原材料价格大幅上涨必然会侵蚀企业利润。2017年前三季度GDP增速均超过6.8%,PPI高位调整,经济明显过热。经济过热阶段大宗商品是最优选择,股票投资是次优选择。有一些板块的股票表现相对较好,具体有两类可以关注:一类是与大宗商品相关的,比如煤炭、钢铁、有色等资源股;另外一类就是消费股,因为消费需求会随着收入的提升而回暖,而且基本消费需求对价格不敏感,温和通胀有助于提升消费品企业的利润空间,可通过投资消费股来分享物价上涨带来的收益,比如食品饮料、白酒、服装、汽车、家电、医药等。所以我们看到2017年消费股领涨,前三季度食品饮料行业涨幅近50%,位居市场第一。

总结一下,经济复苏期,股票是最佳的投资选择。具体来说,经济复苏前期货币宽松,关注金融股;中期PPI触底,选择周期股;中后期PPI回落,选择成长股。当PPI和CPI回升到高位,经济进入过热期，大宗商品是最佳投资选择，但是与大宗商品相关的资源股和受益于物价上涨的消费股，也是不错的选择。当然，这只是一个简化的周期投资方法，具体到实际操作时，A股市场还受到监管政策、风险偏好、国际环境等外部因素的影响，需要结合所有因素全面评估，才能做出准确的周期判断，这些内容后面我都会一一讲到。

逆流而上：经济变差时该如何投资？

首先，我们还是先讲一下如何判断经济形势变差。经济形势变差对应到经济周期里其实主要是指衰退和滞胀，两者的共性是经济下行，只不过衰退期是通胀下行，滞胀期是通胀上行。根据之前的经济周期划定，2014—2015年是衰退期，2017年四季度到2018年第一季度出现类滞胀，二季度后又进入新一轮的衰退期。

大类资产配置的逻辑

我们看一下经济形势变差的时候大类资产的配置选择。衰退期内，经济增速下滑，物价下跌，商品价格下降，使得投资扩张的意愿不强，经济增长乏力，进一步加剧了经济的不景气。在这样的情况下，政府为刺激经济会出台一系列稳增长措施，出现"衰退式宽松"。如2014年两次定向降准一次降息，2015年5次降准降息，2018年4次定向降准，市场流动性相对充裕，利率降低，政府希望以此提高投资热情，刺激经济增长。

"衰退式宽松"使得无风险利率下行，固定收益类金融产品的吸引力提升，利好债券市场，所以债券是衰退期中表现最好的投资品类。无论是2014—2015年还是2018年，债市都有不错的表现，基本符合美林投资时钟的资产配置规律。

理论上，衰退期上市公司盈利能力受到影响，股市应该表现不好，但中国的情况却有些特殊。比如2014—2015年和2018年股市就出现了明显的分化。2014—2015年股市暴涨，迎来一轮大牛市，达到5178的高点后急转向下。这段时间上市公司的基本面并未改善，股市上涨主要是因为多次放水后无风险利率下行，也就是常说的"水牛"。而2018年二季度以来，股指持续下行，上证综指一度跌破2600点，创下2015年股灾后新低，主要是因为公司的基本面恶化，上市净利润同比增速开始下滑，而且货币政策并没有"大放水"。所以在衰退期，债券是最优的资产配置选择。但如果政策宽松力度足够大，股票表现也值得关注。

我们再来讲讲滞胀期。滞胀期内，经济增速放缓，但物价却高速增长，此时的经济形势就十分糟糕。由于通胀上行，导致利率上升，货币基金等现金类资产收益率会上升。2018年年初，支付宝余额宝7日年化收益率最高达到4.39%，创下2015年以来新高，这时持有现金及其等价物是最好的选择。同时物价上涨，利好大宗商品，大宗商品会有不错的表现。在滞胀期，债券和股票表现一般不会太好，因为利率上升对债券造成负面影响，而经济增速下滑，需求不足，企业盈利恶化会影响公司的基本面。

股票配置策略

最后，我们总结下经济形势变差的时候股票的配置策略。总体来看，经济形势差的时候，企业经营状况不佳，股票投资机会不大。但是利率和风险溢价等也是影响股价的重要因素，比如我们刚提到的由多次放水导致的2014—2015年的一轮牛市。下面我将经济形势差的时候细分为几个阶段，帮你梳理不同阶段的股票投资逻辑。

在衰退的前期，企业的盈利下滑会成为制约股市的最大障碍，此时，股票配置价值较低。首先，经济下行导致需求萎缩，尤其是房地产和基建等终端需求；其次，经济好的时候投资的产能还在陆续投产，产能过剩的问题会逐步暴露出来，企业的市场竞争压力加大；最后，产能过剩又会进一步压低产品的价格，挤压企业的利润空间。这样一来，股票的基本面会整体恶化。

从历史上看，经济衰退的初期，股票市场的确会持续低迷。比如中国从 2011 年三季度开始了一轮大的衰退周期，从两位数的增长一路向下，在 4 年的时间内连续跌破 9%、8%、7% 多个重要关口。通胀也基本上处于连续下行的趋势，尤其是 PPI，连续 50 多个月负增长。CPI 也是一路回落，从 6% 降至 1.6%。而 2011—2014 年的股票市场表现大家都看到了，大盘基本是熊市，只有一些结构性的机会。

但 2014—2015 年经济也没有复苏，还是处于衰退，为什么就出现了大牛市呢？这就是前面讲的，经济衰退也要分成两个阶段，在前期经济下行未触底的情况下，政策不会有大动作，就像 2011—2014 年，其实货币政策还是很稳健的，只有一些小宽松。但到了后期，一旦经济下行触及了政府的底线，政府就会启动宽松政策，对当时的中国来说，这个底线就是 7%。所以当 2014 年下半年经济运行逼近 7% 底线的时候，中央果断出手，从 2014 年 11 月开始启动了连续的降准降息，在如此大规模的货币宽松刺激之下，金融体系的流动性骤然增加。

在正常的经济复苏周期里，如果货币宽松，流动性应该会大量流入实体经济。但在经济萧条周期里，金融机构不愿意把钱放给实体企业，所以大量的资金沉淀在金融体系里，进而通过配资等形式流入股市、债市等资本市场，形成所谓的资金牛，很多人也称之为"水牛"。

从股票市场来看，资金面持续宽松最利好金融股。2014年年底就是典型的例子，降息之后券商、保险、银行板块轮番上涨，并于2014年12月5日推动A股单日成交量突破1万亿元，超过1996年A股市场一年的总成交额，成交量最大的前10只股票中9只是金融股，这也拉开了上一轮A股牛市的序幕。

但到滞胀阶段，经济增速放缓，通胀上行。一方面，利率会跟随通胀大幅上行，包括股票在内的风险资产会受到直接打压；另一方面，利润会跟随经济增速放缓大幅下行，股票的基本面也会恶化。内外压力之下，股票市场总体都不会好过。

在这个阶段，对于投资者，投资策略的核心是避险，尽量配置一些现金类的无风险资产，少配置像股票这样的风险资产。2017年四季度到2018年上半年就是这样。但如果你需要一定的股票配置，也可以做一些防守型的价值投资，有三类价值股会有相对收益。

一是需求弹性小的股票。比如公用事业，这个行业与居民生活息息相关，无论经济好坏都是必不可缺的，人们对价格的敏感度较低，即使在经济下行时，其收益也能对抗通货膨胀。

二是符合长期大趋势的股票。比如，在城镇化时代，投资房地产股票是有长期价值的；在人口老龄化时代，投资医疗股从长期来看是有价值的。

三是现金流稳定的股票。这个很难按行业来分，需要结合个股的财务指标进行研判，最好的指标就是经营性现金流和股息率。如果一只股票能保持每年几个点的分红收益，那这只股票根本不用考虑周期，完全可以当作一只债券来长期持有。

股市表现与经济周期密切相关。经济形势好的时候，投资机会较多。具体来说，经济复苏时主要关注金融股和周期股；经济过热时，主要关注消费股；经济形势差的时候，股票市场总体表现一般，投资需要把握时点和结构。具体来说，衰退时期要分情况来看，初期没什么机会，还是防守；后期货币宽松，资金脱实向虚，金融股受益；滞胀时期避险为主，尽量减少仓位，只配置一些需求弹性较小、受周期干预小的价值股。当然，这只是一个简化的周期投资方法总结，实际操作时需要进行具体分析。

未来大周期：为什么中国经济不可能重回 8%？

中国经济的新常态

经济周期其实可以分成两个层面：一个是长期的大周期，一个是短期的小周期。举个例子，就像一个人一样，大周期指的就是从幼年到成年到中年再到老年，一个周期可能持续数十年；小周期指的就是短期的生活和工作状态，比如一份工作、一份学业等等。经济周期也一样，要判断我们现在的小周期是复苏还是衰退，是健康还是不健康，首先得搞清楚我们处于大周期的哪个阶段，看看我们是处于青春期还是老年期。

过去40年，中国经济毫无疑问处于高速成长的青春期。从1978年到2017年，我国的实际GDP增长了33.5倍，年均增长9.5%，远高于世界同期经济年均2.9%的增速。这个成绩不仅创造了我们的历史，也成为全球经济最大的一个奇迹。但最近几年，中国经济增速持续放缓，尤其是2015年之后，我国的年度GDP增速20年来第一次跌破了7%，2019年GDP增速6.1%。

在这种经济连续下滑的环境下，社会对中国经济的前景出现了两种论调：一种是乐观派，他们认为这种下行是短期的，甚至认为未来中国经济还能重回8%；另一种是悲观派，他们认为中国正面临20世纪90年代日本曾面临的挑战，可能会出现类似当年日本的危机甚至崩溃。这两种观点都有一定的依据，但都过于片面。我想告诉大家，中国既不是乐观派心中那个曾经青春年少的中国，也不是悲观派心中20世纪90年代的日本，我们的未来可能介于两者之间，经济增长降速是确定的，但不至于重蹈日本的覆辙。

为什么说经济增长降速是确定的呢？道理很简单，经济增长就像人的个头一样，一个人不可能永远长个子，一个国家也一样。从全球经济发展的历史来看，没有一个国家可以青春不老，中国自然也不会例外。二战后经济增速连续 25 年保持在 7% 以上的只有 13 个经济体，剔除掉中国香港、新加坡等微型经济体，实际上只有 8 个经济体创造了高增长奇迹。而除了中国，它们在高增长的第四个 10 年里全部都跌落神坛，区别只是下跌的幅度而已。有的比较剧烈，如日本一下子减速到 5%，有的则相对温和，如韩国仍保持了 6% 左右的增速。

中国现在也步入了这样一个从高速到中低速的换挡期，就像中央反复强调的，这是我们的新常态，不是主观上出一些刺激政策能够改变的。最典型的就是 2015 年之后，我们搞了十几次的降准降息，搞了几万亿的 PPP 和基建项目，但我们的经济依然没有回到 8%。为什么会出现这种新常态？因为支持过去 40 年高增长的红利发生了变化，正在慢慢消退。

人口红利的消退

第一个变化是人口红利的消退。GDP 最终是由人生产的，劳动力人口的数量和占比是决定长期增速的核心变量。过去 40 年，尤其是前 30 年，受益于 20 世纪的两次生育潮，我国的劳动力人口快速增加，一方面让我们拥有了大量的低成本劳动力，使我们迅速成为全球第一大出口国、世界工厂，另一方面中国的房地产需求也随之爆发。

但近几年，我国的人口已经迎来拐点，劳动力从 2013 年开始出现下降，老龄化越发严重。更让人担忧的是，我们的生育率也在下降。放开二孩的政策出台后，不仅没有出现预期的新生婴儿潮，生育率反而继续大幅下降。与此同时，老龄人口却在快速增加，我国 65 岁以上人口占比已经从 2002 年的 7.3% 提升到 2018 年年底的 10.9%，而 2017 年人口自然增长率仅 5.32‰。按照国际标准，65 岁以上人口占比超过 7% 就进入老龄化社会了。也就是说，2002 年时我国就已经进入老龄化社会了，之后这个过程一直在加速。

这样的人口变化一方面会推高劳动力成本，让我们的制造业面临外流压力，比如现在的衣服好多都已经不再是 Made in China（中国制造），而是变成越南、印尼制造了；另一方面也会让近些年最重要的房地产引擎逐渐熄火，所以从长期来看，房地产的黄金时代已经过去了。这是我们面临的第一个变化。

全球化红利的消退

第二个变化是全球化红利的消退。大家这几年肯定听了很多中美贸易摩擦的资讯，很多人开始不太适应，就在 2017 年年底，特朗普还兴高采烈地在故宫喝茶，怎么转眼就变了呢？其实这不是偶然的，而是中国发展到这个阶段必然面临的问题。自 2001 年加入世贸组织以来，中国成为这一轮全球化红利最大的受益者之一。我们凭借低廉的劳动力成本优势以及稳定的制度优势，先后超过法国、德国、日本，成为全球第一大出口国，我们的外贸总额占 GDP 的比重在入世后持续上升，最高达到 60%。而且我们的出口远远超过了进口，也就是我们常说的贸易顺差。为什么美国人视我们为眼中钉？就是因为我们对他们的贸易顺差太大了。按照我们的统计，2018 年中国对美国贸易顺差同比增长 17.2%，达到 3233.2 亿美元。路透社称，这是 2006 年以来的最高纪录。因此，近段时间美国的各种贸易摩擦举措也就不难理解了。

当然，从经济学角度来看，贸易逆差并不意味着美国受损了，实际双方在贸易中都受益了，比如美国人民享受了更便宜的商品。但这些事实美国官方是不会理会的，因为他们现在对中国的遏制根源不是经济因素，而是政治因素。本质上是中国的快速崛起遇上了美国的民粹主义，特朗普政府就是希望抓住这个机会，通过发动新冷战来转移国内就业和政治压力，赢得老百姓的支持。这和 20 世纪 80 年代美国对日本的遏制如出一辙，甚至连招数都很类似，先是贸易摩擦，后面还可能有金融摩擦。

不管中美局势短期如何波动，长期来看，未来 10 年大国之间的矛盾和冲突不可避免。我们讲"中国制造 2025"，美国讲建国 250 周年（2026 年），普京讲在新的任期要把俄罗斯的 GDP 提升到世界前五位。中美俄的国家战略出现了交集，都在争夺全世界的话语权，这样势必产生冲突，只不过是冲突大小的问题。这意味着，中国经济在过去10多年所享受的全球化红利可能一去不复返了。

总结一下，从大周期来看中国经济，我们不能盲目乐观。随着外部全球化红利和内部人口红利的消退，中国经济增速换挡是必然的长期趋势，想要重回8%几乎是不可能的事，这是我们做任何投资都必须认清的一个基本背景。当然，增速放缓并不意味着我们就应该悲观，下节我继续为大家讲中国经济的长期趋势，为什么说中国不会重蹈日本的覆辙。

国运之辩：我们会重蹈日本的覆辙吗？

上节我们讲了中国经济的增速换挡是确定的，不确定的只是经济放缓的幅度。悲观派经常拿我们跟日本对比，担心我们会像日本20世纪90年代那样爆发金融危机，然后陷入"失落的二十年"。对股市来说，这也等于判了死刑，毕竟覆巢之下无完卵，经济如果崩溃，市场也必然崩溃。当年日本经济崩溃后，股市从接近4万点一路下跌，一跌就是十几年，最低跌到1万点以下，听起来都让人后怕。所以我们讨论中国经济会不会重蹈日本覆辙，绝不是一个遥远的宏观问题，而是一个影响每个人投资的大问题。

中国与日本当年的相似之处

的确，我们现在的情况很像当年的日本，都是迅速崛起中的世界第二大经济体。日本 20 世纪 70 年代开始超过德国，中国从 2010 年开始超越日本，两者都让排名第一的美国感到了威胁。从总量看，目前中国 GDP 相当于美国的 60%，与 20 世纪 90 年代末期的日本一样。从人均 GDP 和 GDP 增速看，我们现在也和 20 世纪 80 年代的日本相似。

不仅如此，我们现在面临的挑战和日本当年也非常相似。

首先，都面临人口老龄化。我国从 2002 年开始进入老龄化社会，日本从 1970 年进入老龄化社会。根据世界银行的数据，目前我国 65 岁以上人口占比是 10.9%，与日本 1986 年的水平相当。

其次，都面临资产泡沫化。日本经济的泡沫时期，主要是 1986—1989 年。在这三年里，股市的日经 225 指数从 13000 点涨到了 39000 点，增长了两倍；东京商业用地价格指数从 1985 年的 120 涨到了 1988 年的 334，也是三年增长了近两倍。到 1990 年时，仅东京都的地价就相当于美国全国的土地价格。而中国的房价和地价在过去 10 年疯狂上涨，现在京沪深的房价已经基本超过了当年日本鼎盛时期的房价，而大家知道日本的房价后来跌了一半以上，再也没起来过，这也是大家担心中国资产泡沫的原因。

最后，都面临美国的遏制。两国都是出口导向型经济体，日本

1981—1985年对外贸易顺差急剧扩大，成为当时世界最大的钢铁和汽车出口国。尤其是对美国贸易顺差急速增长，导致美国对其接连发起六次不同行业的贸易战，结果均以日本接受强制性关税、配额等妥协退让而告终。而目前中国也是美国最大的逆差来源国，也面临最大经济体对第二大经济体产业升级的遏制。

中国与日本当年本质的差异

正是出于上面种种似曾相识的场景，很多人才会担心中国经济重蹈日本的覆辙。但历史真的会这样简单重演吗？我的答案是不会。因为我们和当年的日本只是看上去像，但基因在本质上还是有巨大差异的。

第一，日本当时城镇化率近80%，而我国目前只有61%，还有很大发展空间。城镇化率是城市人口占总人口的比重。城镇化率提升会直接带动房地产和基建，同时间接刺激商业和市场的发展，是最重要的经济增长动力。日本20世纪90年代经济崩溃时的城镇化率已经接近80%，2019年时超过93%，也就是说在"失落的二十年"里，日本基本已经丧失了城镇化这个大引擎。而我国2019年年底的城镇化率只有61%，如果按照户籍人口算只有44%，还有超过6亿人生活在农村，未来还有很大的增长空间。诺贝尔经济学奖得主斯蒂格利茨曾说过，中国的城镇化和美国的技术创新是人类21世纪的两件大事。21世纪才过了20年,中国的城镇化这件大事远远没有结束。

第二,日本当时消费对GDP的贡献占比近70%,而我国2019年仅为58%,内需还有很大潜力。日本经济崩溃的时候不仅出口已经见顶,消费也已经攀上高峰。中国目前虽然出口遭遇瓶颈,但由于区域差距较大,人口总数比日本多十几倍,所以很多人的消费需求还没有得到满足,内需还有很大提升空间。目前国家采取的减税、降费等政策也是为了刺激消费内需。此外,我们相比当年的日本还有一个重要的消费助推器,那就是互联网。2019年的"双11"让我们再次见证了互联网可怕的力量,在2018年基数如此之高的情况下,2019年的全网销售额依然大增30.5%,超过4000亿元。

第三,日本是浮动汇率制,日元快速升值导致出口受挫,而我国实行资本管制,汇率相对稳定。对于依靠出口起家的中日两国来说,汇率至关重要。日本在20世纪70年代后由固定汇率制转成浮动汇率制,资本可以自由流动。再加上1985年,为了解决美国巨额的贸易赤字问题,美、日、联邦德国和英法签订了广场协议,达成五国联合干预外汇市场、让美元对日元和马克有序贬值的一致意见后,美元大幅贬值而日元升值一倍,日元持续升值长达20年,这几乎给日本的大部分出口行业判了死刑。而我国实行的是有管理的浮动汇率制,再加上资本管制,这让我们对人民币汇率几乎有绝对控制力,只要中央有意愿,维持汇率稳定还是有把握的。

第四,日本当时出现了明显的政策失误,对银行和企业放任自流,而我们大部分银行和大企业是国有的,控制力和应对危机的能力相对比较强。很多人认为日本是被1985年的广场协议压垮的,但这其实不是关键。广场协议次年,日本经济增速的确从6.2%大幅下降到3.2%,但后面4年的年均增速已经高达5.5%。所以日本经济崩溃不是外力的结果,关键还是内部的政策失误。日本在20世纪80年代时,没有对商业银行采取有效监管,大量资金流入楼市股市,催生资产泡沫。广场协议后,日元大幅升值,为了对冲,日本央行在之后一年里先后5次下调利率,结果造成资产价格进一步上涨。当泡沫达到顶峰时,又实行了过于严厉的紧缩政策,将利率从2%提升到4%,致使房价崩溃,经济一蹶不振。我们前几年也犯了类似的错误,所以吃了股灾这样的亏,但从2016年以来,中央已经及时纠偏,凭借对银行和国企的控制力,坚决地挤出了泡沫,虽然经历了阵痛,但避免了更大的危机。

总结一下,很多人拿中国经济和20世纪90年代的日本相比,认为中国可能会遭遇类似的危机。但我们和当时的日本经济只是看上去很像,基因在本质上还是有很大差别的,我们的城镇化潜力、内需潜力、稳定的汇率制度、国有为主的经济结构以及政策纠偏能力给中国经济筑起了一道护城河,不太可能重蹈日本的覆辙。

当前小周期：这轮经济下行接近尾声了吗？

前面我们讲过，从长期来看，中国经济正处于增速换挡减速的大周期，原因是人口红利和全球化红利的退潮。但对于投资来说，光看长期是不够的。就如著名经济学家凯恩斯所说，从长期来看，我们都会死去，但我们不能因此就放弃精彩的生活。即便中国经济面临很多长期压力，但依然不妨碍经济出现短期的反弹和轮动。就像前面我们讲的，尽管过去 10 年我们的 GDP 增速从 14% 降到了 6.1%，但我们不能忽视这中间还产生了大量的短期波动，2009 年、2013 年、2016 年，我们的经济都出现了反弹，而这种短期波动虽然是不可持续的，但依然会切切实实影响我们当年的投资。

在 2014 年以来的这轮经济小周期里，我们的资产市场完全是跟着经济周期走的。大体来说，2014 年是衰退期，债券开启大牛市；2015 年是复苏期，股票走牛；2016 年是过热期，大宗商品和房价暴涨；2017 年是滞胀期，货币市场表现最好；2018 年我们基本上进入衰退周期，股票走熊，债券走牛。所以要判断下一步各类资产的走势，其实关键是判断现在衰退周期有没有结束，复苏周期有没有开始。如果说衰退已经接近尾声，那么大类资产就会开始往股票倾斜，如果说衰退还远没有结束，那么大类资产依然会倾向于债券，股票很难有趋势性的好转。

所以我们要讲的小周期其实就是回答一个问题：这一轮经济衰退周期结束了吗？答案是还没有。尽管从中央政治局会议和降准等政策信号来看，政策底已经出现了，但从政策底到经济底还需要时间，目前这轮调整的几个压力还没有完全释放。

第一个压力来自房地产

房地产受到供需两端的双重挤压。从需求端看，政策是需求的领先变量，房住不炒的政策调子没有变，未来也不太可能变，调控之下需求很难有起色。政策不松，需求承压。比如从 2017 年 3 月至 2018 年 8 月这一年半时间里，一线城市销售额持续负增长，其中北京降幅高达 39%、上海降幅为 26%。三四线城市过去一年受一二线需求外溢带动，销售回暖，这个趋势基本也到头了。再从供给端来看，房地产企业融资压力越来越大。房地产企业主要融资渠道还是银行，而银行表内外融资都在压缩。表内因为非标转标，信贷额度吃紧，截至 2019 年年末，房地产企业贷款增速已经连续 17 个月负增长。表外则受到资管新规的影响，很多通道业务没法做了。再加上债券发行、资本市场再融资难度加大，房地产企业的体外融资可谓腹背受敌。所以房地产企业只能越来越依赖销售回款为主的其他资金，销售回款的占比高达 52.3%。最近我们接触了一些知名的房地产企业，现金流都非常紧张，有的加快周转回收资金，有的频发私募产品进行融资。比如某企业拟募资 5.5 亿元，愿意付出的融资成本竟然高达 13%，而 2017 年时的代价仅 8% 左右。

土地市场是一个先导信号。按照 2018 年年底时的数据，土地市场也开始降温，甚至多个热点城市出现土地流拍的现象。首先，土地出让金三年以来首次出现同比增速由正转负。40 个典型城市土地成交建筑面积环比减少 22%，年初累计土地出让金收入同比减少 0.5%。其次，土地出让均价连续 7 个月同比下跌。10 月 40 个典型城市土地成交均价同比下跌 24%。土地成交溢价率持续下降，再创 2012 年以来新低。比如，一线城市已经成交的 150 宗住宅土地平均溢价率只有 7.64%，而在 2016 年和 2017 年分别是 17% 和 67%。

第二个压力来自金融去杠杆

寄生在泡沫上的金融业退潮才刚刚开始。过去几年监管缺位，泡沫丛生，一大批违规或者不合理的金融机构、金融业务像雨后春笋一样出现。但自从国务院金融稳定发展委员会成立以来，金融强监管终于回归，主要任务就是清理这些不合理的业务和机构。举个例子，2015 年之前，中国的 P2P 几乎处于无监管状态，结果几年的时间就搞出了 6000 多家平台，成为全球最大的 P2P 市场，但其中大部分是不合规的。当监管强化之后，现在只剩下 1000 多家在正常运营，80% 的平台都爆雷甚至跑路了，而且这个数字还在不断增加。不仅 P2P 行业，财富管理公司、基金公司、证券公司都还在挤泡沫的过程中，最近很多金融机构已经开始裁员，金融寒冬最冷的时候才刚刚开始。

第三个压力来自地方债务

根据国际清算银行数据，2018 年一季度，政府显性债务的杠杆率为 47.8%，看上去不高，但其实这只是表内，这一轮地方基建加杠杆主要是在表外，主要的方式就是明股实债的 PPP 和产业基金。2017 年之后，财政部牵头加强对地方融资行为进行规范清理，目前依然没有松动的迹象，基本是常态化了。这样一来，基建肯定受影响，2018 年以来，基建投资增速呈断崖式下跌，从 2017 年年底的 19% 降至 2019 年年底的 2.1%。债务风险防范使地方政府投融资受到严格约束，大量市政类基建项目停建或缓建。此外，清理 PPP 对基建项目的冲击也很大。

第四个压力来自贸易摩擦

此前主要是受贸易摩擦情绪影响，真正的实体冲击还没开始体现。近一年里，贸易摩擦不断升级的新闻满天飞，但我们感受并不明显，预期最受打击的出口增速却不降反升。2018年全年出口164177亿元，增长7.1%。这并不是说贸易摩擦对我们没影响，而是很多出口企业为了规避之后的关税增加而"抢出口"。因为从2019年1月1日起中国对美国的出口税率将从10%进一步提高到25%，抢出口可以规避更大的损失。但这只是出口的提前透支，并不意味着一直会这样，而且由于之前的抢出口，后来出口也比预期略有减速。

总结来看，判断下一步各类资产的走势，关键是判断现在衰退周期有没有结束，复苏周期有没有开始。如果衰退已经接近尾声，那么股票将大有可为。从目前来看，衰退还没有结束。主要是因为这轮调整的四个压力还没有释放完：一是房地产，二是金融去杠杆，三是地方债务，四是贸易摩擦。在这四重压力之下，经济下行大概率还要继续。

流动性：央行一举一动如何影响股市？

流动性是决定股市走向的核心因素之一。所谓流动性，说白了就是经济体中"钱"的数量。分析流动性的关键在于理解央行的货币政策。有时候央行一句话就会弄得股市鸡飞狗跳，就是因为市场担心央行的政策会影响流动性。比如，过去央行都是说保持流动性基本稳定，但 2018 年 6 月时央行提出保持流动性合理充裕，从基本稳定到合理充裕，这个细微的措辞变化马上引起了市场的积极反应，因为很明显这是货币宽松的一个表态。果不其然，下半年货币政策持续大力度降准。对于 A 股市场投资者来说，不管是什么类型的投资方法，央行的货币政策和流动性环境都是不可忽视的宏观变量。

货币政策

货币政策的首要问题是确定整体基调，一般可分为扩张性、紧缩性和稳健中性三种货币政策。扩张性的货币政策一般在经济衰退时使用，增加货币供应，降低利率，这对股市有利。历史上每一轮牛市都有货币扩张的影子，尤其是 2015 年的牛市，当时上市公司盈利并不好，但就是因为流动性非常宽松，让股票和债券都迎来大牛市，所以很多人称之为"水牛"。不仅 A 股如此，美股这些年之所以这么牛，也和美联储金融危机之后的零利率和量化宽松政策有直接关系。紧缩性的货币政策一般在经济过热、通货膨胀过高时采用，简单说就是减少货币供应量，提高利率。稳健中性的货币政策既不放水，也不收缩，货币供给速度满足经济增长和平衡所需即可。在这三种定性分类下，有时也会适度微调一下幅度，比如中性偏紧、中性偏松的货币政策。

货币政策工具

基调确定之后，央行就会使用各种货币政策工具来实现目标。最基础的工具有三个，分别是存款准备金、再贴现政策和公开市场操作。它们也被称作央行的三大法宝。

存款准备金。银行吸收社会存款，但要按一定比例上缴央行作为保险金，这个比例就是存款准备金率。其中又分成两部分，一部分是法定存款准备金，另一部分是超额存款准备金。法定存款准备金率由央行来决定，通过调控这个比例，央行可以影响到银行信贷扩张的能力。比如提高法定存款准备金比率，那银行可贷款出去的钱就少了。

再贴现政策。贴现是票据持有人在票据到期日前，把票据按低于面值的价格转让给银行而获得资金，而再贴现就是银行再将票据贴现给央行，说白了就是央行向银行投放货币。这些交易会有成本，比如再贴现就会有再贴现利率。而央行可以制定和调整这个再贴现利率来影响市场利率和货币市场的供求。若再贴现率高于市场利率，那银行贴现的成本就会提高，也就会减少再贴现，市场的货币供应量也就大幅减少了。

公开市场操作。与前两者相比，这是最常见的手段。简单说就是央行直接在市场上买卖有价证券和外汇，来投放或收缩货币供应量。市场上资金少了，央行就买进有价证券，而付出的资金自然也就投放了出去。反之，卖出有价证券，央行收回资金，也就从社会市场上回笼了货币。

这三大法宝是通过影响信贷扩张来影响货币供应量的，此外还有外汇占款投放货币。简单说就是我们在外汇市场上卖美元，而央行为了稳定汇率就买美元卖人民币，这样也就投放出了货币。我们都知道我国制造业近些年发展很快，贸易顺差很多，所以过去外汇占款增量在广义货币供应量（M2）中的占比一直很大。

上面的都是些传统工具，近几年央行也更新了创新工具，比如短期流动性调节工具（SLO）、常备借贷便利（SLF）、中期借贷便利（MLF）和抵押补充贷款工具（PSL），这些工具都可以实现央行投放货币，但期限、抵押品要求、利率等条件不一样。

流动性

流动性其实就是货币的供求，央行决定了货币供应量，实体经济决定了货币的需求量，供求交织在一起决定了流动性的松紧，进而影响着股市的走向。总的来说，货币宽松股市不一定涨，流动性紧缩股市不一定跌，有四种情景。

第一种情景是经济衰退初期。货币政策没有明显扩张，但因为货币需求下降，流动性依然出现宽松。这种情况就是所谓的"衰退式宽松"。这个阶段经济下行，大家对未来预期很悲观，风险偏好大幅降低，企业盈利也会下滑，股市一般是跌的。比如2014年年初的股市就是这种情形。2013年经济阶段性过热见顶，然后就开始下行，需求大幅萎缩，10年期国债收益率大降，从4.64%下降到4.05%，流动性出现衰退式宽松，但股市不涨反跌，原因就是盈利和市场风险偏好下降。2018年的情况也是如此，流动性其实相对宽松，央行也多次降准，但股市却跌了很多。

第二种情景是衰退末期。经济持续下滑到一定程度了，央行就会通过货币扩张稳定经济，比如降准、降息等。这时也是货币供给大于需求，流动性很宽松。但与第一种不同的是，这时随着央行的大力度宽松，大家对未来信心增强，风险偏好提升。比如2015年的牛市就是这种情形。2015年其实经济并未复苏，但由于央行连续十几次降准降息，宽松力度超预期，再加上场外配资的推波助澜，催生了一轮资金牛，大盘从2000点一路上涨到5178点。

第三种情景是复苏初期。与衰退初期相反，这时候未来经济预期乐观且确定，企业加大投资力度，资金需求旺盛。此时，资金供不应求，利率上升，但由于经济前景又好又确定，风险偏好和盈利都转好，所以即便流动性趋紧，股市也是上涨的。比如2006年4月到2007年9月，央行连续加息7次，依然不妨碍股市大牛。

第四种情景是复苏末期。与衰退末期相反，经济复苏到了一定程度，会出现过热。这时央行为了控制通胀会紧缩货币供应，比如加息、升准，导致货币资金供不应求，利率升高，流动性紧张。这时大家预期未来盈利增速放缓，风险偏好降低，股市可能会遭受"戴维斯双杀"，盈利和估值都往下走，股市进入熊市。比如2013年经济就有点过热甚至滞胀，流动性紧张，甚至爆发两次钱荒，股市应声下跌。

上面讲的主要是流动性与股市的整体关系，具体到行业而言，不同行业对流动性和利率的敏感性不同，也就是对利率变动会有不同的反应。相对而言，银行、地产、券商、保险、公用事业股票属于利率敏感型；食品饮料、商贸、医药、传媒、餐饮、纺织服装对利率不敏感。此外，利率上升对造纸、航空等负债率高的行业负面影响较大，对银行等靠负债经营的行业负面影响较小。所以在央行宣称要降息时，我们总会看到银行、券商、保险等金融板块，地产板块和公用事业板块，会有相对较好的表现。

总结一下。我们主要分析了央行货币政策影响流动性的方式，以及流动性松紧与股市的关系。流动性宽松股市不一定涨，流动性紧张股市也不一定跌，关键看对应的经济基本面。具体到行业上，有些行业对利率更敏感，而有些相对迟钝，大家在投资中要有所区分。

汇率：人民币贬值对股市意味着什么？

金融市场上有两个"率"非常重要，一个是利率，一个是汇率。两者都代表"钱"的价格，只不过一个反映国内，一个反映国外，它们都对金融市场的定价发挥着至关重要的作用。前一节我们讲了国内的货币政策和利率对股市的影响，这一节我就讲下汇率这个看似很遥远却很贴近现实的事儿。

汇率的定义及其影响因素

首先我们来看下什么是汇率。汇率是指一国货币与另一国货币的兑换比率。比如美元汇率是 7，就代表 1 美元可以换 7 元人民币。而几年前，1 美元是可以换到 8 元人民币的。也就是说，汇率是变化的。哪些因素会影响汇率的变动呢？

其实，汇率的本质就是一国货币在全球的价格，所有影响货币供求的因素都可以作为影响汇率的因素，在这里我们主要说三个因素。

第一个因素是利率。假设有 A 和 B 两个国家，如果 B 国的利率很高，那把财富存在 B 国的银行就可以获得更高的收益，这就使 B 国的货币更具有吸引力。大家都卖出 A 货币买入 B 货币，就使得

A货币的供给增多，而B货币的需求增多，这样B货币相对于A货币来说价格就会有所提高。这时，B货币升值，A货币贬值。

对各国利率变动最敏感的是国际热钱。它们对收益率有敏锐的嗅觉，如果哪个国家加息，就会吸引这部分热钱流入，流入国的货币就会升值，流出国的货币就会贬值。比如2018年美联储加息4次共100个基点，很多资本就都回流美国了，美元就显得较为强势，升值，人民币则相应贬值。

第二个因素是国际贸易。在我国，企业不能持有外汇，必须将外汇换成人民币，所以这时候两者兑换的量就会影响到汇率的变动。比如贸易是顺差的时候，我们赚回来的外币比花出去的多，那增量的外币换成人民币时就会增加对人民币的需求，人民币升值。近些年，我国一直都处于贸易顺差状态，所以从贸易的角度来说，长期看人民币是要升值的。这也是美国一直指责我国操纵汇率，敦促我国人民币加速升值的原因之一。

第三个因素是央行干预。各国央行在汇率波动较大的时候会在外汇市场上买卖货币以达到稳定汇率的目标，但这就要求央行有足够多的外汇，否则难以达到效果。1997年亚洲金融危机初始，泰国、菲律宾等国家的货币贬值压力很大，它们的央行努力在外汇市场上买入本国货币，卖出外汇来托底汇率。但这些小国家的外汇储备较弱，弹药不足，没多久就消耗殆尽，被迫放开汇率波动，结果货币大幅度贬值，经济陷入崩溃。而同时期中国香港的汇率保卫战

075

则由于背后有中国央行的大量外汇储备支持，成功阻击国际空头的攻击，汇率最终保持稳定。

货币贬值对股市的影响

一般说来，货币贬值影响股市有 4 种典型模式。

一是货币宽松，同时带来汇率贬值和股市上涨。货币政策宽松时，利率下降，根据之前讲的，汇率会有贬值压力；同时流入股市的资金增多，助推股市上涨。比如 2012 年 10 月，日本进一步加大货币宽松力度，基础货币增速从 9% 最高上升到 2014 年 2 月的 56%，最终日元贬值，而股市日经 225 指数从不到 1 万点上升到 15000 点左右。

二是货币贬值，刺激出口增加，盈利改善，股市上涨。本国货币贬值，用外币标注的本国物品价格将会减少，对外国购买者来说同样的东西就变得更便宜，这样出口产品竞争力提高，出口企业盈利改善，股市上涨。比如 1995 年德国马克贬值后，德国的贸易净出口改善较为明显，货物和服务的贸易顺差就从 100 亿欧元大幅提高到 1997 年年底的 200 亿欧元以上，其间德国股市 DAX 指数也从 2000 点涨到了 4000 多点，增长了一倍多。

三是货币贬值预期，资本外流，汇股齐跌。贬值预期下，敏感的资本尤其是国际热钱就会流出，这样一方面汇率承压下跌，股市也会因资金减少而下跌。比如2008年年初时的印度，在美国次贷危机背景下，投资者担忧新兴市场货币贬值，印度资本持续外流，资本项目2008年年初还有净流入300亿美元，而一年后，也就是在2009年出现了近10年来的首次净流出。印度货币相应不断贬值，股市的孟买指数在这一年内从2万点暴跌至1万点，缩水一半。

四是货币贬值，本国通胀且储备减少，引发央行加息，股市下跌。本国货币贬值后，进口同样的东西需要更多的货币，东西变贵了，带来了输入型通货膨胀，这时国家就会加息来努力缓解这一状况，加息又使利率提高，股市下跌。比如2014年时的俄罗斯，汇率不断走低，外汇储备资产不断缩水，通胀不断走高，俄央行被迫在一年内7次加息，尤其是年底时一次性将基准利率提高至17%，当日俄罗斯股市RTS指数甚至一度下跌20%，而在这半年时间内，股市指数缩水了一半。

那么我国现在人民币贬值，股市会怎样呢？无非也是两种力量的博弈：一是货币宽松叠加刺激出口，股市上涨；二是输入性通胀及资本外流，引发加息，股市下跌。

从短期来看，2020年2月，我国CPI当月同比提高5.2%（前值5.4%），环比提高0.8%（前值1.4%），PPI当月同比回落0.4%（前值0.1%），环比回落0.5%（前值0%）。考虑到油价大幅下跌叠加海外疫情暴发，后续CPI当月同比可能回落，PPI当月同比负向加深。

此外，我国资本外流管制，并且人民币贬值也没有使外汇储备大幅下降，相反股市中外资还不断在流入。所以从整体而言，人民币贬值导致股市下跌的路径是不存在的。

2020年，在全球央行"大放水"的背景下，国内货币政策依旧稳健，这反而有利于我国货币升值。此外，从中长期看，贬值也将刺激出口，有效对冲中美贸易摩擦带来的不利影响。

那具体行业会是怎样的呢？我们从两个维度来看。

首先，我们以史为鉴。家电和食品饮料行业在贬值时表现更好，而钢铁、采掘和交运行业表现较差。2015年以来人民币经历过5轮明显的贬值，其中家电和食品饮料有3次超额收益排名前五，而钢铁、采掘和交运，尤其是航运有3次收益排名靠后。

其次，贬值利好出口，海外营收占比高的行业会受益。电子（海外营收占比最高，占40%）、家电（34%）、纺织服装和机械设备（都占19%），这四个行业将会因贬值而受益。交运行业的海外收入占比也较高（26%），但它的成本多以美元结算，所以贬值会使它成本提高。海外营收占比最低的依次是房地产、公用事业和非银金融，都在2%以内。

总结一下。我们介绍了汇率是什么，是由什么决定的，并讲了货币贬值对股市的影响，共有4种典型模式，主要是两种力量的博弈：一是货币宽松叠加刺激出口，股市上涨；二是输入性通胀及资本外流，引发加息，股市下跌。而人民币贬值对股市的影响，相对来说是利好的。从具体行业来看，家电、食品饮料和电子可能受益最大，而钢铁、采掘和交运则相对不利。

资金供求：交易量中隐含哪些市场信号？

2018年11月13日，创业板以8729万手的成交量，刷新了板块创设以来的最大单日成交量。创业板放天量似乎给萎靡不振的市场燃起了一把火，投资者纷纷开始议论创业板的抄底时机是否已经到来。交易量为什么会引起如此广泛的关注呢？交易量的变化真的能预示未来股价的走势吗？

股票市场的交易量就是一定时间内股票成交的数量。在某种意义上，它代表着市场的情绪和多空双方的交易热情。当交易量放大，我们称之为放量，此时多空力量的角逐更加激烈，市场分歧变大；当交易量被市场情绪推升到足够高的程度时，就叫天量；反之，当交易量缩小，我们称之为缩量，此时多空博弈归于平静；当成交量随情绪的低迷而陷入低谷时，就形成了地量。

这里天量、地量的评估是相对的，并没有统一的标准。最简单的方法是确定一个天量、地量的评估标准，比如单日高于500亿手成交量时，我们就认为是天量；低于 50 亿手成交量时，我们就认为是地量。另一种更科学的方法是，将指数划分时间周期，比如每五年划分为一个周期，在各个周期中，看成交量的最高峰和最低谷分别在什么位置。

我们可以在任意一款股票交易软件上清楚地观测到成交量的变化，它以柱状图的形式呈现在 K 线图的下方。在分时图上，我们可以看到每小时的交易量；在日线图上，可以看到每日的交易量；在周线图上，可以看到每周的交易量；在月线图上，可以看到每月的交易量。每个投资者都能够通过成交量来实时跟踪多空两种力量的博弈和市场中情绪的变化。

此外，从交易量的主体看，我们有整个 A 股市场指数的成交量，如万得全 A 成交量，能较好地体现整个市场的交易情绪；也有具体板块的，如创业板指数的成交量，能体现投资者参与创业板的热情；还有具体个股的成交量，但这个在实用价值上往往不如前者好，因为个股的参与者相对较少，成交量的数据容易被操纵；而整个市场或板块的成交量，由于参与者太多，难以操纵，更能反映真实的市场情绪。

成交量与股价的关系

那么，成交量与股价有着怎样的关系？在任何一个交易市场上，最重要的两个要素都是"价"和"量"。股票市场的价就是股价，量就是成交量。股价告诉我们这只股票现在市价多少，多少钱可买，持仓人是盈利了还是亏损了。而交易量告诉我们，股价变动的背后是由什么情绪所主导的，也就是说它可以解释，甚至在某种程度上帮助预判股价的变化。

量和价密不可分，缺了其中一个指标，我们对市场掌握的信息就少了一半。投资者在"价"的博弈中，如何有效运用"量"的武器呢？我们通过观察万得全A指数及其相应的成交量，来讲讲成交量背后隐含的市场信号。

万得全A指数从2001年开始，有四轮比较明显的牛熊周期，分别是第一轮2001—2008年，第二轮2008—2011年，第三轮2011—2015年和第四轮2015—2018年，每轮周期都经历了熊牛切换。在这里我将一轮周期分为四个阶段。

第一阶段是熊市阶段。当熊市行情初始时，空方放巨量，股价不断暴跌。之后过程中或有反弹，但整体股价呈阶梯式下跌，而成交量也在起伏中逐步走向萎缩。

第二阶段是熊市尾声。这时成交量是极度萎缩的，处于地量状态，而价格却稳定了下来，没有再继续下跌，整体呈现"量缩价稳"的态势。这是由利空因素充分释放，空方的卖出意愿减弱导致的。在这种状态下，如果市场出现了重要的积极信号，那就有了催化剂，投资者情绪就容易被激活。那时，成交量就会绝地反击，逐渐放大，股价也会随之上涨，这背后也是先知先觉的投资者在介入进行低吸。所以在市场死气沉沉、地量低价时，如果量能突然放大并伴随股价上涨，投资者需要特别关注。

第三阶段是牛市阶段。牛市周期正式开启，股价呈现漂亮的波浪式上涨。在这一过程中，成交量也会逐渐放大，和股价一样，呈波浪式起伏。在这里，提醒一下大家，牛市行情中，每次股价的回调都会伴随着成交量的缩小，而当成交量缩小到一定程度时，往往就是入场的好时点。比如2017年牛市时，这一规律就非常实用。每当股指回调，成交量就会下降，当降到前期股价高峰所对应交易量的30%~40%时，阶段性回调往往也就差不多到位了。这时若投资者入场，等待成交量再次放量，可以在短期内实现较好的收益。

第四阶段是牛市尾声。随着股价不断创新高，成交量不断放大，未来预期的利好逐渐都体现在股价中了，当牛市股价上涨过多时，也逐渐积累了很多潜在的风险。牛市末期，股价逐渐涨不动了，成交量反而急剧上升，有时甚至放出天量。这说明市场中的多空分歧明显变大。而考虑到这时股市上涨的动能已经消耗得差不多了，成交量放量反而可能预示着之后的行情反转。先知先觉的机构投资者开始大量出货，而后知后觉的投资者尤其是散户，则在惯性思维下接盘。也就是说，牛市末期，天价天量是离场观望、规避风险的重要信号。

交易量的结构性变化

之前我们提到了成交量与股价的协同关系，在牛熊市的不同阶段，成交量的趋势变化能预示股价未来的变动。而实际上，交易量结构性的变化也蕴含着重要的信息。

我国的投资者构成比较特殊，按自由流通市值计，散户投资者占 28% 左右，而西方发达国家，这个比例往往只有 15% 左右。

散户的投资行为相较于主力资金夹杂着更多非理性因素，体现出明显的滞后性，比如在牛市的最后阶段大幅加仓，在熊市的最后阶段却大幅减仓。在这种境况下，我们观察成交量变化的时候，剔除散户投资者带来的扰动，跟踪主力资金的动态显得特别重要。主力资金在我国往往也被称为"聪明资金"，主要包括海外资金、社保资金、产业资本和券商、保险、基金等机构的资金。

第一类聪明资金是海外资金，是境外机构或个人投资 A 股市场所带来的资金。随着金融市场的开放程度日益增强，A 股市场逐渐与国际接轨，海外资金对 A 股市场的投资行为与定价模式的影响也越来越深刻。海外资金的占比近两年来上升明显，而其动向很多时候对 A 股市场的走势有较好的预示作用。比如 2017 年 5 月到 10 月海外资金的大举买入，在一定程度上催生了 A 股市场的蓝筹白马行情。2017 年年底，陆股通账面浮盈一度高达 60%，整个陆股通 2014 年 11 月至 2018 年 11 月浮盈在 25% 左右。相比之下，上证指数在 2017 年年底的累计涨幅仅为 20%，经过 2018 年的深度调整之后，两年内的涨幅已几乎被抹平。从数据对比中我们可以看出，海外资金确实非常"聪明"。对于投资者来说，可以使用陆股通的相关数据来观测海外资金的变化。陆股通是沪股通和深股通的总称，是境外投资者购买中国大陆股票的渠道。自从其开设以来，每日都会公布净买入额数据。

第二类聪明资金是社保资金，是老百姓日常生活中缴纳的社保。由于这笔资金关乎国计民生，通常交由市场上顶尖水平的基金管理者管理，投研能力高于一般的公募基金。社保资金曾多次"神准"地在熊市初期逃顶，在牛市初期抄底。2005 年年中，社保基金大批开立新账户，日后证明，这次布局恰在指数低位，两年半内，A 股指数最高上涨了超过 500%。2007 年，沪指一路冲至 6124.04 点。当市场陷入狂热之中，并津津乐道上证综合指数将冲向 8000 点之时，社保基金已于四季度开始全线撤退，减仓 1/3。此后的故事大家都知道了，上证开启了漫漫熊市，到 2008 年 7 月，指数将近腰斩。2008 年年末到 2009 年年初，在次贷危机后全球股市的低位，社保基金同样出手增仓，在后续市场行情中表现依然出色。因此，对于中长期投资者来说，社保基金每季报公布的持仓数据是非常有价值的。对于个股投资者来说，社保基金出现在上市公司前十大流通股东中，也往往会成为一个重大的利好信息，值得特别关注。

第三类聪明资金是产业资本，是公司的重要股东或管理层买

第2讲 把握市场大势｜宏观经济周期

卖自己公司股票而投入的资金。公司内部成员相比其他投资者拥有信息优势，对企业的价值有更加前瞻的认识，而且真金白银的投入直接关系到其切身利益，因此他们的动作自然值得重点关注。事实上，我们可以看到2008年、2010年，以及2014年创业板爆发前夕，都曾出现明显的大股东增持现象。2017年二季度，减持新规出台前，产业资本的主动增持也带来了市场止跌的信号。因此，对于投资者来说，如果某个企业密集发布增持公告，或者在市场低迷时发布增持公告的企业数量大幅增加，往往是重要的利好消息。

除了上述提到的三类聪明资金，券商、保险、基金等机构资金的动向也值得密切跟踪。每日龙虎榜是一个跟踪机构资金动向的实用工具。龙虎榜席位分为营业部和机构专用。龙虎榜中，如果席位显示"营业部"，一般代表着游资和大户；如果显示"机构专用"，则代表着基金、券商、保险等机构投资者。游资席位一般追求短线收益，而机构席位更倾向于有宏观面支撑时介入股票。如果机构专用席位在一段时间内持续大量买入，而券商营业部大量卖出，说明机构看好该股，是利好。相反如果所有买入、卖出席位都是券商营业部，与此同时，股价又处在顶部区域，这个时候我们就需要格外警惕风险了。

除了龙虎榜之外，还有一个好用的指标是ETF（交易型开放式指数基金）的成交量。ETF中机构投资者占比较高，从2017年各大股票型基金的年报数据来看，122只具有可比数据的股票型ETF中，机构投资者占比平均为 63%；其中 57 只股票型 ETF 中，机构占比高达 80% 以上。优质 ETF 往往被机构选为择时加仓的利器，有时候会和指数走势发生背离，即呈现出指数涨资金流出、指数跌资金抄底的情况。比如 2012 年牛市启动之初，就曾出现 ETF 成交放量的特征。

把握成交量是必要条件，而非充分条件

最后，我们要提醒投资者，成交量包含着非常重要的信息，它能帮我们第一时间把握市场情绪，在市场疯狂时远离风险，在市场低迷时把握机会。但这是不是意味着，投资者只需利用好成交量这一指标，就一定能盈利，一定可以战胜市场了呢？答案显然是否定的。

对于纯技术投资者来说，需要配合其他指标对市场走势进行更全面的分析；对于中长期投资者来说，只有在把握基本面的前提下，交易量指标才能发挥最大的效用。仍然以 2017 年的牛市为例子，刚刚说到了投资者可以根据成交量波浪式变化，在交易量萎缩到一定程度时选择入场。但低吸的前提是，投资者心里知道经济基本面健康向上，牛市行情会延续；如果基本面恶化，市场走弱，这一策略就变得可笑了。而当前创业板放出天量，大家猜测它见底，也是基于部分投资者把握了基本面，认为前期创业板已经利空

出尽。

所以，大家需要注意的是，对成交量的把握仅仅是投资者战胜市场的必要条件，而非充分条件。成交量不能帮助我们预测大势，它只是帮助对大势有所把握的投资者选择合适的入场时机，从而能够以更低的风险获得更高的收益。

总结一下，成交量就是一定时间内股票成交的数量。在某种程度上，它代表着市场的情绪和多空双方的交易热情。一般来说，整个市场和板块的交易量能反映真实的市场情绪，而个股尤其是小盘股的交易量则容易受到操纵。交易量可以帮助我们更好地理解甚至预判股价的变化。在熊市阶段初始，空方放巨量，之后交易量逐渐萎缩。在熊市尾声阶段，市场地量低价，死气沉沉，若有重量级利好催化剂出现，量能突然放大且伴随股价上涨，这时可能预示着春的生机。需要注意，在牛市阶段，每次股价回调，成交量萎缩，尤其是缩到前一高峰的 30%~40% 时，往往是介入的好时机。在牛市尾声阶段，股市上涨的动能已经消耗得差不多了，天价天量反而可能预示着之后的行情反转。在股市中我们要关注聪明资金的动向，包括海外资金、社保资金、产业资本和券商、保险、基金等机构的资金，这些资金对股市变化最敏感，可以起到导向作用。最后，我们要提醒投资者，成交量只是战胜市场的必要条件，还需要结合其他指标进行分析。

第 3 讲

投资方法
判断方向的 4 种方法

主题投资法

主题投资：小白也能学会的投资方法

市场有起有落，潮涨潮退，变化的是表面的股票价格，不变的是内在的运行逻辑。揣摩预期而见微，研究大势而知著。抓住推动市场发展的"势"，择机布局，时常能够获得战胜市场的超额收益，主题投资就是这样一种方法。与传统的价值投资、成长投资相比，主题投资显得简单很多，是个连小白都能学会的投资方法，但要熟练且有效地运用它却并不容易。本讲就给大家讲解一下主题投资方法。

我们先来看下什么是主题投资。

主题投资是对有同一类属性指标、受相同催化剂驱动的上市公司进行分类，根据核心驱动力的变化调整投资方向及敞口的投资方式。同属性指标可以是地区、产业链、市值规模、催化事件、技术水平和管理层属性等。

这里有两点值得注意。

一是传统行业配置投资是以经济周期、行业景气度为判断基础，更强调把握行业景气程度轮动。而主题投资是以对事件发展趋势的判断为基础，更强调把握核心驱动力，它是靠特定风险因子驱动收益的，并且分散组合风险。

二是大家所熟悉的"炒热点"，多是某事件引发热点，然后资金推动短期投机，一般缺乏实际业绩支撑，行情昙花一现。而主题投资更多的还是中长线投资行为，是符合及顺应某种趋势的未来绩优股。

那怎么做好主题投资呢？具体分6步走。

第一，选择好的主题

好的投资主题必须同时兼备三大要素。

一是自上而下推动的意愿非常明确。这意味着该主题可能获得了从国务院、相关部委再到地方政府政策上的支持，其中任一环节卡壳都会导致政策执行力下降而使逻辑受到削弱，也就是说自上而下的利益链条要每一环节都有意愿推动。比如国企改革就是个好例子。

二是主题的想象空间大，市场潜力大。这是指由于制度红利、产业升级或消费者偏好上升等因素驱动，市场发展空间被显著打开，蛋糕变大了。比如体育、高铁主题。

三是政策或事件的催化剂密集。催化剂可以是重要领导人讲话、政策颁布、订单达成、代表性公司与主题相关的事件公告等，持续升温的催化剂推动主题从强化期走向扩散，并能提升主题强度、拉长周期。比如人工智能主题。

除此之外，如果该主题还时尚新颖、名词高端、弹性大且容易调动市场情绪，那就更好了。

第二，抓住核心驱动力

首先，根据核心驱动力的来源，看下主题属于哪个类别。我们梳理了市场上的所有概念板块。目前A股市场上共有334个概念板块，每个概念板块通常代表一个主题，不过其中有的是大分类的主题，如次新股、新股、物联网、基金重仓、高送转等；有的则是细分类的主题，如鸡产业、智能IC卡、参股宁德时代等等。在这里，我们将334个大小主题进行梳理分类，抓大放小，发现根据驱动力来源的不同，可以分为政策性主题、技术性主题和另类主题这三大类。

政策性主题，是由主观层面政府政策推动形成的投资机会，有的是政策作用于宏观经济总量或结构的边际变化，如国企改革、"一带一路"、粤港澳自贸区、二孩政策等；有的是重要政策的突然颁布，这时需要前瞻性判断它可能的发生时点，如沪港通、科创企业、南北船合并、中国国际进口博览会等。

技术性主题，是看客观技术创新带来的产业升级机会，会改变行业的容量或格局并释放技术红利，如高端制造、石墨烯、5G、云计算、网络安全、工业4.0、3D打印等等。

另类主题，是看市场属性或公司治理表现等方面所形成的机会，如市场属性方面的一线龙头、品牌龙头、中字头、阿里巴巴概念、MSCI概念、证金概念等，以及公司治理表现方面的高送转、破净、预增、扭亏、员工持股、股票回购等。

其次，要看核心驱动力主要体现在DDM模型（股利贴现模型）中的哪项因子，是公司预期现金流、市场无风险利率还是市场风险溢价。主题投资都是通过这三者预期的边际变化来驱动的。

政策性主题若是作用于宏观经济因子边际变化的，更多的是逻辑推演导致的公司现金流预期发生变化，影响较为深远，形成市场合力所需的时间也较长，但有趋势性。若重要政策是突然颁布的，更多的是信息反应导致的风险偏好发生变化，影响更为急促，容易迅速形成合力而爆发性强，但主要是短期行情。

技术性主题是现金流预期和风险偏好的变化兼而有之，所以呈现趋势性波动特征，是阶段性行情。同时，这也算长期主题行情，所以往往需要业绩支撑。

另类主题更多来自信息反应导致的投资者风险偏好发生的变化，所以其影响一般更为急促，容易迅速形成合力而爆发性强，主要是短期行情。

第三，确定投资周期

主题周期有长有短，无论是长期资金还是短期资金，都可以找到相对应的参与机会。一般说来，主题周期比经济周期短，并且还会跟业绩、催化剂甚至市场信心相关。时间跨度上有三种。

一是长周期，时间跨度一年以上。长周期即掌握投资大趋势，一般体现在上市公司业绩上，但它大程度上是一种边际思维，业绩和股价不会对等，比如人民币升值、消费升级、进口替代等主题。

二是中周期，时间跨度3个月到12个月，如垄断行业管制放松、沪港通等。

三是短周期，时间跨度3个月以内，如厄尔尼诺事件、流行疾病、世博会等。

第四，选择好的主题标的

同一主题下驱动力大致相同，所以主题标的组合数不宜过多，这样既能得到资金的聚集，也能适当分散风险。在具体标的选择上，有三个抓手。

一是抓龙头。龙头就是和主题相关性最强、辨识度高、代表性高、直接受益于主题的标的。这样主题行情到来时，由于两者紧密联系，市场能第一时间反映出主题的受益标的。主题行情都是从龙头逐步向次强的标的扩散的，而其中若兼备强稀缺性，那就更佳了。

二是抓弹性大的标的。大弹性标的一般筹码高度分散，机构投资者占比低，自由流通市值小，流通A股占总股本比例低。这样的标的在行情带动下，能够迅速得到资金的聚集效应，并且在羊群效应下股价不断推升。相反，机构持股集中的标的，机构间博弈成分较大，就不易形成股价上涨的合力，也难以把握退出的时点。

三是抓历史上受此主题刺激涨幅高的公司。最近一次受到该主题刺激涨幅最大的标的，当主题再次升温时，往往会再次成为领跑该主题的龙头股。

第五，选择好的投资时机

做主题投资有两个最佳时期。

一是流动性上升期。中长期主题投资行情大概率处于货币流动性从偏紧变为宽裕的拐点或上升区间。短期主题投资行情与货币流动性关联度不强，但强增长拐点峰值可作为领先指标，M1（狭义货币供应量）增速穿破12月同比增速变化移动平均线时，可作为布局时点。简单说，货币流动性M1上行区间有利于主题投资，而流动性收缩阶段则不利于主题投资。

二是风险偏好上升期。市场风险偏好上升代表投资者更积极地寻求股价上涨而忽视下跌的风险，股价有超越内在价值的发展趋势。这时候也是主题投资获得超额收益的最佳时期。比如在2009—2010年、2013年下半年主题投资的繁荣，很大程度上就是受到市场风险偏好上升驱动的。

应注意，股市不同阶段主题行情的持续性表现并不一样。一般说来，在经济转型和股市中枢上移期间，容易出现长期主题行情；在股市大幅上扬期间，容易出现中期主题行情；在股市横盘震荡期间，容易出现短期主题行情；而在股市单边下跌时，主题投资难寻佳绩。

在具体标的投资时机上，应在某一主题的投资逻辑被市场认识并逐步形成一致性预期的前期介入。下面按之前的三个类型来具体解说一下。

一是政策性主题，在宏观总量或结构变动的前中期布局。若是重要政策突然颁布型的，更需要前瞻性布局。若政策是作用于宏观总量或结构的边际变动，那变动的过程不会一蹴而就，而是不断积累的，它对公司的现金流、市场的无风险利率和风险溢价的影响往往借助于逻辑推理，而消除逻辑分歧导致的超预期需要较长时间，市场形成合力的过程较慢。所以，这种主题的成长空间较大，但投资周期较长，对时间点的要求也较为宽松，前中期布局皆可。但也有很多重磅政策是突然颁布的，这样产生的超预期到消除恢复常态的时间较短，也就是市场合力形成非常迅速，投资周期也较短。这时就需要抓住政策偶然背后的必然性，抓住线索进行前瞻性预判了。而该政策引起的波澜，也需要不断有催化剂释放，才能使主题不断扩大空间，提升持续性。

二是技术性主题，在新技术使行业出现拐点的初期布局。成功的技术性主题的走势分三个阶段：先是认识期，某项技术实现了突破，并且可以初步商用，政府扶持政策出台，市场对于行业的预期初步发生变化，受益股票估值见底回升；再是强化期，新技术下的新产品正式普遍商用，行业拐点出现，订单开始增长，市场对行业发展变化的前景预期进一步升温，受益股估值大幅扩张；最后是扩散期，新技术使行业市场空间实现了扩展或结构性改变，受益股业绩大幅增长，估值水平见顶回落。技术性主题主要应区分不同技术路径的优劣势及未来可能的变更，还要消化技术从不成熟到成熟这一过程中的各种辗转，以及是否能大规模商用或形成技术壁垒，使得行业发展出现大的变化。所以它的投资周期一般是中长期，市场形成合力的过程适中，在技术使行业形成拐点的初期布局为佳。

三是另类主题，在事件发生前期进行前瞻性布局。无论是市场属性还是公司治理表现方面的特征，比如龙头股主题和高送转主题，它们行情的兴起更多是某导火线发生后，投资者对具有这类特征的主题风险偏好迅速发生变化而形成的，所以在导火线事件发生前期进行前瞻布局为佳。

第六，选择好的退出时点

只有退出才会把账面价值转换为实际财富。相比于选择好的投资时机，选择好的退出时点在某种程度上可能更为重要。我们在做主题投资时，在4个时点退出可能比较好。

一是逻辑被证伪时。比如政策低于预期、业绩低于预期、行业竞争格局被改变等。

二是龙头见顶时。主题龙头见顶往往预示主题行情即将结束。因为龙头最能体现主题的核心逻辑，它的见顶下行有着预警作用，会降低主题新参与者和存量资金的风险偏好。

三是主题内部标的关联度均值见顶时。同一个主题下的不同股票，有着共同的核心驱动力，而若标的间的关联度见顶下降了，也就说明背后共同的驱动力出现了问题，或者市场情绪至顶，产生了逆反心理。

四是催化剂弱化时。这点尤其体现在政策主题与另类主题这两类中，体现在事件驱动刺激的情况。催化剂事件发生前投资者风险偏好升高，羊群效应带动板块增量资金流入，事件发生后获利了结，投资者风险偏好降低，行情往往告一段落。所以，若是纯事件驱动刺激的，它们的退出时点反而是在事件发生前一刻。比如当年的杭州亚运会主题行情，在杭州获胜当选后戛然而止。

总结一下。主题投资是对有同一类属性指标、受相同催化剂驱动的上市公司进行分类，根据核心驱动力的变化调整投资方向及敞口的投资方式。做好主题投资需要 6 步走：一是选择好的主题，二是抓住核心驱动力，三是确定投资周期，四是选择好的主题标的，五是选择好的投资时机，六是选择好的退出时点。

十大政策主题：混改和大湾区以外的投资机会

我们每天都会听到很多政策，但并不是每个政策都能催生相关的投资主题。一般来说，有价值的投资主题得具备以下三个条件。

第一，中央自上而下推动，具有战略意义。每年政府都会颁布成千上万的政策文件，其中一定会有主次轻重。最重要的大部分是中央自上而下推动的，更有利于打破阻力，加快落地。举个例子，建立雄安新区、设立科创板都是中央自上而下推动的政策，落地速度不仅远超市场想象，甚至可能相关的地方政府和部门都没有想到。而一些只是地方一厢情愿的政策，可能落地起来就会慢一些，比如我们经常听到某某地方要升格直辖市，某某地方要修跨海大桥，最后都被证实是传闻。

第二，现实问题倒逼。现实中暴露的问题越多、越严重，改革的必要性和紧迫性越强，这个政策就越可能加快落地。2019年推出的科创板，包括交易所、券商等很多业内人士都没预料到，其背后的原因就是现实倒逼，大量像小米一样的优质独角兽企业被迫到中国香港地区、到美国去上市了，再不改像喜马拉雅这样的独角兽也只能出走了。

第三，符合大多数人的利益。很多人会对政策提出各种各样的建议，但可能只符合一小部分人的利益，而违背了大多数人的利益，这种政策往往也难以达成改革的共识，推进起来比较费劲。比如富人希望资本账户开放，以便转移资产或者进行海外投资，而大部分人并没有海外投资的需求，相反他们更希望人民币汇率稳定，购买力越强越好，所以我们对资本账户开放一直比较谨慎。

根据这些条件，我们对众多的政策主题进行了筛选，在这里我讲10个比较重要的政策性主题，每个主题主要讲三方面内容：是什么，为什么重要，如何围绕这个主题做投资。

第一个主题：国企改革

从2013年党的十八届三中全会新国企改革拉开序幕，到2014年"四项改革"初次试探，再到2015年"1+N"政策体系的形成、到2016年十项试点的深化、到2018年3月"双百行动"政策的全面加速推进，直到2019年中共中央十九届四中全会召开，会后国企改革发力明显。通过全流程回顾可以发现，整个国企改革已经从顶层设计、政策细化到目前加速推进，重要领域率先取得实质性突破。

在这一过程中，国企改革也从过去单纯的资产重组整合层面，深化到了混合所有制改革这一核心。混改，简单说就是国有企业引入民间资本。最典型的一个是中国联通，首批混改试点后，联通先后引入了百度、阿里、腾讯和京东等14家战略投资者，并进行深度合作，结果公司的盈利大幅逆转提升，净利润增速从过去的–96%提升到第二年的176%，而股价在这期间也增长了一倍。再就是中石油、中石化混改升级。之前中国资源交通集团就已与中石油签订了协议，取得了在超过840家加油站建设经营充电站的权利。也就是说，混改之后，我们所熟悉的加油站以后可能不仅仅提供加油服务了，它可以做更多，未来甚至可能搞渠道销售、广告宣传等。

混改是从2016年才开始有实质性进展的，后来又逐渐发酵。2018年7月，国务院副总理刘鹤兼任了国务院国企改革领导小组组长，这也意味着混改被正式提上了日程。按照国务院印发的混改意见，国家是要分类、分层地推进国企混改，在电力、石油、天然气、铁路、民航、电信和军工这七大领域进行改革并试点。截至2019年年底，已经有四个批次超过200家试点企业。最新的第四批混改试点企业共160家，其中，中央企业系统107家，地方企业53家，不局限于以上7个重要领域，也包括具有较强示范意义的其他领域的国有企业。当时股市中很多相关股票如中国海诚、太化股份等受消息影响，都直接涨停。

目前，各省份的混改进度在按计划稳步推进，并且呈现出不同的特色。具体的大家可以去查看各省份的政府工作报告，在这里我们仅举几个重要例子来说明下：一是上海，过去的国企整体上市或核心资产注入是第一阶段，现在的联合重组和股权激励的方向是二次混改。二是广东，最大特色是产业投资基金的推动，其中广州基金有数千亿的规模，先后与广州建筑、广州地铁、广州万宝集团和广州纺织集团这四家国企签署了国企混改基金战略合作协议。三是北京，主要是在新能源、技术检测、建筑设计和文化创意这四大领域推动员工持股试点。其他省份和地区，混改的进度和特色都各不一样，在这里就不再一一列举了。总体来说，沿海、长三角地区的国企改革步伐较快；东北等地的政策力度较大，但主要还是在补短板；北京、山东等地逐渐形成了示范效应。投资者跟随地方混改的进度和特色，提前布局，然后静待政策利好的释放，这样就能抓住这一主题的投资机会了。

第二个主题：粤港澳大湾区

粤港澳大湾区是由香港、澳门两个特别行政区，加上广东省的广州、深圳、珠海等九个城市组成的城市群，未来有望比肩纽约湾区、旧金山湾区和东京湾区这三大湾区。

大湾区从推出之际就上升到了国家战略层面，之后事件催化剂不断。最初是在2017年3月时，全国两会政府工作报告首次提出，要研究制定粤港澳大湾区城市群发展规划，发挥港澳独特优势，提升在国家经济发展和对外开放中的地位与功能。然后这个概念迅速升温，受到社会各界的广泛关注。发展到2018年8月，粤港澳大湾区领导小组成立，国务院副总理韩正任组长，人才和资源也都已经到位。在政策不断支持和基础设施逐渐完备的背景下，预计大湾区建设将进一步加速。

投资机会上，大湾区有三条主线：一是粤港澳三地政府不断出台政策规划，推进连接三地的轨道交通建设，推动"粤港澳一小时生活圈"；二是未来高新技术产业和金融服务业的发展将带动大湾区的产业科学划分，优化产业格局；三是随着湾区建设，越来越多的人才涌入大湾区，配合三地政府推出的各项居住福利政策，湾区房地产业会迎来较大发展机遇。

第三个主题：军民融合

军民融合本质上是对军、民两个领域资源的合理配置和充分利用，是一个国家经济社会发展和国防军队建设的必然。我国军民融合的实施方式主要包括军转民和民参军两种模式。军转民就是指军用技术民用化。举个例子,现在几乎所有手机都搭载了 GPS(全球定位系统)功能,但它其实最早来自军用。还有我们生活中常见的冻干食品、压缩饼干、记忆枕头等,背后都有军用技术的影子。民参军就是指民营资本参与军工研发生产,它们在通过国军标认证后,取得给军工企业配套的机会。以前从没听说过私人可以插足军队的生意,但现在不一样了,小到军用的服装、手电筒,大到武器装备,都可以有民营企业参与。

2015 年 3 月 13 日,中共中央总书记、国家主席、中央军委主席习近平首次提出,要把军民融合发展上升为国家战略。2017 年 1 月 22 日,中共中央政治局决定设立中央军民融合发展委员会,从而确立了管理核心。所以目前的军民融合建设还是政府起主导作用,其他机构配合辅助,企业、大学和科研机构是创新主体,中介机构和金融机构是服务主体。我相信,未来这个领域还会有很多增量的配套改革出台,比如已经有很多人关注的院所改制等等,而这些改革政策都将有助于股市中军工企业的利润释放和估值提升。

在具体投资方面,有两条主线:一是国产化替代。首先是军转民领域,民用市场大的军工高技术企业将享受到政策红利,商业航天和通用航空等高技术的重点领域会率先突破。其次是民参军领域,民参军的军工市场份额持续提升,那些符合行业空间大、国产化占比低但刚需强劲的板块收益最大,比如军用半导体、军用碳纤维和军用自动测试装备等。二是央企龙头。符合"市场化程度高、核心资产占比高、最受益产业链业绩释放"这三个标准的龙头公司股票较好；而在未来院所改制时，航天、电科、中航系上市公司中，资产注入弹性大、可操作性强的股票较好。

第四个主题：特色小镇

2016年7月，发端于浙江的"特色小镇"正式成为我国新型城镇化战略的重要路径，开始在全国推广。它是指在大城市周边或农村集聚区，以建镇或现有村庄为基础，逐步形成一种以特色产业为核心的小镇。特色小镇的类型有很多，在这简单讲五个主要类型：一是历史文化型特色小镇，如北京古北水镇、茅台酿酒小镇、龙泉青瓷小镇等；二是城郊休闲型特色小镇，如安吉天使小镇、小汤山温泉小镇等；三是新兴产业型特色小镇，如余杭传感小镇、西湖云栖小镇等；四是特色产业型特色小镇，如平阳宠物小镇等；五是金融创新型特色小镇，如上城玉皇山南基金小镇、乌镇互联网小镇等。

这些特色小镇有四个特点：一是以市场化方式，将经营特色产业和人聚集过来，比如金融、互联网、专业加工等产业及其从业者；二是地方远离大城市中心区；三是成本相对低廉，没有过高的房租和管理成本，在低成本优势下形成产业集聚；四是经历十几年积累后形成一定规模，开始辐射全国，甚至走向世界。

为什么看好特色小镇？原因有两个。一是未来市场规模很大且较为明确。2016年7月住建部、发改委、财政部三部委联合宣称，计划到2020年建成1000个特色小镇，单个小镇投资规模平均50亿元，市场规模近5万亿元。截至2019年10月，已建、在建的特色小镇已经超过2000个。二是各级政府都支持，政策红利不断。截至2017年年底，全国共发布特色小镇相关政策192个，其中国家层面共发布27个，省级政策93个，市级政策72个。2019年3月，发改委印发了《2019年新型城镇化建设重点任务》，在总体要求中提到要支持特色小镇有序发展。上下齐心协力，政策执行更容易贯通，不断的配套政策支持释放红利，会稳步推进特色小镇的建设。

特色小镇的投资方向有三个：一是双创小镇。与智造、科技高度相关，主要集中在科技创新和现代服务业相对先进的沿海发达城市。二是大健康方面。如现代医疗医药、生物工程、养生养护养老等，都是各地区市场需求远未得到满足的领域。三是农业方向。特色小镇依托建制镇来发展，农业制造、农业科技、农业服务等必将大有可为，也更容易得到政府支持，因为这是最贴近乡镇和农村的领域。

第五个主题：雄安新区

雄安定位千年大计，战略地位史无前例。作为继深圳经济特区和上海浦东新区之后又一具有全国意义的新区，未来发展潜力巨大。

雄安新区的"1+3+54"规划体系已逐渐清晰。具体进程方面，根据中央部署，到 2020 年，雄安新区对外骨干交通路网将基本建成，起步区基础设施建设和产业布局框架基本形成，雏形初步显现；到 2030 年，建成绿色低碳、信息智能、宜居宜业，具有较强竞争力和影响力，人与自然和谐共处的现代化城市。

具体投资方面，有三个投资机会：一是区域内具有土地资源储备的相关公司，土地储备升值潜力巨大，相关公司最为受益；二是区域基建链，雄安地区基础设施较为落后，大规模基建必不可少，当地的基建链公司会充分受益；三是后期智慧城市、人工智能相关的试点机会。

第六个主题：美丽中国

这个概念是在 2012 年年底党的十八大报告中首次提出的，之后党的十九大报告中又明确要求"加快生态文明体制改革，建设美丽中国"，并设定了在 2035 年基本实现美丽中国的时间表。它的主要内容包括推进绿色发展，着力解决突出的环境问题，加大生态系统保护力度，以及改革生态环境监管体制。

过去的粗放式发展使我们的环境越来越差，大家体验最深的就是雾霾，经济发展了，但出门却要戴口罩了。相信那时候几乎每个人都希望天空是蓝色的，空气是新鲜的。面对这个诉求，我们也看到国家越来越重视绿色生态了，一系列环保政策不断推进。美丽中国已经成为中长期重要国策，国务院陆续出台了"三个十条"，也就是大气十条、水十条和土十条，对相应的污染提出了治理时间规划；全国人大也颁布了新《环保法》。除了一系列行政法规和顶层方案，还有很多具体落实层面的，比如大家可能有所耳闻的环保限产。2018年4月，环保部正式更名为生态环境部，5月又召开了7年一次的全国环保大会，定位生态文明是民族发展的根本大计。总的来说，这是个确定性的长期政策主题机会。

落实到具体投资，美丽中国的核心有三个方向：一是能源结构。比如能源的高效利用和清洁供给等，要促使非化石能源逐步成为重要能源。这样就会对非化石能源、电动汽车和天然气领域形成利好。二是限污。落后产能出清，改善行业的供需关系和调整价格等。这也就会对基础材料、化工和环境监测方面造成影响。三是治污。也就是修复已经污染了的环境，比如大气治理、污水治理和固废治理。

第七个主题：乡村振兴

乡村振兴战略是十九大报告中首次提出的，后来稳步推进，并与精准扶贫相辅相成。2017年年底，中央农村工作会议又明确了"三步走"的时间表：到2020年，乡村振兴取得重要进展，制度框架和政策体系基本形成；到2035年，乡村振兴取得决定性进展，农业农村现代化基本实现；到2050年，乡村全面振兴，农业强、农村美、农民富全面实现。2018年，中央一号文件、中共中央政治局会议都强调了要实施好乡村振兴战略。9月26日，国务院还出台了第一个五年规划，为具体落地提供了方向。几天后，财政部也提出公共财政更大力度向"三农"倾斜，为其发展提供了财政资金支持。也就是说，乡村振兴已经到了具体落地的阶段。

根据规划中的五个细化指标，后续政策的着力点会更明确，可能有三个方面的投资机会：一是农业科技，粮食综合生产率以及农业科技进步贡献率这两个指标提升的背后是生物育种以及化肥效率等技术的突破；二是农业机械化，提高农民的劳动生产率，需要农业机械化运作和智能农业发展；三是休闲农业，休闲农业和乡村旅游接待人次这个指标预示着农村生态环境以及休闲旅游业有望迎来利好。

第八个主题："一带一路"

2013年10月，习近平主席提出共同建设"21世纪海上丝绸之路"。自此，"一带一路"就走进了大家的视野。而大家可能不知道的是，近几年我国的"一带一路"相关领域已经取得了不少进展。根据商务部统计，2019年，我国企业在"一带一路"沿线对56个国家非金融类直接投资150.4亿美元，占同期投资总额的13.6%。对外承包工程方面，我国企业在"一带一路"沿线的62个国家新签对外承包工程项目合同6944份，新签合同额1548.9亿美元，占同期我国对外承包工程新签合同额的59.5%，同比增长23.1%。

"一带一路"的定位、性质及背后的逻辑，我在这里就不赘述了。在当前中美贸易纠纷持续升级、全球商业环境动荡的背景下，保证"一带一路"的稳步推进可能尤为重要。"一带一路"沿线国家产业结构有所差异，经济互补性较强，在美国孤立主义抬头之际，有助于对冲风险，开拓新的贸易渠道。此外，基础设施联通和国际产能合作是"一带一路"建设的重要引擎，对消化国内的过剩产能、化解债务风险也有一定的积极影响。

落实到具体投资上，重点可放在我国具有优势的项目上，比如高铁、核电和基础设施等。截至2020年1月底，中国已同138个国家和30个国际组织签署了200份共建"一带一路"合作文件，其中包括37个亚洲国家和44个非洲国家。值得一提的是，第二届"一带一路"国际合作高峰论坛于2019年4月召开，使这一主题的热度再度升温。而这一主题在2018年春季时也获得了巨大涨幅，其中重点公司如天山股份、厦门港务和北方国际在2月至4月底的最大涨幅达到64%、46%和32%。

第九个主题：健康中国

党的十九大报告中指出要实施健康中国战略。要完善国民健康政策，为人民群众提供全方位全周期健康服务。健康中国包括食品安全、药品安全和医疗服务等内容。我们都说，身体是革命的本钱，没有健康，再多的财富都没有意义。

而无论是人为的毒奶粉、假疫苗，还是客观的看病难、普遍的亚健康等，都显示出当下中国国民健康问题的严峻性。而这些问题，都是需要解决的。此外，我国人口老龄化越来越严重了，这就预示了医疗服务和健康需求是未来巨大的刚需，但是以当前水平看，却远不能满足这个需求。当下中国健康产业占GDP的比重不到5%，发达国家占比是10%以上，差距很大。所以，国民医疗健康问题一直是政府关注的重点，后来甚至还上升到了国家战略层面。2016年国务院发布了《健康中国2030规划纲要》，明确提出健康服务业总规模在2020年要超过8万亿元，2030年要超过16万亿元，成为国民经济支柱性产业。近几年，健康医疗行业的支持政策不断涌现，比如仿制药一致性评价，医保的药品名录扩容等，这就基本解决了电影《我不是药神》中的天价药问题。还有很多通过金融扶助、场所保障、财政补贴等方式支持养老产业的政策。

健康方面的投资机会，有三个值得关注：一是医疗产业，医疗资源建设、医疗信息化建设、医疗大数据等都会有所发展；二是和老龄人口相关的养老产业；三是健康消费方面的产业，如保健、户外运动、食品安全、新型功能饮料等。

第十个主题：科创企业

2018年11月5日，习近平主席在中国国际进口博览会上宣布，将在上海证券交易所设立科创板并试点注册制。在某种程度上，这是中国资本市场增量改革的重要里程碑。受这一消息刺激，二级市场创投概念股集体大涨，如创业黑马、九鼎投资、鲁信创投等。接连几天，创投板块的股票持续上演涨停潮。投资它们的股民应该都收获颇丰。其中的原因是，科创板的推出对于整个创投行业来说是个非常重大的利好。在过去，创投机构投资的很多新科技企业一直受制于传统IPO门槛而无法上市，或要等很久才能上市，但之后却可以更便捷、更容易地通过IPO来退出获利了。试点注册制后，科创板有望变成真正的中国版纳斯达克。

除了对创投行业利好，科创板的试点注册制，其实更是政府与监管层对新经济产业支持的一种重要体现。鼓励新兴产业创新发展，税收减免、产业基金、研发费用加计扣除等，一系列政策大礼包加速推出，科创板更是为企业直接融资提供了渠道和便利。简单说，未来能上科创板的新经济企业会大有可为，短期备受瞩目。

总结一下，有价值的政策主题得具备三个条件：第一，中央自上而下推动，具有战略意义；第二，现实问题倒逼，现实中暴露的问题越多、越严重，改革的必要性和紧迫性越强，这个政策就越可能加快落地；第三，符合大多数人的利益。

根据这些条件，我们筛选了10个比较重要的政策性主题：第一个主题是国企改革，要重点关注混改的进度和各地区的特色；第二个主题是粤港澳大湾区，有望比肩纽约、旧金山等世界级城市群，未来建设将会提速；第三个主题是军民融合，军转民与民参军领域值得关注；第四个主题是特色小镇，空间大而且明确，政策红利稳步推进；第五个主题是雄安新区，千年大计，不容忽视；第六个主题是美丽中国，能源结构与环境治理值得关注；第七个主题是乡村振兴，农业科技、农业机械化和休闲农业发展前景较好；第八个主题是"一带一路"，中国传统优势领域会有机会；第九个主题是健康中国，医疗、养老和健康消费潜力巨大；第十个主题是科创企业，科创板推出，创投公司迎来利好，未来的科创企业值得期待。

十大技术主题：不止人工智能和 VR/AR

技术是一个国家生产力的核心驱动力之一。我们所谓的人生发财靠康波周期,实际上指的也就是技术周期。在股票主题投资中,中长期的技术性主题值得关注。

一般说来,有价值的技术主题往往具备以下条件:一是影响力够大。每年申请专利的技术数不胜数,但技术创新有大有小,只有对未来社会和生活带来巨大变革的技术才会蕴含丰厚的投资机会。二是存在大规模商业应用的可能。实验室中的技术无法直接成为财富,需要产业化落地才行。而且有的技术压根就商用不了,比如说原子弹。三是这个技术目前处于应用阶段。一项技术从脑海里的想法,到开发,再到应用,是个漫长的过程,而股市投资需要避免成为先烈。当然有此情怀的投资者例外。

根据这些条件,我们同样筛选了10个比较重要的技术主题,每个主题主要讲三方面内容:一是什么、为什么好,二技术的产业链是怎样的,三如何围绕这个主题做投资。

第一个主题:5G

5G是指第五代移动通信技术,是4G的延伸。4G的下载速度是每秒120兆,后来通过载波聚合技术可以提高到每秒300兆。而5G理论上的网络速度是4G的百倍,传输下载速度可以高达每秒20千兆。到时候,眼睛眨一下,手机大型游戏就下载好了;再眨一下眼睛,很多照片、视频等大体积文件就备份下载完成了,大家再也不用等得花儿都谢了。5G 的意义还不仅于此，就如高通在其网站所宣称的，5G 的革命意义可与汽车和电力相比。在它的基础上，万物可以形成连接，全移动和全连接的数字化社会有望形成。而 5G 在其中充当什么作用？我打个比喻大家就知道了。

这就像路一样，过去是乡村田野小道，在这上面只能走路、骑自行车，顶多开个小摩托。但 5G 一下子就变成了非常宽广的高速公路，这样不仅可以小汽车开起来，跑车飚起来，而且还可以容纳很多很多主体，不再受到限制，自由自在地进行各种各样的活动。"要致富，先修路"，说的就是这个道理。

全球都重视 5G，那现在各国的进度是怎样的呢？2019 年 7 月中旬，有 31 个国家的 54 家移动通信设备商已经宣布在其现网中部署了符合 3GPP 标准的 5G 技术。目前全球 5G 运营商中、美、韩是相对领先的三个国家，我们分别来对比一下。韩国三大运营商 2019 年 4 月正式开启 5G 网络，是全球第一个商用 5G 的国家。截至 2019 年三季度，韩国 5G 用户已达到 318 万人，占全球 5G 总用户的 63%。中国于 2019 年 6 月发放 5G 商用牌照，于 2019 年 10 月启动 5G 商用，已迈入 5G 商用元年，2019 年 9 月底已建成 5G 基站 8.6 万个，2019 年 11 月底已开通 5G 基站 11.3 万个。美国 5G 加速 Sub6G 频段的建网预期，2020 年 2 月宣布将计划释放 C-band 中 280MHz 带宽频谱资源用于 5G 建设。根据 OVUM[①] 预测，受限于频

---

① 一家在世界电信产业界非常有权威的中立咨询顾问公司。——编者注

谱和成本，到 2021 年底美国 5G 用户或达 3000 万。

产业链上，5G 按照进展可以分为建设期、运营期和应用期三个阶段。建设期涉及 6 个部分：一是天线设备，包括基站天线、射频器件和光模块；二是基站设备；三是小基站；四是传输设备，包括软件定义网络（SDN）或网络功能虚拟化（NFV）、光模块和光纤光缆；五是光通信设备；六是网络工程建设。运营期主要是网络优化及运营。应用期主要涉及终端配件、手机终端、三大运营商及各种应用场景，如物联网、车联网、云计算等。

5G 带来的投资机会有很多。2020 年是中国 5G 网络建设的关键年。3 月 4 日，中共中央政治局常务委员会会议召开，会议指出，"要……加快 5G 网络、数据中心等新型基础设施建设进度"，工信部、运营商加速贯彻落实。3 月 6 日，中国移动发布了 2020 年 5G 二期无线网主设备集中采购公告，正式启动 28 个省、自治区、直辖市超 20 万个基站的采购招标，拉开 2020 年 5G 大规模建设的序幕。中国联通已经启动了智能城域网系列集采，华为、中兴两家中标金额合计近 4 亿元。预计随着三大运营商 5G 集采的陆续展开以及各省恢复网络施工，5G 将迎来一轮建设高潮，利好从芯片、网络到应用的整个产业链。

第二个主题：大数据

数据是未来的黄金，大数据绝不仅仅是一个概念，更是一个重要的新产业。2019年12月11日，国家工业信息安全发展研究中心发布了《2019中国大数据产业发展报告》，截至2019年，大数据产业规模超过8000亿元，预计到2020年年底将超过万亿元。而工业大数据产业规模到2019年有600多亿元，到2020年复合增长率将达到50%以上。

大数据的产业链主要分三块：上游数据来源、中游数据管理分析和下游数据应用。我们分别来看：第一，数据来源。目前政府、BAT、运营商等是当前中国大数据的主要拥有者，另外，也有些稀缺标的公司在细分领域拥有入口资源。第二，管理分析。数据管理包括数据集成、存储和安全等环节。其中，存储是支撑环节，参与者以传统数据库企业为主；安全是重要保障，涉及各个领域。数据分析挖掘是产业链中最核心的部分，其中算法方面主要受益于人工智能、神经网络算法等。第三，数据应用。目前大数据已经渗透到政府、电信、金融、医疗、物流等多个领域和行业，比如我们非常熟悉的今日头条，就是大数据在媒体行业的应用。

总的来说，数据是行业发展的源泉，存储是支撑，安全是保障，分析是核心，应用是价值实现。所以这几块都会有不错的机会，可以多加关注拥有特殊位置入口资源的公司、大数据搜集分析并提供方案解决的公司和大市场的细分应用领域的龙头公司。

第三个主题：人工智能

人工智能已经嵌入多个生活场景，未来有望引爆下一轮技术革命，使人类生活变得更美好。但也有争论担心人工智能会带来无穷恶果，比如霍金就曾说过："人工智能可能毁灭人类。"人工智能让人类永生还是毁灭，在此我们暂且不谈，但毋庸置疑的是它非常重要，现在处于快速发展阶段。

根据国务院的规划，2020 年、2025 年和 2030 年中国人工智能核心产业规模会超 1500 亿元、4000 亿元和 1 万亿元。无论是国外的科技巨头还是国内的互联网巨头都在布局人工智能全产业链。

产业链上，人工智能分基础层、技术层和应用层三块。基础层包含硬件和软件，分别提供算力和算法框架。目前中国企业尚未深度涉足基础层，芯片研制和生产以及算法框架设计基本由国外巨头垄断。技术层致力于解决具体类别问题，语音识别、自然语言处理和计算机视觉是主要方向，而识别准确率等指标是重点。应用层是将技术运用于商业场景，模拟人类来解决实践问题，比如人工智能+医疗、人工智能+自动驾驶、人工智能+家居、人工智能+安防等。目前人脸识别认证、安防视频搜索和智能音箱已趋于成熟，比如华为手机、苹果手机早就有了人脸识别功能，而自动驾驶、医疗影像诊断等产品还处于探索期。

具体落实到投资机会上，有两条主线。一是长期产业层面。

2017年年底，首批四家国家新一代人工智能开放创新平台正式确定，分别是依托百度建设自动驾驶平台，依托阿里云建设城市大脑平台，依托腾讯建设医疗影像平台，依托科大讯飞建设智能语音平台。在这四个领域，我国已走在世界前列，未来有望迎来高速发展。二是短期股市层面，焦点更多在于人工智能落地的节奏与方式。从产业化落地进程来看，目前C端消费品相关应用的爆发时点还没有到来，主要是G端政府和B端企业这两个场景降低成本、提高效率的实际需求，所以这两块有望率先受益。

第四个主题：VR/AR

VR/AR，又叫虚拟现实、增强现实。虚拟现实就是用电脑模拟出虚拟世界，但让人有真实的感觉，比如很多大商场里的VR游戏设备，可能很多朋友就曾体验过。而增强现实则是将虚拟的信息应用到真实世界，真实的环境和虚拟的物体实时叠加到同一画面空间，比如过去曾火爆一时的《精灵宝可梦Go》（*Pokémon Go*），也就是口袋妖怪手机游戏，很多年轻人当时满大街搜集宠物小精灵。

2014年到2016年上半年是VR/AR产品的爆发式增长期，但后来就一蹶不振，逐渐回归平静了。主要原因是体验差，感觉没我们想得那么好。然而，2020年会是我国5G应用爆发之年，5G将会为

VR/AR 提供基础技术保障，使它在技术上走向成熟，体验感获得提升，从而助力 VR/AR 产业重回上升通道。比如腾讯就公开声称要开发 VR 版的微信了。

产业链方面，VR/AR 主要分四块：一是硬件，包括头戴设备、移动硬件，以及设备中的关键部件，如手势感应、眼球追踪部件等；二是关键程序开发，比如视频处理引擎、相机捕获等关键程序的开发；三是应用程序，比如手机游戏等；四是分发，比如各种影视娱乐公司。

围绕 VR/AR 主题，投资机会有两条主线：一是硬件设备随着 5G 逐渐商用，有望明年开始普及。这样，设备器件的市场份额将逐步提升。二是软件应用会紧跟其后。国内消费市场内容应用目前相对匮乏，仅在游戏和电商领域有所起步，后续在各行业的渗透度有望进一步提升。

第五个主题：信息安全

随着未来大数据、人工智能、物联网等的发展，数据信息的安全将会是重中之重。而各种数据泄露的新闻也暴露了这一领域的欠缺与不成熟，比如国外的脸书（Facebook）数据泄露事件，以及国内的顺丰 3 亿条数据在暗网出售等。相信很多朋友都收到过陌生推销电话，原因无非是电话号码被泄露了出去。而未来随着数据作用的凸显，信息安全也会越发受到重视。

投资逻辑上，这个主题有三大驱动力：首先是政策驱动。我国对网络安全做出了四次顶层设计，信息安全已经上升至国家战略。其次是需求驱动。政府、电信、金融等传统领域和云计算、物联网等新兴行业对信息安全需求很大。2018年，中国网络信息安全市场整体规模达到了495.2亿元，增长率为20.9%，该增速远超全球网络信息安全市场规模增长速度，预计到2021年有望突破900亿元。最后是集中度提升驱动。中国信息安全市场竞争格局高度分散，前五名厂商的市场占有率合计为29%左右，而全球市场为44%左右。

信息安全的产业链主要分成两部分，一是信息安全产品、服务提供商，其中又可细分为安全硬件、安全软件和安全服务三个小类。二是安全系统集成商。

若想投资信息安全主题，有三个领域值得关注：一是云安全，包含云计算本身的安全，以及把云计算技术应用于安全领域，比如基于云计算的防病毒技术等。二是物联网设备数量增加带来的安全需求。未来万物互联，但智能汽车、医疗设备等终端的严重漏洞正在暴露，以密码技术为核心的信息安全技术是物联网普及发展的基础。三是大数据安全分析。未来，面对海量安全数据，传统的集中化安全分析平台遇到瓶颈，这就需要开发专门的大数据安全分析平台。

第六个主题：物联网

互联网是通过通信技术把人与人在信息上进行连接，而物联网则是物物相连的互联网，是把物品产生的海量数据接入网上，从而实现物品与物品，人与物品的连接。简单说，就是通过信息与计算创造一个万物互联的世界。试想一下，未来，当你工作了一天，走到门前，门开了，接下来，灯也开了，甚至拖鞋也自动来到你的脚下，一切都是那么自动与贴心。当然，要让大家实现这个场景还需要很长一段时间。

物联网主题的推动力有六个：一是政府支持。各国政府包括我国都很重视物联网，出台了很多相关政策，比如《"十三五"国家战略性新兴产业发展规划》中就明确提出要推动物联网。二是技术成熟。传感器、云计算、芯片等都已经逐步进入成熟阶段。三是成本推动。传感器及带宽成本大幅下滑。根据中国信通院数据，相比10年前，全球传感器价格下降54%，带宽价格下降97%。四是网络建设完成。窄带物联网（NB-IoT）的网络建设逐渐进入尾声。截至2019年年底，我国窄带物联网基站已高达200多万个。五是互联网巨头进场。2018年3月阿里巴巴就宣布全面进军物联网，这将成为它新的主赛道。六是连接数量暴增。根据IDC（互联网数据中心）预测，到2025年，全球物联网设备数将达到416亿台，产生79.4ZB的数据量；全球移动通信系统协会（GSMA）则认为，到

2025年全球接入5G网络并实现互联的设备将达到250亿台。总的来说，物联网已从最初的导入期发展至现在的成长期初期。

产业链方面，物联网可分为感知层、网络层、平台层和应用层四部分。感知层负责信息的获取，主要包括二维码、电子标签（RFID）、传感器、摄像头、GPS和物联网芯片等。网络层负责信息的传输，把感知层获取的数据传输到应用层。其中由于大多数物物连接都是低速率要求，所以低功耗广域物联网（LPWAN）是未来方向。平台层是整个物联网的枢纽，处于中央地位，汇集了大量的信息流，集成数据处理并连接到下游的各种应用。应用层就是下游的垂直行业应用，比如智慧城市、智慧物流、智慧农业、工业互联网和车联网等等。

对于物联网主题，有三条投资主线：一是连接会率先受益。万物互联，首先自然是连接，然后才会有其他；二是平台层，居中央枢纽地位，其中"应用使能平台（AEP）"和"连接管理平台（CMP）"最有价值，未来趋势是"端+平台+解决方案"这种形式；三是应用层，智慧城市、工业互联网及车联网这三种应用场景有望率先落地。

第七个主题：国产芯片

芯片，又称微电路、集成电路，是指内含集成电路的硅片，体积很小，但技术要求很高。在日常生活中，芯片和集成电路往往被视为同一概念。中兴事件暴露了我国缺芯、核心技术受制于人的尴尬，而华为麒麟芯片又让我们仍抱有希望。不管怎么说，中国的芯片已经牵动了很多人的心。

具体来看，国产芯片主题的驱动力有四点，一是需求驱动。未来汽车电子、人工智能、物联网等是重要新增驱动力，市场需求很大。二是国产芯片处于发展初期，自给率低。中国芯片需求量占全球50%，有些应用芯片甚至占70%~80%，但国产的自供率只有8%左右。中国每年进口芯片近2300亿美元，超过石油，是第一大宗产品，所以进口替代的空间巨大。三是政策驱动。国家先后出台了《国家集成电路产业发展推进纲要》等重要文件；国家集成电路产业投资基金（简称大基金）截至目前共募集了两期，进行直接投资，二期规模高达1500亿元以上。四是顺应集成电路产业转移承接的潮流。我国半导体产业起步较晚，实力较弱，与世界先进水平差距较大。但现在，中国掀起晶圆厂建厂潮，全球芯片产能向中国转移中，有望带动整体产业链的跨越式发展。

产业链方面，分为芯片的设计、制造和封装测试三个主要环节，此外还有配套的半导体设备和材料两个领域。

国产芯片的投资机会有两个思路：一是跟着大基金进行投资。大基金在承诺投资额占比方面，芯片制造业是60%，设计是27%，封测是8%，装备是3%，材料是2%。由此可见，制造业与设计是较好领域，而大基金仍未投资的细分领域中的龙头尤其值得关注。二是跟着产业链的特点来投资。在芯片设计环节上，美国遥遥领先，中国技术水准相对落后，参与程度较低，全球前十中仅有台湾地区的联发科和大陆的海思、紫光集团。晶圆代工制造属于劳动密集型，其中台积电一家独大，占据近56%的市场占有率，大陆以中芯国际为最高水准代表，但在制程上仍有较大差距。封测环节，中国已达到国际水准，与领头羊差距越来越小，比如长电科技、华天科技等，是很好的突破口。

第八个主题：新能源

说到新能源，我脑海里首先浮现的就是蔚来汽车。2018年9月，它终于到美国成功实现了IPO，也成为中国第一家在美国上市的电动汽车制造商。上市后，公司的总市值飙升到了120亿美元，它的创始人兼CEO（首席执行官）李斌也一下子身家上百亿元了，而这只是一家成立仅3年多的企业。我们都知道，造车是一件很烧钱的事情，吉利控股的董事长李书福曾说过，没有几百亿、几千亿的投入，想在汽车领域有所作为几乎是不可能的。蔚来汽车能发展这么快速，离不开它背后的支持者。腾讯马化腾、京东刘强东、小米雷军和高瓴资本张磊等顶尖的企业家和投资家都是蔚来汽车的联合创始人，而他们之所以愿意投入这么多资源到这个领域，就是因为这个赛道是光明的。

中国已经连续 10 年成为世界机动车产销第一大国。截至 2019 年 6 月，全国机动车保有量达 3.4 亿辆，新能源汽车只有 300 多万辆。而汽车是机动车大气污染排放的主要贡献者。所以，我们遇到了雾霾，戴上了口罩。但幸运的是，国家已经带头打响了蓝天白云守卫战，生态文明、美丽中国成为中国重要战略，新能源汽车也乘风受到了政府的大力支持。购车免税、补贴等大家能切实感受到的政策优惠使新能源汽车产业得以迅速发展。2019 年 12 月新能源车产销分别为 14.9 万辆和 16.3 万辆，环比分别增长 36.0% 和 71.4%。随着退坡影响的边际减弱及国家对新能源汽车产业鼓励政策的推出，新能源车发展长期向好的趋势凸显。

当然，这时候有的朋友可能会说：我买了辆特斯拉，现在是冬天，但我都不敢开空调，因为耗电太快了！一辆新能源汽车充完电根本就开不了多久，这事儿太麻烦了！是的，就目前情况来看，新能源汽车的行业高峰似乎已经过去了，电力电池核心仍未取得突破，配套环节也较为薄弱，充电桩仍未能普及。但是，道路是曲折的，前途是光明的。试想，如果新能源汽车能够充电几分钟，行驶几千里，那你还会不买吗？而这些目前仍有的问题，就是未来产业中的投资机会。比如这里的核心——电池问题，有家独角兽企业，叫宁德时代，就是做这个的，2018 年 6 月在创业板上市。该公司年营业额从 0 到 2700 亿元，成了全球最大的动力电池公司。目前它的

127

主营业务是动力电池快充，在未来电池技术有望进一步突破的情况下，这家企业值得大家关注。

第九个主题：新材料

2018年9月时，工业和信息化部副部长王江平在第五届中国国际新材料产业博览会上指出，"当前我国正处于工业转型升级的关键期，很多设备、应用都离不开材料的支撑，新材料已经成为制约我国制造业转型升级的突出短板"。有句话说得好，巧妇难为无米之炊，没有材料，很多战略新兴产业就难以实现。目前我国的新材料研发水平比发达国家落后近5年，只有部分金属功能材料和前沿材料在国际上有一定优势，整体任重而道远。

那么，新材料到底是指哪些材料呢？新材料有很多种，大致可分成三类：第一类是基础材料，比如镁合金、钛合金、工程塑料和合成橡胶等；第二类是战略材料，比如多晶硅、稀土功能材料和碳纤维等；第三类是前沿材料，比如石墨烯、液态金属等。

液态金属是个很有意思的新材料。它是金属却拥有流动的特质，很轻却极为强硬，强度是不锈钢的3倍，而且还具有很高的弹性。有些液态金属还可以在自由空间甚至各种结构的槽道中，按照环境来调整自己的体形和路线，似乎自身具备思考能力、有生命一样。事实上，这种特性已经和自然界中的软体生物相当接近了，而这一发现也曾以封面形式发表在国际权威期刊《尖端科学》上。

这种听着很神奇很玄乎的材料是否只存在于实验室里呢？并不是的。其实，我们身边就已经有很多落地的液态金属产品了，只是形式比较初级而已。比如 iPhone 手机配件里的那个 SIM 卡（用户身份识别卡）针就是液态金属做的，现在很多智能手机的取卡针、卡槽等都是用的这个材料，未来可能还会被用在手机的金属中框上。另外，因为有较好的生物相容性，液态金属也被制作成手术刀、人造牙齿、生物传感器等。又因为之前说的"强度、硬度和弹性"三高的特性，很多乐器、耳机、眼镜架和高尔夫球杆的击球面等也会用到它。A 股市场上市公司宜安科技就是液态金属应用的龙头企业，2017 年的时候生产了液态金属的汽车门锁扣，后来还用到了特斯拉上面。

当然，液态金属的应用肯定不止于此，全球来看它目前也仅仅处于研究初期，未来还有很多可应用的领域，我大致说几个方向。

第一，液态金属能够通过吞食其他金属获得能量，然后不停地奔跑运动。这点如果利用好了，未来可能会产生划时代的动力系统。第二，它在吞食铝的过程中，能去除铝金属表面的氧化膜，产生大量的氢气。这也许会加速氢能源动力时代的到来。第三，它具有超强的导热散热能力。这就可以用来给大功率器件快速散热。过去有很多高科技顶尖装备的研发因为散热问题而屡屡无法实现，而借助液态金属，这些前沿领域，包括量子计算机、大功率卫星部件等的研发能力会进一步得到提升。第四，它还具有很好的导电性能，这可以用在电子产品上。中科院就制造出一台打印机，墨水是液态金属，直接打印电路图，把各种元器件放在这些打印出来的电路上后，就成了真正的电子产品。这意味着一天时间就能完成电路的所有制作，大大缩短了电子产品的设计研发周期。如果把这些墨水用在某些新型面料上，还会变成智能服饰。

液态金属的应用很广泛，而它只是众多新材料中的一种，管中窥豹，我们可以想象新材料产业未来的前景有多好了。

第十个主题：生物技术

2013年，美国著名影星安吉丽娜·朱莉宣布切除双乳乳腺。她之所以做出这个决定，就是通过基因测序的方式，发现自己有这方面的身体缺陷，属于乳腺癌高危人群。

除了她，还有很多我们熟悉的名人做过基因测序。比如乔布斯，医生早就断言他多活一年的概率不到10%，但他通过基因测序，精准选择肿瘤药物，结果多活了7年。还有郑秀文，通过基因测序发现自己有不易胖的基因，做运动更容易瘦，但体内缺乏某种维生素。陈小春也给他儿子做了这个检测，结果发现小孩在音乐方面的天分很高，他打算在这方面多加培养，让小孩扬长避短，赢在起跑线上。通过基因测序，我们可以发现身体的很多奥秘。尽管目前这项技术还有很多不成熟之处，但感兴趣的朋友已经可以进行初步尝试了，部分消费级的产品服务大家甚至可以在天猫这种网购平台上购买，进行尝试体验。

基因测序技术在逐渐普及，它的产业链就会发展较快。产业链上游主要是测序仪器和试剂的生产。但可惜的是，这方面的技术壁垒非常高，目前已经基本被国际巨头主导了，国内企业与之差距很大。下游是基因测序服务，主要是科研测序服务、生育健康诊断、肿瘤基因检测和消费级基因测序。在这些方面，国内企业在渠道、服务和医院资源方面有很大优势，长期居于主导地位。

基因测序只是生物技术的一种，是生物技术发展的一个缩影。现代生物技术主要分三块：一是体外诊断，包括生化、免疫、分子诊断等。基因测序就是分子诊断中的一个细分类。二是生物药品，包括血液制品、疫苗、抗体等。三是生物治疗，比如干细胞和免疫细胞等。

生物技术在我国发展快速，2018年7月国内首个肿瘤二代测序的伴随诊断获得批准，开启了肿瘤精准诊治的新纪元。11月，深圳出现了基因编辑婴儿事件。这些让我不由想到了霍金的预言，他曾担忧生物基因技术会创造一种新的超人物种，而这可能毁灭人类。国外也有本书叫《超级人类之路》，就讲了生物强化科学的发展历程，并预示未来会出现大量的超人。太远的未来，我们不做讨论，但可以明确的是，起码近些年，生物技术产业会快速发展。

总结一下，有价值的技术主题要影响力够大，存在大规模商业应用的可能且目前处于应用初期阶段。根据这些条件，我们筛选了 10 个比较重要的技术主题：第一个主题是 5G，基站、射频器件等会迎来确定性利好。第二个主题是大数据，有特殊位置入口资源的公司、搜集分析数据并提供解决方案的能力较强的公司、市场空间较大的细分应用领域的龙头公司看好。第三个主题是人工智能，人工智能+自动驾驶、人工智能+城市大脑、人工智能+医疗影像和人工智能+智能语音，这四个领域的龙头公司未来长期看好，而政府和企业场景应用的公司有望率先落地受益。第四个主题是 VR/AR，硬件设备有望明年开始普及，软件应用会紧跟其后。第五个主题是信息安全，未来云安全、物联网设备连接数量增加带来的安全和大数据安全分析值得关注。第六个主题是物联网，感知层的连接率先受益，应用使能平台（AEP）和连接管理平台（CMP）最有价值，智慧城市、工业互联网及车联网场景有望率先落地。第七个主题是国产芯片。跟着大基金进行投资，芯片制造与设计是较好领域；根据产业链的特点来投资，中国制造与封测环节有优势。第八个主题是新能源。第九个主题是新材料。第十个主题是生物技术。

十大另类主题：高送转和破净股以外的机遇

除了我们之前讲到的政策主题和技术主题，334个概念主题中还有很多有意思的主题，也就是之前我们所说的另类主题。下面就给大家简单介绍10个另类主题及其蕴含的投资机会和潜在风险。

第一个主题：一线龙头

我们先来看两组数据，第一组是10年10倍股。从2009年初到2019年年初，A股3500多只股票中涨幅超过10倍的股票只有26只，占比不到1%，而一线龙头板块的155只股票中，10倍股就有12只，占比高达10%。这些股票也是我们耳熟能详的，比如华夏幸福、三安光电、格力电器、伊利股份等。第二组数据是2018年股市跌幅近30%，而一线龙头板块跌幅不到20%。从具体板块来看，白酒跌了26%，其中茅台只跌了14%；白色家电跌了33%，其中格力只跌了18%；房地产跌了32%，其中华夏幸福只跌了16%。这些只是抗跌的，还有逆势上涨的，比如休闲服务跌了26%，中国国旅却涨了40%；轻工制造跌了32%，晨光文具却涨了24%。

这就是一线龙头，长跑更有耐力，短线也更抗跌。一线龙头是行业最优秀的代表，基本面非常出色。如保险板块的中国平安、中国人寿，银行板块的四大行等，有着非常强大的核心竞争力和稳固的护城河，久经时间和市场的考验。近几年外资加快涌入中国 A 股市场，作为长线聪明资金的代表，最偏好的也是这些一线龙头。未来随着股票市场国际化程度和头部效应的加深，一线龙头股的表现值得期待。

第二个主题：明晟指数

2017 年，A 股市场经过四年的努力成功闯关，被纳入了 MSCI 明晟指数。MSCI 明晟指数是美国一家叫摩根士丹利国际资本的指数编制公司编制的指数，这就跟我们大家所熟悉的沪深 300 指数、中证 100 指数一样，但它是根据不同国家、地区和行业综合编制的一个全球性的股价指数。最重要的是，它是全球指数基金的两大基准之一，另一个是富时指数，前段时间 A 股市场也被纳入了。目前跟踪全球指数和全球新兴市场指数的被动基金中，有 60% 都是以 MSCI 明晟指数为准的，对应的资金量大约在 8 万亿美元。所以 A 股市场被纳入后，会带来大量国外资金，而且还是长线资金，自然备受瞩目。

明晟指数概念股，简单说就是被纳入这个指数的标的股票。在 2017 年时，这个主题是市场的风口，全年板块涨幅高达 21%，而 A 股只涨了 2%。2018 年股市行情整体状况不佳，大盘跌了近 30%，但明晟指数板块却较为抗跌，只跌了 23%，尤其在 11 月初的时候，还迎来了一波行情。直接原因就是当时明晟指数拟将 A 股的权重从 5% 提高到 20%，这会给 A 股市场直接带来 5500 亿元的增量资金。消息出台后，相关概念股受到刺激，短期大幅上涨。明晟指数背后代表的是外资流入，未来随着 A 股全球吸引力的加强，这个主题值得重视。

第三个主题：创蓝筹

以前经常有朋友问我，想买股票，都说收益与风险相对，那我就想选个折中的，有没有既有价值性，又有成长性的股票？我会回答说创蓝筹是个不错的选择。创蓝筹就是创业板中的蓝筹标的，对应的股指就是创 50 指数。

盈利方面，根据业界的一致性预期，创 50 板块成分股在 2019 年、2020 年和 2021 年的净利润增速分别是 47%、74% 和 26%，显著高于主板盈利水平。估值方面，经过两年多的调整，创 50 的估值已经大大下降，2017 年是 45 倍多，2018 年年底已经回归到了 33 倍左右，降幅高达 27%，处于相对低位。

现在，越来越多的资金开始重视创蓝筹了。截至 2020 年 4 月，华安创业板 50ETF 基金的场内流通份额已经高达 115 亿份，规模也增长到了 55 亿元以上。而基金筹资就是为了投资，再加上国家对科技创新企业的大力支持，这个主题未来的长期表现是值得关注的。

第四个主题：社保重仓

出于资金保值增值的需要，部分社保资金会交给市场上顶尖的公募基金公司管理，由投研能力高、业绩水平好的基金经理负责投资。那些受到社保资金青睐的股票也就构成了社保重仓主题。

从历史经验来看，社保资金曾多次精准地在熊市初期逃顶，在牛市初期抄底。2005年年中，社保大批开立新账户，而当时恰好是股市指数的底部，两年半的时间里，股市走牛，上证指数从不到1000点冲到了2017年年底的6000点，涨了5倍多。而当市场陷入狂热，甚至高喊8000点、1万点不是梦时，社保基金已于当年四季度开始全线撤退，减仓1/3。之后的股市行情大家都知道，A股暴跌，一年时间从6000多点跌到了不到1500点。2008年年末到2009年年初，当时是全球金融危机后期，股市处于低位，社保基金同样出手增仓，后续市场表现依然出色。

既然社保资金关乎国计民生，投资业绩相对稳健，我们可以采取跟随策略。也就是说，社保重仓股类型和数量的变化，会给我们带来重要的参考信息，帮助我们把握市场节奏和风格的变化，是个较好的参考。

第五个主题：独角兽概念

近两年，独角兽很火。喜马拉雅就是个独角兽企业，用户朋友知道它的 123 知识狂欢节，2016 年首届狂欢节的时候销售额只有 5000 多万元，2017 年就超过 2 亿元了，2018 年是 4.35 亿元，2019 年达到了 8.28 亿元，成长非常快。

独角兽企业很诱人，一旦上市，投资人可以获利很多倍，但大多数人实际上都投不到，所以只能退而求其次，寻找股票市场上的相关股票。这里需要说明下，独角兽概念股并不是指独角兽企业本身，而是它的产业链上下游或者有股权关联的公司。比如，小米上市前的供应商"普路通"，它是做电子信息行业的供应链管理服务的，小米的供应链很有名，而它就是背后的一大贡献者。另外还有华西股份，它的全资子公司一村资本投资了宁德时代，在宁德时代 2018 年 4 月上市之前就迎来了一波上涨行情。这些是已经上市了的独角兽的相关股票，还有未上市的，比如蚂蚁金服，A 股中的张江高科就间接投资它，金额高达十几亿元。独角兽企业上市，相关的概念股也能从中受益。

独角兽概念是个有前景的主题，但这里我还想给大家提示几个风险点：第一，务必要厘清概念股和真正独角兽企业之间的区别，两者并不是一回事儿，不要盲目蹭热点。第二，很多被炒作的上市公司，事实上和"独角兽"概念没有任何关系。比如富士康在 2018

年 5 月上市，它的所谓概念股安彩高科，主要是做光伏玻璃和天然气管道的，当时有市场传言它的二股东就是富士康的控股股东，两者是直系兄弟关系，所以富士康上市前两个月，这只股票大涨，涨幅高达 30%。但后来，富士康公司发布公告，声明两者没有任何关系，富士康的上市对它也无任何影响。所以之后，它的股价在 6 月份仅一个月就跌了 25%。第三，并不是所有独角兽企业都会选择上市，而且时间也不确定，华为坚称不上市就是个例子。而且即使政策给独角兽企业大开绿灯，它们登录 A 股市场也还需要满足其他条件，所以我们投资时还是要具体问题具体分析。

第六个主题：高送转

我们先来看一组数据，科士达上市 7 年股本增加了 4 倍，北信源 5 年股本扩大了 22 倍；更夸张的是易事特，上市不到 4 年，股本却增加了 25 倍。股本就是股票数量。如此快速的增长，其实是高送转引起的。高送转是指上市公司送股和配股的比例比较高，送转股本质是一种再融资方式，本身不改变公司的价值。但在 A 股市场上，很多时候，实施高送转的公司却更容易受到市场关注而成为资金追捧的对象，这样股价在短期内就会因资金驱动而上涨。比如易事特在 2017 年就有 10 股转增 30 股还派 0.9 元，而当时股价也做出了反应，连续出现了几个涨停。但没过多久，这家公司及其董事长就成了第一个被证监会立案调查的10转30高送转概念股的典型案例。因此，监管措施不断加码，对高送转企业的业绩、解禁和减持提出了明确要求，禁止非理性高送转。只有那些真正具备业绩支撑，有实力和扩张意愿的高成长企业才能获批高送转。

我们相信高送转概念的炒作之风会逐渐消散。投资者要分辨清楚，高送转和好公司是不画等号的，送股也不会改变你所持有的公司股份的价值，只是把你手中的一张饼分成几块而已。

第七个主题：破净股

"破净"是股票的市场价格低于每股净资产的价格。用市净率小于1的指标，就可筛选出破净股。一家公司的总价值等于其负债的价值加上净资产的价值，因此从逻辑上来说，每股股价低于净资产是违背常理的。

而当这种情况真实发生时，说明股价跌得很惨。这肯定不是一件好事，因为一家公司只有基本面极度恶化，或者外界的环境极度恶劣，才会使股价一跌再跌，最后竟然连净资产价格都为负了。而当股市下跌时，破净股也确实是跌得很惨的那一类。比如2018年上证指数跌了近30%，而破净板块却跌了近39%，远超平均水平。

但这并不意味着破净股就没有投资机会。因为很多破净股受过度恐慌的情绪影响，是超跌的，已经在地板的下面了，安全边际较高，可能会受到关注而迎来一轮深度的超跌反弹，但这可能只是"股价可能不至于这么低"的短期反弹，除非基本面没有任何问题甚至在好转，才可能会有较长期的机会。

第八个主题：员工持股

华为这家公司有多厉害我就不赘述了，是全球 5G 的领导者之一，中国的通信巨头。而它实际上是一个独立的、员工持股的私营公司。简单说，华为 99% 的股份是由 8 万多名员工持有的，任正非只占 1% 左右。在员工持股这种模式下，收入是由全员共同分配的，所有成员共享收益，充分调动了员工的积极性，使华为不断壮大。

员工持股通常是以调动员工积极性、完善公司治理结构等名义进行的，能够很好地将企业与员工的利益绑在一起。市场也经常将员工持股视为一种激励，有时更把它作为一种股价安全垫，毕竟"不坑自家人"。

然而，股票市场上很多时候还会出现另一种情况，就是"坑的就是自家人"。截至 2018 年 12 月底，A 股市场共有 134 家上市公司推出了共 138 项员工持股计划，但近 8 成都出现了亏损，同时很多还面临着较大的杠杆风险，因为有些资金除了来自员工自筹外，还会通过集合信托等方式筹集，杠杆比例通常为 1~2 倍。而凯迪生态、智慧松德、腾邦国际等上市公司都出现了员工持股爆仓。所以，员工持股要分两面来看，虽然理论上是好的，但很多时候也是会亏损的。结合员工持股板块的市场表现，行情好的时候，或者有基本面支撑的员工持股标的表现更为突出。

第九个主题：股票回购

2018年年底，A股上市公司掀起了回购潮，有600多家上市公司实施了回购。同年12月底时，中国平安也放了大招，拟启动回购不超过10%的股票。以平安1万多亿元的市值来说，对标资金高达1000多亿元，算得上是A股史上规模最大的一次回购了。

在A股市场上，公司发起股票回购往往是一个利好消息。首先，公司参与股票回购往往需要满足特定的条件，比如连续5年盈利、拥有充裕的现金来维持日常运作和现金流需要、股价远低于保守估计的公司内在价值等。其次，回购股票的行为向投资者传递了股价被低估、公司股票具有投资价值的信息，这对于稳定公司股价有重要作用。最后，回购后股本减少，有助于在短期提升企业的股东回报率、每股对应的收益与净利润等。

从历史表现来看，发起股票回购的公司，股价往往也会表现更好。比如美股有个标普500回购指数，中国目前没有，回购指数的涨幅就明显大于同期的标普500涨幅。截至2018年11月底，这个回购指数的累计涨幅有450%，比标普500指数的累计涨幅300%高得多。

回购具有明显的积极意义，不过它背后也有些风险因素值得注意。比如大股东可能是为了满足其个人诉求而推动回购，会造成回购价格和时机不合理；也有些公司为了短期利益盲目回购，导致公司现金减少，对公司偿债能力、研发投入等产生不利影响。当存在这些情况时，就会对公司长期发展造成不利影响。

第十个主题：摘帽主题

股市有两种股票，一种是正常的，另一种非正常的就是ST。连续亏损三年的公司会带上ST的标记，而如果ST公司最近年度财务状况恢复正常，就可以申请撤除ST标记，俗称"摘帽"。

从历史角度来看，摘帽概念股一直是A股市场经久不衰的炒作题材，摘帽背后代表的是一家公司基本面的质变、业绩的复苏。根据相关法律规定，只有扭亏为盈的企业才有摘帽的可能。当一只ST股摘帽成功，它就会"乌鸦变凤凰"，比如2009年年初，ST三安成功摘帽，变更为三安光电，一年时间，股价从0.01元一路上涨到4元。

摘帽是件好事，但如果摘帽后公司业绩持续亏损，那还会有重新戴帽的可能。有些企业为了摘帽，并不是争取基本面质量的显著转好，而是通过短期输血或财务上的操纵来实现净利润增长，而这种增长显然是难以持续的。2018 年，共有 30 多家 ST 板块的公司成功摘帽。但根据统计，最新的三季报中却已有 13 家公司的归母净利润是亏损状态，占比达 43%。

总结一下，这一节我们讲了另类主题的投资要义，总共 10 个主题：一线龙头、明晟指数、创蓝筹、社保重仓、独角兽、高送转、破净股、员工持股、股票回购和摘帽主题。这些另类主题中蕴藏着巨大的投资机会，大家可以多多关注。

| 行业投资法 |

行业分析法：如何快速了解一个行业？

这一节向大家介绍一种快速了解一个行业的方法，主要从行业定位、行业前景、行业的基本面这几个角度去把握。

行业定位

行业分析首先从行业定位开始，也就是这个行业属于哪个大类，在产业链上处于什么位置。最传统的行业分类就是统计局在国民经济核算中划分的三大产业：第一产业是农林牧渔业，第二产业是采矿业、制造业和建筑业等工业，第三产业是交运、餐饮和金融等服务业。除了这种分类，股票市场中还有很多行业分类方法，其中最常用的有中信风格分类、Wind 行业分类和申万行业分类。申万行业分类有三个级别，一级分类里的农林牧渔对应第一产业，采掘、钢铁、建筑材料等对应第二产业，商业贸易、银行、非银金融等对应第三产业。一级分类下面又有申万二、三级分类，其中二级分类有104个，三级分类有227个。中信风格分类把股票按照各自的风格属性，分成了金融、周期、消费、成长和稳定五类。不同的行业，在相同时间，表现差异会很大。

接下来，我们再看行业在产业链上的位置。一般来说，农业的产业链比较简单，上市公司也比较少，这里我们不做重点分析。工业和服务业的产业链相对比较复杂。工业的产业链可分为上游、中游和下游，上游一般是资源型行业，比如石油石化、煤炭电力、有色金属等，中游大多是制造业，比如化工、钢铁、建材和机械，此外还有铁路、公路和机场这种基础设施建设行业。下游的重头是消费，我们可以把它分为必需消费和可选消费，像食品、服装是必需消费，房地产、汽车是可选消费。服务业主要是指仓储运输、软件服务、传媒和金融等，具体的产业链在这就不再展开了。

行业前景

准确把握行业的定位后，我们需要对行业的发展前景有所了解。下面我分别从长期、中期和短期这三个视角，从外部因素来分析一个行业的前景。

从长期视角来看，需要考虑人口周期和技术周期。从人口周期来看，2013年中国劳动人口达到10亿，相当于总人口的74%，是历史上的最高峰；之后，劳动人口不断减少。中国在20世纪90年代后的出生人口出现了断崖式的下跌，未来至少30年，在人口结构上劳动年龄人口比重会持续下降，老龄人口比重会持续上升。随着人口红利的消失，中国的劳动密集型产业就会失去比较优势，相反，医疗、养老、健康和消费领域会迎来长期发展机会。再从技术周期来看，现在正处于第三次技术革命，也就是从20世纪中期开始的信息技术革命。信息技术革命带来了新的成长性行业，计算机、电子和通信行业成为盈利增速最快的行业。

从中期视角看，宏观和行业政策对产业发展有重要的引领作用。比如从2010年开始，新能源汽车补贴政策陆续出台，带来了新能源汽车行业的爆发，新能源汽车销量从2012年的7000多辆，迅速增长到2019年的120万辆以上。

从短期视角来看，关键是看一个行业是否符合当时的经济周期。比如在经济好的时候，周期性比较强的行业，比如钢铁、机械行业等，它们的盈利上升速度会很快，股票也会有很好的表现。

除了外部因素会对行业前景产生影响，行业也有自身的生命周期。根据生命周期理论，行业的发展周期包括四个阶段：幼稚期、成长期、成熟期和衰退期。处于幼稚期的行业，市场发展很快，主要表现为开辟新用户，占领市场，打价格战。像2015年开始萌芽的外卖、网约车行业，当时就以补贴发放、打价格战的方式来争取市场和用户。处于成长期的行业，技术进一步发展，行业竞争格局和用户特点逐渐明确，行业壁垒逐渐提升。计算机行业现在就处于成长期，从 2011 年的移动支付到 2014 年的大数据，再到当前的区块链、人工智能，这个行业不断有新事物产生，同时进入的壁垒也不断提高。处于成熟期的行业，特点是市场稳定。盈利稳定。不少传统消费行业，比如传统家电、食品饮料等，就处于成熟期。衰退期的行业，特点是市场增长率下降、需求下降。煤炭开采等资源型行业就有衰退期特征。

行业的基本面

在判断行业前景后，我们还需要聚焦微观的行业基本面。因为对行业前景的判断，最终都会传递到行业的基本面上，使盈利和估值发生变化。行业的财务指标和估值情况也是最容易观测和跟踪的，接下来我们就从财务和估值这两个角度，教大家去把握行业的基本面。

我们最关注的财务指标是净利润增速。行业净利润增速是将一个行业所有上市公司的净利润加总，然后看这个值比上一期超出多少。它体现的是行业整体的盈利变化情况。一般说来，不同风格的行业，自身的盈利差异非常明显。周期类行业的盈利波动性是最大的，它的净利润增速最高有 200%，最低有 –60%。净利润增速的变化与工业品价格指数 PPI 的相关性很高。成长类行业，2013 年之后的净利润增速明显偏高，平均增速高达22%，其他四类都在20%以下。消费类行业的净利润增速与居民消费价格指数CPI息息相关。金融和稳定类行业的盈利变化波动是最小的。

通过把握行业净利润增速的历史值和规律，我们就可以对当前的盈利水平进行定位。比如说2018年三季度，周期板块最近一年的净利润增速大约30%，在5种风格板块中是最高的。但周期板块自2017年6月达到这一轮盈利增速的高点后，已经连续4个季度下滑，整体实际上正处于下行周期。

除了财务情况之外，我们还需要看行业的估值来判断投资时点。当一个公司的股价被低估，盈利又很可观时，是一个不错的投资机会，行业也是如此。

估值有绝对估值法和相对估值法，在"公司投资法"里会给大家详细说明，这里先简要介绍一下。相对估值法是看市盈率、市净率（P/B）这样的比率，在Choice、同花顺终端中很容易跟踪。对个体公司来说，市盈率等于股价除以每股收益，或者用总市值除以净利润，代表投资者为得到企业每年1元钱的净利润需要支付多少钱；市净率等于股价除以每股净资产，或者用总市值除以净资产，反映公司在每年这样的净资产下，支撑起多高的股价。行业估值也是同样的道理，行业的市盈率等于行业内全部上市公司的总市值除以全部归母净利润，具体数值大家可以在Choice终端上查到。

市盈率实际上体现的是人们对于公司或行业未来盈利的预期，

如果这个行业预计未来盈利会提升,那人们就愿意接受更高的市盈率。由于不同行业受经济周期、政策、技术等因素的影响不同,市场对它们的盈利预期也就会有不同,估值差别也就会很大,比如通信行业的市盈率就远高于钢铁行业。除了横向对比外,我们还可以给行业市盈率做一个历史比较,就是看它当前的市盈率在历史上是一个怎样的水平。

总结一下,我们可以从三个维度来了解一个行业:一是行业定位,二是行业前景,三是行业的基本面。这只是一个初步认识行业的框架,还远远不足以形成具体的投资选择。

行业投资策略:不同时期如何挑选行业?

之前我们介绍了如何判断经济周期,并主要从大类资产的角度分析了在经济形势好转和经济形势变坏的情况下,应该如何投资。而这节我们主要讲在经济周期的不同阶段应该如何挑选行业。

对于股票投资而言,我们最关注的周期是短周期,也就是最近三四年的情况。我们前面讲过,可以用经济增长和通货膨胀这两个核心指标,将经济周期分为复苏、过热、滞胀和衰退四个阶段。著名的美林投资时钟模型就是这样划分经济周期的。在不同的阶段应该投资不同的资产类别，复苏期应该配置股票和债券，过热期应该配置商品和股票，滞胀期应该配置现金和商品，衰退期应该配置债券和现金。

不过，我们在实际投资中，操作却没有这么简单。因为每一轮经济周期的背景都是不同的，周期有共性也有差异，股票市场的表现也是如此。比如2013年和2014年上半年，经济下行压力很大，处于衰退阶段，但2014年下半年却迎来了一波大牛市。当时的情况就是经济增速不断下滑，触及了政府经济增速不低于7%的底线，然后政府做出反应，央行启动新一轮货币宽松政策，从2014年11月开始，连续降准降息。在央行大规模的放水刺激下，市场流动性变得充裕，股市也受此推动走出了资金牛。

股票可以根据上市公司主营业务的不同，被纳入不同的行业。在前面我们对行业进行了定位和分类，最常用的分类方法是中信风格分类和申万行业分类。根据中信风格分类标准，股票可以分为金融、周期、消费、成长和稳定这五类；而根据申万一级行业分类标准，也可以分为采掘、钢铁、银行、计算机等28个行业。这些行业的股票在不同宏观经济环境下会有不同的市场表现。接下来我们就来看一下经济周期中的行业轮动规律。

在经济复苏期，金融、房地产和基建产业链的相关行业表现较好。在衰退阶段的后期和复苏期，货币政策相对宽松，资金成本也较为低廉，企业融资扩张的意愿比较强，这会直接加快金融业的资产扩张，扩大金融业的营业收入。房地产政策在这一阶段也会变得宽松，这又会改善地方政府的财政，提高土地出让金收入。地方政府有了钱，自然可以做更多的基建投资。房地产和基建投资又会进一步带动建筑建材、钢铁以及制造业的需求。制造业中最典型的就是挖掘机，过去两年挖掘机之所以卖得那么好，就是因为房地产和基建的拉动。2016年中国经济步入复苏阶段，当时股票市场的表现也体现了这个逻辑，银行、地产，以及建筑、建材等周期板块首先开始上涨，随后钢铁持续上涨，然后是机械等制造业相关板块。

在经济过热期，与大宗商品相关的资源类股票和可选消费行业的股票收益最高。经济的持续扩张使需求不断增加，供给端企业的议价能力不断提升，带来了原材料价格上涨，上游资源类企业，如煤炭、钢铁、有色等行业积累了较多的利润。同时，居民的可支配收入增加，消费意愿提升，物价也开始上涨，消费行业中的可选消费，如家电、汽车，逐渐进入盈利改善阶段。所以我们看到，2017年家电全年涨幅达到53%，在申万一级的28个行业中收益排名第二；龙头企业美的集团、格力电器、青岛海尔（现更名为"海尔智家"）涨幅都在一倍左右。钢铁、有色行业的涨幅也都超过了15%，在行业涨幅中排名前五。

在滞胀阶段，大众消费、石油石化、医药生物、农林牧渔等典型的后周期行业能取得超额收益。前面我们讲过，滞胀是经济增速回落和通胀高位的阶段，这个阶段的政策是很尴尬的，但相比于经济回落，持续的通货膨胀更具有杀伤力。过高的原材料价格挤压中下游企业的利润，造成企业倒闭，实体经济不景气；同时银行存款规模下降，供应货币能力下降，货币市场流动性差，资本市场萎靡；过高的通货膨胀还容易引发系统性的危机，20世纪80年代的拉美债务危机就是由于全球范围的过高通胀造成的。因此，在滞胀阶段，货币政策通常转向紧缩。这时，股票市场的表现不会太好，不建议在这个时间配置股票资产，2017年四季度到2018年上半年就有这样的特征。但如果你需要配置一定的股票，有两类行业会有相对收益：一是需求弹性较低的行业，比如大众消费、医药生物。这些行业与居民生活息息相关，无论经济好坏都是必不可缺的，对价格的敏感度较低，即使在经济下行时收益也能对抗通货膨胀。二是受益于涨价逻辑的行业，比如石油石化、农林牧渔。在滞胀阶段，工业品的价格已经到达顶部或出现回落，而原油、农产品价格仍然坚挺。这两类行业都是比较典型的后周期行业，也就是说它们的表现滞后于经济周期。

在经济衰退期，配置盈利与经济周期波动相关性较弱，受益于无风险利率下行的稳定、成长类行业，后期金融行业也会改善。在这一阶段，其实也是不建议配置股票这种风险资产的，因为企业盈利在这一阶段是加速下行的。从历史上看，在1999年以来的五轮库存周期中，股市除了2014—2015年的"流动性牛市"外都是震荡下行，平均跌幅在20%左右。在这一阶段，股票表现相对较好的是稳定、成长和金融行业。在衰退阶段，市场的核心矛盾已经从通胀转向了宏观经济和企业盈利加速下行，此时对于上市公司来说，盈利增长的稀缺性就会得到体现,稳定和成长类企业的盈利与经济周期波动的相关性较弱,所以在这个阶段能够取得相对收益。而在衰退阶段的后期,货币政策通常会转向宽松,市场的风险偏好改善,金融类企业会出现明显的营收扩张,成长类企业在这一阶段现金流压力也会明显减小,此时可以开始布局股票市场的投资,看好金融和成长类企业在这一阶段的超额收益。

总结一下。在经济复苏期,配置金融、房地产和基建产业链的相关行业;在经济过热期,配置资源类股票和消费行业;在经济滞胀期,配置大众消费、石油石化、医药生物、农林牧渔等典型的后周期行业;在经济衰退期,选择盈利与经济波动相关性弱的稳定和成长类企业,后期配置对政策宽松较为敏感的金融和成长行业。当然,这只是一个简化的周期投资方法,具体到实际操作时,A股市场还受到监管政策、风险偏好、国际环境等外部因素的影响,需要结合所有因素全面评估,才能做出准确的判断。

周期类行业:钢铁煤炭股如何投资?

周期类行业大概是机构和个人投资者都最爱又最恨的行业。为什么"最爱又最恨"呢？因为股票本来就是大家又爱又恨的资产，而周期股行情有一定规律，却又是短期波动最大的一类行业。如果我们能把握住规律，在正确的时间买入，享受到它的股价高弹性，那很有爱；如果把握不住规律，在错误的时间进了场或者没及时退出，那就会亏损很多，由爱生恨了。

什么是周期类行业呢？周期性行业是指和宏观经济波动有较强相关性的行业，典型的周期类行业包括煤炭、钢铁等大宗原材料，机械、造船等制造业。我们将中信风格分类中"周期"这一类别的成分股提取出来，按照申万一级分类方式分类，可以发现化工、机械设备、汽车行业的股票数量最多，但这也与行业总的上市公司数量较多有关。所以我们再来看比例，钢铁、化工和汽车行业中有超过90%的上市公司是属于周期类的。

周期类行业在产业链上的位置和分工

行业研究的第一步是定位，要了解这个行业在产业链上的位置和分工。这是因为，产业链的上下游供需变化能够影响价格、产量、库存等关键变量，而这些变化最终都会传导到盈利和人们的心理预期上。以钢铁行业为例，如果下游需求变大了，比如房地产开工增加，钢铁库存在短期内就会快速下降，钢铁的商品价格会上涨，生产商增加产量补库存，钢铁企业的利润预期会增加。2018年上半年，房屋新开工面积的增长速度快速升高，从2月的3%上升到6月的12%。而建房子需要用钢，这一时期钢材的库存不断下降，主要钢品种库存从3月的近2000万吨的历史高位下跌到6月的1000万吨，半年去了一半。需求强劲也提高了价格，主要建筑原材料螺纹钢的现货和期货价格从3月底开始波状上升，到8月中旬时涨幅接近30%。而高价格又会带来高盈利，2018年股票市场中钢铁行业的上半年盈利很好，超出市场的预期。在当时整个股市风险偏好不断降低的情况下，钢铁行业1—7月仍取得了6%的超额收益。

周期行业的盈利与宏观经济波动的相关性比较强。我们拿钢铁行业举例，它的需求有一半来自建筑业，主要是房地产和基础设施建设。中国的房地产和基建投资占固定资产投资的比重一直是很高的，2017年大约在50%左右，所以钢铁行业的需求与宏观经济波动的相关性很高。再比如重型卡车，它属于工程机械行业，销量也主要受房地产和基建投资的影响。因此，对于周期类行业来说，根据宏观经济的波动，进行自上而下的投资是非常重要的。

这就需要我们根据经济波动把握规律。我们讲过，在经济复苏期和经济过热期，周期行业具有相对优势。具体来看，房地产和基建产业链，包括钢铁、建材等行业，在经济复苏期表现最好；与大宗商品相关的资源类股票，包括采掘、有色、钢铁、化工等行业，在经济过热期表现最好。我们再来看下实际的市场表现。2005年以来，周期板块在2007年全年、2008年年底到2010年年底、2013年

11月到2014年10月、2016年3月到11月,这四个超过半年的时间段里,市场表现持续跑赢大盘。其中,除了2013年11月到2014年10月那一时间段经济比较弱,其他三个时段都处于经济复苏和过热的阶段,这并不是巧合。而那特殊的2013年到2014年的一波周期股行情,当时主要是受到利好基建的"一带一路"倡议的刺激。

我们再来看下具体细分行业的市场表现。采掘、有色板块的指数走势非常一致,它们的共同特点是在2011年之后,表现都明显变差,同样如此的还有钢铁,这反映了在经济转型升级过程中资源型行业的地位在下降。汽车和机械设备的走势也较为一致,从长期看,相对于上证综指它们都是波动上升的。此外,如果我们从行情的持续性来看,建材的行情是持续性最强的,化工次之,它们也是长期波动上升的。所以说,每个行业都有自己独特的规律,这需要大家多去观察总结。

周期类行业的主要驱动因素

我们再来看下周期类行业的主要驱动因素是什么?是估值贡献大,还是盈利贡献大?周期板块中,估值和盈利的波动一致,但是估值变动领先于盈利变化。也就是说在周期行业的行情启动时,主要是靠估值驱动,人们对于盈利的预期首先是反映到估值当中;之后盈利逐渐兑现,周期行业的盈利和估值同时进入上升轨道,这个阶段行业收益是最好的,也是最安全的;最后,在行情的末端,估值会率先回落,这时对市场走势起支撑作用的是盈利,也就是说在长期的周期股行情中,如果观察到估值有较大幅度的回落,就不要恋战了。

前面我们讲的是投资周期类行业要根据经济周期选择进场时间,那么个股该如何选择呢?我给出的建议是围绕"产业集中度提升"的逻辑展开。随着供给侧改革的推进,传统行业去产能提速,钢铁、煤炭等行业进入"以兼并重组为手段、以布局优化为目标"的转型升级阶段。一方面淘汰生产率较低的企业,鼓励并购重组,以提升行业集中度;另一方面去产能降低了原材料供给,有助于提升行业利润。这意味着行业会形成一批集中度高、产品质量高、公司效益好的龙头企业,这是蕴藏在去产能阶段后期的投资机会。

我们以钢铁业为例。从去产能的情况来看,2016年、2017年钢铁业都超额完成了去产能目标,粗钢有望在2018年完成"十三五"规划中的上限任务。与此同时,钢铁企业的并购重组加速,2017年多家专注于钢铁产业资源整合的基金成立,比如四源合钢铁产业结构调整基金、长城河钢产业发展基金等。政策方面,国家提出到2025年要实现钢铁产业集中度达到60%的目标。因此,未来几年将是钢铁行业产业集中度提升的关键阶段。除钢铁,煤炭、有色、石化等行业也在去产能后期阶段,同样面临这样的结构性调整,值得投资者关注。

总结一下。首先,我们从周期性行业的定位出发,以钢铁行业为例，解释了产业链上下游的供需变化能够影响价格、产量、库存等关键变量，这些变量最终都会作用到行业的盈利和预期上，所以我们对于周期类行业要根据经济周期来选择进场时间。其次，通过复盘2005年以来A股市场周期板块的表现，验证了前面关于"周期行业在经济复苏期和经济过热期具有相对优势"的结论。最后，介绍了周期板块的估值和盈利驱动的特点。在个股层面，未来几年钢铁、煤炭这类资源型行业的投资机会主要来自并购重组产生的龙头效应。

成长类行业：高科技股如何投资？

大家可能听说过任泽松，他原来是中邮基金的明星基金经理。2012年12月到2015年6月，他管理的基金净值涨了7倍多，远远将同行甩在身后。取得这么高收益是因为他重仓了创业板。但成也萧何，败也萧何，乐视网这样的创业板股票在这之后走势一路下滑，而任泽松因重仓创业板无法分散风险，明星经理变成了踩雷经理。成长股的走势和任泽松的经历非常相似，行情好的时候能远远超过大盘走出亮眼的行情，行情不好的时候表现也是意想不到地差。有的投资者会问，讲周期类板块的时候你不是说周期类板块是大家最爱最恨的行业吗，现在怎么听起来成长股才是大家最爱又最恨的行业呢？其实，周期类板块的行情波动和成长类板块是完全不一样的，周期类板块的行情与宏观经济走势的关联性非常高，所以它的短期波动很大，一般来说行情不会超过半年。成长类板块跟宏观经济走势虽然也有关系，但从A股市场目前情况来看，成长股的投资方法不能过多依赖经济波动，它的行情持续时间比周期板块要长很多，所以赚钱效应也比周期类板块更强一些。

我们先来看看成长类行业具体包括哪些子行业。成长股是指业绩增长比较快，成长性比较高的股票。这种界定方法意味着成长股所属的行业会随着经济结构的变化而变化。在21世纪的前10年，成长股还是以化工、房地产、有色金属这些现在看来是周期类的行业为主，但从2013年开始，传媒、计算机、电子这些新兴行业占比明显上升。现在看来，在中信风格分类的成长类股票中，计算机、电子、传媒等TMT行业的股票数量最多。成长类行业的产业链是非常复杂的，不同子行业有不同的产业链分工，它们的盈利与上下游行业的关系不像周期类行业那么紧密，因为很多产业还处在发展的早期，在这里我们就不展开讨论了。

成长类股票的驱动力

有些投资者会问，根据成长类板块的定义，它是盈利增长最快的板块，可为什么从2016年开始却跌得这么惨？成长类板块，正如其名，讲究的是公司盈利增长快，又因它们很多是TMT这种新兴产业，所以有时候也会跟国运发展挂钩。我们曾经构建过一个指数，由每年净利润增速最快的10%的个股组成的。这个指数在2016年以前基本都是上涨的，在2013—2015年甚至呈指数级上涨，但在2016年，拐点出现了，增长最快的个股组合开始下跌了，甚至跑不赢大盘。很多人对此比较恐慌，毕竟业绩增长最快的个股都不被看好了，而这些个股的上市公司都是各自产业的优秀代表，这是否意味着不看好中国新兴产业的未来？这似乎有点赌国运的意思，我们在这就不细谈了，我是坚定看好的。我更想跟大家分享的是，如何通过成长板块的驱动力变化来把握未来的投资机会。

我们来看下A股中成长类股票的驱动力是怎么变化的。2011年以前，经济高速增长，地产公司的资产和业务实现了收入和利润的双增长，这是通过内生发展而不是兼并收购得到的。后来，随着创业板的开市，越来越多的新兴产业个股上市。2012年，证监会发布了简化并购重组审核的政策，引发了2013—2015年新兴产业并购重组的火爆。现在大家对成长类行业的印象，多少都会受那个阶段的影响，觉得高科技股就是讲故事，通过并购一些跟自身业务不是很相关的公司讲一个产业融合的故事，或者并购同行业的小公司讲产业整合升级的故事，把估值先炒上去，等并购完成了，业绩马上就会有飞速增长。我们统计了并购重组事件对上市公司业绩的影响，发现并购完成后的第一期和第二期季报，净利润增速平均提高近 100%。但若从长期来看，并购重组对上市公司的业绩却没有太大影响，并购重组完成后的一年半到两年时间内，公司业绩会恢复到正常的增长水平。也就是说 2012 年以后，成长板块的业绩增长主要靠并购重组，而这个效应在 2015 年时达到顶点，后来就弱了下来。

在并购重组的浪潮中，很多公司产生了很高的商誉，后续就会面临商誉减值的风险。如果说一个公司能不断地并购，商誉减值就不会构成风险，业绩也能保持快速增长。但是政策并不允许这样的泡沫不断积累，所以就会产生所谓的"金融监管周期"。随着 2016 年金融监管力度的加强，并购重组开始退潮，成长类行业失去了并购带来的增长动力后，业绩增速开始回落，估值下杀得更快，之前并购重组所积累的商誉风险也开始暴露出来。2019 年时传媒行业的总商誉最高，超过了 1600 亿，占 A 股整体商誉的 11%，这也是传媒行业指数近三年来不断创新低的原因之一。

讲了这么多成长板块的发展历史，就是想告诉大家，在并购重组不太可能再火热的时期，我们需要寻找的是内生增长、可持续的成长股，同时也要注意防范个股商誉减值的风险。

成长股的特征：技术护城河

内生增长、可持续的成长股有什么特征呢？最重要的一点是要有技术护城河。在这里，我以科大讯飞和乐视为例。科大讯飞是一个做智能语音的公司，目前在中文语音识别领域占垄断地位。乐视当年也有很大的梦想，想要做一个巨大的生态系统，里面有视频、汽车、金融和体育等众多板块，但这些板块很少有技术护城河。两者的结果是，有着核心技术支撑、能够内生增长的科大讯飞，经历了15年熊市的颓势之后不断波动上涨，而乐视的梦想却彻底破灭了，成为很多股民心中的痛。这就是技术护城河的重要性。

讲到这儿，有的投资者可能会疑惑，前面讲了不同时期如何挑选行业，那成长类行业跟宏观经济周期的关系还能适用吗？之前那一节中说的成长类板块指的是它现在所包含的行业，也就是以计算机、传媒、电子、通信为主的TMT行业。学习成长类板块与宏观经济波动的关系对把握成长类股票的短期机会是非常重要的。经济衰退阶段后期，货币政策通常会转向宽松，市场的风险偏好改善，成长类企业在此阶段的现金流压力会明显减小；而周期、消费板块的盈利跟宏观经济波动的相关性比较高，在这段时期它们的盈利都不会很好，这时成长板块的性价比就相对提高了。因此，在经济短周期衰退的后期我们是看好成长类行业的。2011年之后TMT行业的上市公司数量迅速增加，我们复盘了从那之后的成长板块的市场表现，发现在2013年1月至2014年10月、2015年1月至2016年1月是持续跑赢大盘的，而这两个时间段都是经济从衰退转向复苏的时期。

最后，我们从中观的角度再来看一下成长类行业的发展阶段。成长类行业目前大多处在幼稚期和成长期，市场增长率高，行业壁垒逐渐提升。以计算机行业为例。当前与计算机技术相关的热点概念有很多，例如人工智能、大数据、云计算等等。从2014年到现在，这些概念板块的市场表现，都是大幅领先上证综指的，但它们的每股收益却都低于A股平均水平，这说明这几个子行业当前处在高估值低盈利的幼稚期。此外，未来盈利很难判断也是高科技股的一大特点，对于这类股票有一种相对简单的投资方法，就是跟着技术热点主题走。我们统计了与计算机行业相关的技术热点主题的收益情况，包括物联网、云计算、人工智能等10个主题，其中9个在热点出现后的一年内都大幅跑赢了大盘。不过这种技术热点的主题投资也并不容易，还会有落地表现不及预期的潜在风险，需要投资者在实施过程中注意。

总结一下。对于成长类行业，我们需要掌握三种投资方法：第一，从长期来看我们需要寻找的是内生增长可持续的成长股，同时也要注意防备商誉减值风险，这是当前最重要的也是最稳健的投资方法；第二，从短期来看，在经济短周期衰退的后期更看好成长类行业；第三，对于还处在产业生命周期早期阶段的产业，可以做热点技术的主题投资，不过需要注意潜在风险。

消费类行业：衣食住行股如何投资？

我们先来看一组数据。目前股票类公募基金和北上资金，消费行业的配置比例都超过了40%，而消费行业流通股市值占比，也就是全市场的配置比例，只有20%左右。具体细分来看，医药和食品饮料是公募基金最偏爱的行业，现在的配置比例分别是16%和11%，而且它们也已经连续六年市场表现排名前两位了。食品饮料和家电是北上资金配置最多的两个行业，现在的配置比例分别是19%和10%。为什么机构和海外资金都这么喜欢买消费股呢？在此我就给大家讲一下消费股的投资逻辑。我会带大家先看一下消费股的特点，再告诉大家如何把握其中的投资机会。

消费股的特点

说到消费行业，大家都不陌生，因为它涉及我们生活的方方面面，每个人都要消费，衣食住行的消费都是我们的日常所需。股市中的消费类行业具体指的是哪些呢？中信风格分类中，"消费"这一类别的成分股共有520只，商贸、食品饮料、家电、医药这几个行业的股票数量最多，同时也是消费成分股占比最高的行业，它们都有超过70%的上市公司被划分到消费板块之中。

第3讲 投资方法｜判断方向的4种方法

前文中我们讲过，如果按照统计局在国民经济核算中三大产业的划分方法，工业产业链的下游产业主要是消费行业。既然是工业生产中的下游产业，消费的需求该怎么判断呢？简单说，是由人们的消费能力和消费意愿决定的。研究消费行业的需求，需要把消费品分为必需消费和可选消费两类：必需消费是指单价较低、消耗量大、购买频繁的商品，比如食品、服装；可选消费是单价较高、使用时间比较长的商品，比如汽车、珠宝、高端家电这一类。必需消费品的需求是比较稳定的，因为不管经济环境怎么变化，基本的生活需求是会被最先满足的。而可选消费就不同了，经济好的时候，人们可支配收入高，消费意愿也强烈，可以多买一些价格高的商品，经济不好的时候，就少买一些。所以说，可选消费有比较强的周期属性。

在各个行业大类中，我认为必需消费行业的股票是最适合个人投资者投资的。为什么这么说呢？因为必需消费行业是长期来看表现最好的行业，也是最容易出现牛股的行业。从A股市场的情况来看，2000年以来累计涨幅最高的几个行业都属于必需消费板块，食品饮料涨了8倍，医药生物涨了将近5倍，家电、休闲服务涨了4倍左右。从个股的角度，2000年以来收益率最高的20只牛股中，有一半都属于消费行业，包括5只食品饮料股、3只医药股、1只农林牧渔股、1只家电股。我们熟知的泸州老窖、伊利、云南白药等食品饮料和医药的龙头都是超级牛股，它们很多都是十倍股甚至几十倍股的代表。这个规律同样也出现在海外市场，美国在

1957—2003年的大牛股中，收益率最高的20只股票中有11只属于必需消费行业，其中2只日化用品股，9只食品饮料股，我们熟悉的可口可乐、百事可乐、宝洁、箭牌公司都在其中。日本"失去的二十年"中，虽然股票指数没涨，但消费行业的牛股却层出不穷，做家居装饰的宜得利，做个护的尤妮佳、贝亲等等，这些消费牛股的年化收益率高达10%。这也可以解释本节开头时说的问题，为什么机构和海外资金都这么喜欢买消费股。

这样的现象并非偶然，而是由必需消费的行业特征决定的。必需消费品行业受新技术的冲击小，品牌壁垒比较高。比如在吃的方面，消费习惯一旦形成就很难改变，吃惯了老干妈，就不会再去买很多王致和，所以在消费行业很容易形成寡头垄断。形成较好的竞争格局之后，龙头公司可以掌握定价权，借助规模优势降低成本，使盈利能力长期稳步提升。再加上必需消费大多是刚需，俗话说，由奢入俭难，许多消费需求一旦产生就很难再改变，所以必需消费股的经营业绩受周期性因素的影响较小。

如何把握消费股的投资机会

那应该选择什么样的必需消费股呢？我们刚刚也说了，牛股的形成是因为有品牌效应、规模效应和定价权，所以很简单的逻辑就是选择必需消费的行业龙头。有一些投资者可能会问，那什么时候是入场时机呢？这个问题又回到了短周期的层面。尽管必需消费行业的盈利非常稳定，但还是有一定的短周期规律的，它的盈利波动要滞后于经济周期，在增长回落初期、价格仍然上行的滞胀阶段优势最明显。但是我们也讲过，从大类资产的角度，股票这类资产在短周期经济复苏和过热阶段都是有优势的，也就是说这时候投资必需消费虽然不会有超额收益，但大概率会有绝对收益。所以，如果你打算长期持有某只必需消费股，在经济的复苏、过热和滞胀阶段入场都是可以的。

下面我们再来看看可选消费。可选消费可以说是一个强周期性的行业，主要投资方法是根据宏观经济波动自上而下投资。在经济过热期，居民的可支配收入增加，消费意愿提升，物价也开始上涨，可选消费进入盈利改善的阶段。这个阶段，可选消费板块指数通常是能跑赢大盘。我们复盘2009年以来可选消费板块指数的市场表现，并剔除了2014年、2015年牛市和股灾的特殊阶段，发现在2009年到2010年、2013年、2016年和2019年都是跑赢大盘的，这些基本都是经济周期复苏到过热的阶段。

总结一下。消费行业可分为必需消费和可选消费。必需消费行业是最适合个人投资者投资的行业。原因有两点，第一，它是最容易出现"长跑冠军"的行业；第二，选择个股的方法很简单，就是买龙头股。如果想做长期投资，在经济的复苏、过热和滞胀阶段入场都是可以的。可选消费行业，主要的投资方法是根据宏观经济波动进行自上而下投资，在经济好的时候，市场表现会更好。

金融类行业：银行券商股如何投资？

查理·芒格在谈论银行股时说过："如果没有对银行从业人员很强的把握，我不认为任何人应该买银行股，银行业是一门危险的生意，那对投资者是一个非常危险的地方。如果没有深入的洞察，远离银行股。"巴菲特也说过类似的话："银行本质上是有着十几倍杠杆的生意，任何错误都会被杠杆成倍放大。"为什么两位投资大师对银行股要做这样的风险提示呢？A股市场的银行股、金融股又有哪些特征呢？这节我会带大家来学习金融股的投资方法。

金融类行业的范围

金融类行业不仅包括银行，还有保险、券商这些我们常见的行业，我们称之为"非银金融"。另外，中信风格分类法把很多房地产股也放在了金融下面。为什么会把房地产股划分到金融中呢？这是因为现在的房地产行业具有很强的金融属性，和信贷、利率、杠杆等指标关系密切，在信贷放松、利率下降、高杠杆的时候，房地产价格会上升。在这里，我们还是主要探讨银行和非银金融如何投资，非银金融里着重来看券商。

A股上市的36家银行股中，有6家国有商业银行、8家农商行、9家股份制商业银行和13家城市商业银行，虽然数量少，但是总市值占到了3000多家A股公司的15%，对大盘影响很大。在非银金融行业中，有44家证券公司、7家保险公司和30家其他金融类公司。我们先来看一下银行和券商的主要盈利模式。银行主要是依靠存贷款的利息差来获利；券商是依靠经纪、承销和自营三种方式盈利，其中经纪是最主要的，也就是收取交易佣金，通俗来讲就是股票换手时的手续费。

金融类股票的行情与特点

下面我们来看一看银行和券商的行情各有什么特点。

银行是除了必需消费之外第二个适合长期投资的行业。为什么这么说呢？因为银行盈利稳定，股价波动小，相对收益长期来看是波动上升的，而且有股息率高的特点。银行的核心指标是资产质量，看的是企业的偿还利息能力，更在乎的是经济不要太差，而不是经济有多好。所以，在经济向好时，银行股盈利和估值都会提升；在经济刚开始下行时，其他周期股有压力，但银行的基本面能保持稳定。我们复盘了 2000 年以来银行业的股价表现，发现从 2005 年以来银行指数跑赢大盘的时间是非常多的，年化的超额收益在 7.5% 左右，指数的波动也比较小。2005 年后银行股有 4 个阶段持续跑赢上证综指，分别是 2005 年到 2009 年上半年，2011 年下半年到 2013 年年初，2015 年下半年到 2016 年上半年，以及 2017 年下半年到 2018 年 10 月。在这几个阶段里中，2005 年到 2009 年上半年，宏观经济经历了一轮短周期的完整阶段和下一轮短周期的复苏阶段。这一次银行的牛市行情持续了这么久是因为这段时间银行的不良贷款率出现了大幅下降，从 10% 降到了 2% 以下，而且 2005—2007 这三年是中国经济发展最快的几年，GDP 增速都在 10% 以上；2011 年下半年到 2013 年年初，还有 2015 年后半年到 2016 年上半年，这两段基本是符合我们总结的银行在衰退后期和复苏期会有超额收益的规律；本轮短周期的过热到滞胀的阶段，银行股虽然没有绝对收益，但还是跑赢了上证综指，这体现了业绩确定性和稳定性在周期顶部和下行阶段的溢价。

  银行股息率一般都很高，36 家银行近五年的平均股息率为 2.16%，高于 A 股平均的 0.65%，有 15 家银行近五年是年年派息的，平均股息率最高的是工商银行，近五年的股息率平均是 5.32%，而工行一年期定期存款利率不过 1.75%。

  从估值来看，2018 年最后一个交易日银行平均市盈率为 6.13，市净率为 0.81，这两个指标都远低于 A 股整体水平，在所有申万一级行业里几乎是最低的。同时期美国银行板块平均市盈率为 12.7，市净率为 1。国内银行的估值水平距离美股还有一定距离。我们还可以从市盈率－净资产收益率框架来看行业的价值，我们将各行业的市净率、净资产收益率做一幅二维散点图，纵轴表示市净率，横轴表示净资产收益率，目的是找出那些净资产收益率高而市净率低的行业，这样的行业是当前性价比最高的。目前在申万一级 28 个行业中，银行是位于市盈率－净资产收益率图的最右下方的行业，也就是说性价比是最高的。

券商和银行相比有较大的区别。券商在金融类行业中周期属性比较强。从逻辑上看，经济向好的时候，人们在股票市场上交易也会更频繁，券商的盈利会增加；而经济变差时，股票表现差，人们的交易会减少，券商的盈利会下降。通过复盘 2000 年以来券商股的表现，我们发现券商行业在 A 股牛市行情中能获得很高的超额收益，也就是说它向上的弹性比大盘大。这是因为牛市期间，大量资金涌入股市，交易额迅速增加，券商的经纪业务贡献了巨大的盈利。

总结一下。我们从金融类股票的定位入手，着重分析银行、券商两个行业。银行是除了必需消费之外第二个适合长期投资的行业，因为银行的盈利稳定，股价波动小，相对收益长期看是波动上升的，而且银行股股息率高；从估值上看，银行在所有行业中估值最低，距离美股银行板块的估值也有一定的距离。券商股的特点是适合在牛市期间持有，因为弹性较大，能在牛市期间获得更高的超额收益。

白马股重构：传统行业的"马太效应"

股市中的"马太效应"

"马太效应"源于《新约圣经·马太福音》中的一则故事，故事里国王出门前分给三个仆人一人一锭银子，让他们出去做生意。当国王回来时，发现第一个仆人用一锭银子挣了10锭银子，于是奖励第一个仆人10座城池。第二个仆人挣了5锭银子，国王奖励了他5座城池。但第三个说怕把银子弄丢了，所以一直收着没有花，就没有挣到银子。国王听后把第三个仆人的银子拿来奖赏给了第一个。国王说："凡是少的，就连他仅有的，也要夺过来。凡是多的，还要继续给他，让他多多益善。"这个故事后面被经济学借用，形成了现在"贫者愈贫，富者愈富"的"马太效应"。

接触股市时间比较长的股民可能会对最近几年A股市场的风格切换有深刻的感受。2013—2015年，以创业板为代表的新兴产业异军突起，而2016年以后，"龙头""白马股""价值股"这些字眼儿又重新活跃起来。之前听过一个买方的朋友讲，前几年创业板行情火爆的时候，同行之间开玩笑嘲讽会说"你才价值投资，你全家都价值投资"；但在2017年，很多新兴产业、成长类、中小盘风格的基金收益特别差，不少2013年、2014年招进来做成长股投资的基金经理直接被裁员了。我们把Wind一级行业的各个传统行业的前五大龙头拿出来，发现2016—2019年，各行业龙头整体上都跑赢了行业指数。如果在每年年初配置各行业前一年市值最大的5只个股，这三年的年化超额收益率大约是16%。也就是说在2016年以后，A股市场传统行业的马太效应在增强。

为什么会出现马太效应？

为什么会出现这种马太效应？原因主要有两个：一是传统行业产业集中度提升，业绩更多地向龙头企业聚集；二是机构投资者比重增加和外资的进入进一步强化了龙头股的优势。

先说产业集中度提升。钢铁、煤炭等资源型行业龙头的形成受到了供给侧改革的影响，这些行业进入了以兼并重组为手段、以布局优化为目标的转型升级阶段，生产率较低的企业不断被淘汰，同时并购重组组成了一批体量更大的企业。家电、白酒这类消费行业经历了市场竞争的调整，从生命周期理论看，随着行业技术进步，壁垒越来越高，行业逐渐成熟甚至出现产能过剩，大企业可以通过提高质量、改善性能来确保地位，而小企业在市场竞争中难以为

173

继，面临淘汰。

从微观市场结构看，2016 年之后机构投资者占比增加，散户占比下降，主要原因是 2015 年股灾和 2016 年熔断对散户造成了比较大的打击，散户的活跃度大幅降低，而以保险、社保为代表机构投资者在有序扩张。另外，A 股市场不断引入外资，沪股通、深股通扩容，QFII（合格的境外机构投资者）及 RQFII（人民币合格境外机构投资者）扩容，MSCI、富时罗素、标普道琼斯基准指数纳入 A 股，外资机构在加速进场。在市场风格的选择上，机构投资者，尤其是注重绝对收益的机构投资者以及海外投资者，他们的投资理念相对于散户来说更价值化，对白马股的偏好更强。白马龙头由于稀缺而被机构和外资疯抢，在 2017 年末和 2018 年年初到达估值高点，目前白马股的机构拥挤程度已经减轻了不少，估值也逐步回归到了正常水平。长期来看，A 股机构和外资的持股比例上升会强化龙头股的马太效应，港股就是最好的证据。

探究龙头股

为了进一步探究这些龙头企业的核心价值，我们对 2017 年年底的 45 只龙头股票组合的长期价值进行评估。整体来看，这 45 只龙头股的盈利增长十分稳健。最近三年，这批龙头企业的整体净资产收益率在 12.5% 左右，高于同期 A 股约 2 个百分点。因此，从业绩的角度来看，这些龙头股是 A 股中比较优质的资产，长期价值依然存在。

从估值水平看，近五年来龙头股的整体估值比 A 股要低得多，龙头股整体估值水平约为 10 倍，A 股整体为 14 倍。分行业来看，大部分行业龙头股的估值水平是低于行业水平的，但也有个别行业例外，医疗保健行业的龙头股估值水平在 2017 年年底就超过了行业水平，金融类和日常消费类的龙头股估值水平与行业水平比较接近。一般来说，我们可以接受龙头的估值高于行业整体水平，因为我们允许龙头因为行业竞争力、业绩等优势而存在溢价。但 A 股目前的情况是大部分龙头股的估值低于行业估值，这表明龙头股有极大的投资价值，既有长期的价值，估值又比别人低。

我们再来看估值的历史比较。我们选取了在 2010 年以前上市的龙头公司进行历史估值比较，2019 年年初，这批龙头股的估值大约在 2010 年 17% 的水位，算是一个非常低的水平了。目前龙头股的估值低和 2018 年白马股补跌有关。调整过后，白马股的机构交易也不再像 2017 年那么拥挤了。所以从历史估值的角度来看，当前龙头股到了长期配置的合适时点。

总结一下。传统行业存在马太效应，主要是行业层面的产业集中度上升，以及市场微观层面的机构投资者和外资的增加。从业绩的角度看，龙头股盈利稳健，是 A 股的核心资产；从估值的角度看，龙头股估值普遍低于行业估值，而且处于历史的较低水平。因此，我们认为传统行业龙头股是适合长期配置的资产。

黑马股退潮：新兴产业的估值重估

新兴产业的龙头股

黑马股指的是那些不被大家看好，却出人意料大幅上涨的股票。也就是说，这些股票并没有业绩基础，但估值却抬升得很快。了解A股市场的朋友可能会有体会，2017年之后大家对黑马股的讨论越来越少了，A股的市场风格变得越来越价值化了。我们从几个数据中能看出这种趋势。申万风格指数中的亏损股、微利股，还有ST概念指数，这几个指数相对于上证综指的走势在2009—2011年、2013—2015年上升得非常快，但是从2017年开始明显进入了下行区间。为什么黑马股的表现会出现这种变化呢？

和之前我们讨论成长股的风格一样，我们先来看一下黑马股经常出现在哪些行业。2013—2015年的黑马股多出现在医药生物、计算机、电子等新兴行业中，这说明新兴行业在那几年估值并不合理。前文中我们讲过，成长股在2013—2015年也多集中在新兴行业中。也就是说，那几年在新兴行业中，一部分业绩增长非常快的股票估值迅速抬升，导致整个行业的个股（包括业绩非常差的个股）估值都提升起来了，这有点"一人得道，鸡犬升天"的味道。

在上一节白马股的讨论中，我们得到的结论是，由于传统行业的产业集中度上升，加上机构投资者和外资的占比上升，传统行业存在马太效应。那么在新兴市场中是否也有类似的龙头效应呢？我们把TMT的四个行业——计算机、传媒、通信、电子，还有国防军工、医药生物这几大行业的前五个龙头提出来，发现2016—2018年这三年，这批龙头股整体上跑赢了行业指数。如果在每年年初配置各行业前一年市值最大的5只个股，这三年的年化超额收益率大约是8%。也就是说在2016年以后，新兴市场和传统行业一样存在龙头效应。

新兴产业出现龙头效应的原因

为什么新兴市场也会出现龙头效应？我们总结了以下几点原因：第一个原因是相比非龙头企业，龙头股更具备技术护城河，龙头企业拥有更多的资金和人力投入研发，这在技术变化日新月异的新兴产业（尤其是电子、通信、计算机）中尤为突出。拿研发支出来说，2017年电子行业中前五家龙头企业的研发支出就占了总支出的23%，要知道电子行业2017年共有200多家企业，几乎1/4的研发集中在这五家企业身上,所以说龙头企业的技术护城河更深更宽,这是这些企业受投资者青睐的原因。

第二个原因是最近几年新兴产业的业绩整体压力比较大,而龙头的业绩相对稳定。在前面的成长类行业那一讲中,我们曾经说过,2012—2015 年,创业板、新兴产业业绩高速增长的支撑是并购重组,而在 2016 年并购重组退潮之后,新兴产业的业绩增速开始回落,之前并购重组高峰时积累的商誉风险也开始暴露出来。新兴产业业绩增速在 2014 年年底达到历史高点 50%,此后开始振荡回落,到 2018 年年中,增速低至 0 附近。相比于新兴产业整体业绩的颓势,近几年新兴产业龙头股业绩增长确定性较高,龙头股净利润的复合增长率要高于行业整体,近三年的复合增速高出行业整体 4 个百分点,近五年的高出 2 个百分点。

第三个原因是微观市场结构的变化。这一点与我们上节提到的类似,2015 年的股灾和熔断机制给散户打击很大,散户活跃度降低,同时机构投资者比重上升,保险和社保资金开始扩张。而且 A 股市场还在不断引进外资,未来将有更多的外资进入 A 股。机构投资者和海外投资者的投资理念更价值化,偏好行业地位更高的龙头股。

出现黑马股的时段

展望未来,由于上面的几点优势,新兴产业的龙头效应是长期趋势。那从短期角度考虑，在什么阶段可能会有黑马股的戏份呢？根据我们前面对经济周期的划分，在衰退阶段和复苏的前期会有黑马股的表现机会。主要有两个方面原因：一是在衰退后期，货币政策通常会转向宽松，例如降准、降息，放松贷款的限制条件。在这一时期，业绩、现金流状况不太好的企业会有更多的边际改善。二是在这一阶段，一般会有利好政策出台，市场情绪会有提振，风险偏好阶段性改善，持有黑马股的意愿会增强。比如在 2018 年 10 月中旬引起市场热议的"政策底"之后，出现了一波黑马行情，大量的 ST、*ST 股票连板，那次的行情非常极端，也被大家称作"妖股"行情。

总结一下。最近几年，无论是新兴产业还是传统产业，都出现了龙头股与非龙头股的分化，展望未来龙头效应会是长期的发展趋势。新兴产业出现龙头效应的原因主要有三点：技术护城河加深，业绩稳定，以及投资者结构逐渐机构化。从短期角度看，黑马股可能会有表现的阶段是经济周期的衰退期和复苏的前期。从估值来看，新兴产业的龙头股股价已经修复到比较合理的水平，我们建议投资者长期配置龙头股票。

| 公司投资法 |

股价的内核：如何分析公司盈利？

每年上市公司出报表的时候，股价都会受到业绩的影响。2018年10月28日，茅台公布了前三季度的报告，由于第三季度收入和利润增长不及市场预期，第二天，茅台股价从610元跌到549元，最后以跌停收盘，当天市值蒸发766亿元。这是茅台上市17年来的首次跌停，这就是业绩的威力。

股价和业绩的关系可以从市盈率的公式来看。市盈率等于股价除以每股收益。市盈率反映估值，每股收益体现利润。单从这个公式来看，一个公司的股价上涨，要么是估值提升，要么是业绩改善。业绩改善有很多方面，利润只是其中的一部分。要想对一家公司有完整的认识，需要有全面的洞察。一般来说，我们可以从利润、盈利能力、现金流这三个角度来展开分析。

第3讲 投资方法｜判断方向的4种方法

利润

利润是最重要的角度。利润可以从两个方面来看，静态层面看数值，动态层面看增长。静态层面的利润情况就是看公司当期的盈利情况。大部分盈利指标都可以在东方财富网站上查到，比较常用的指标是每股收益。每股收益是一个核心利润指标，由上市公司当期税后净利润，扣除优先股股息后所剩余额，除以当期在外流通的普通股加权平均数得到。也可以理解为总的净利润除以总股数，就是每股对应的净利润。对每股收益指标排序，可以用于区分"绩优股"和"垃圾股"。

动态层面的利润情况就是公司的成长能力。比较常用的指标是净利润增速和扣非净利润增速。净利润增速是指公司原始净利润的增长率，可以反映公司整体运营的盈利成长性；扣非净利润增速则是扣除非经常性损益后公司净利润的增长率。所谓非经常性损益，是指公司正常经营损益之外的一次性或偶发性损益，包括委托投资损益、政府补贴、处置长期股权资产的损益等。之所以要扣除掉，就是因为这种损益会影响对公司真实盈利能力的判断。比如，像新能源汽车行业之前获得了政府大量补贴，一些公司的利润是因为这个补贴大幅增长，那就是非经常性损益，对比的时候可以扣除或者做相应的调整，避免对盈利数据产生干扰。一般来说，净利润增速和扣非净利润增速越大，表明公司越有潜力，越有高成长性，市场前景越好。在 A 股市场上，如果一个公司能持续保持利润高增长，它的价值和价格就一定都会有所提升。我们曾经做过一个复盘，如果在每年的年初买入 A 股中过去三年净利润复合增速排名前 10% 的所有公司股票，2009 年以来的累计收益大概在 100% 左右，相对收益率约 56%，年化收益率约为 7.4%，这算是一个比较高的投资回报了。

盈利能力

盈利能力是第二个角度。盈利能力是指企业获取利润的能力，也称为企业的资金或资本增值能力，最常用的指标是净资产收益率。净资产收益率是用净利润除以净资产得到的比率，简单地说就是企业能给投资者赚多少钱。根据杜邦分析法，净资产收益率可以拆解为三个部分：净利润率、总资产周转率、杠杆率。净利润率等于净利润除以销售收入，总资产周转率等于销售收入除以总资产，杠杆率等于总资产除以净资产。因此，净资产收益率可以看成是一个根据公司的盈利能力、营运能力和杠杆情况多个角度构建的综合性指标。

净资产收益率是巴菲特最重视的财务指标，他说相比大部分股民习惯用的市盈率指标，如果非让他用一个指标进行选股，他会选择净资产收益率。他还强调，净资产收益率能常年持续稳定在 20%

以上的公司都是好公司，应当考虑买入。我们用巴菲特的思路构建了简单的策略，如果在每年的年初买入全部 A 股中过去三年净资产收益率都在 20% 以上的公司，2009 年以来的累计收益率大概在 186%，相对收益率约 144%，年化收益率约为 11.5%，这是一个相当好的投资回报。

现金流

现金流是第三个角度。现金流是企业盈利质量的体现。企业的现金流可以分为经营现金流、投资现金流、筹资现金流三类。我们最关注的是经营现金流。如果一家公司的经营现金流面临枯竭，说明当期企业的经营活动可能受到了影响，自然预期盈利能力下降。我们通常用利润现金保障倍数这个指标来衡量现金的保障程度，计算方法是用经营现金流量净额除以净利润，这个指标数值越高，我们认为现金越有保障，盈利的质量越高。在最近的一年，全部 A 股上市公司的整体利润现金保障倍数大约为 1.33，处于触底回升的过程中，A 股整体现金流水平有改善的空间。

下面我们以格力电器为例，从以上三个维度对它的业绩情况做分析。从利润的角度，2017 年格力电器每股收益为 3.72 元，净利润增速同比大幅上涨 44.87%，扣非净利润同比增长 35.33%，成长能力在行业内处于领先位置。从盈利能力来看，2017 年净资产收益率为37.51%，连续12年超过20%。从现金流情况来看，2017年，格力电器的利润现金保障倍数为0.73，2018年的利润现金保障倍数为0.92，均低于A股市场整体水平和家电行业整体水平。因此，我们认为，长期来看格力电器是一家业绩优良的龙头公司，过去是，现在是，未来也会是。但最近两年现金流出现一定压力，这样就会对2018—2019年的业绩产生负面影响。

总结一下。业绩首先看利润，静态利润看每股收益，动态利润看增长。其次看盈利能力，净资产收益率是巴菲特很重视的一个指标，按他的标准，净资产收益率常年维持在20%以上的公司值得买入。最后看现金流，利润现金保障倍数是常用指标。

股价的外壳：估值到底是什么？

前文我们介绍了股价的内核，也就是公司的业绩，但找到业绩好的公司并不意味着你能赚到钱，因为还要看你买入卖出的时机。这里我们要引入估值的概念，估值本质上是结合基本面、流动性、投资者预期等多种因素的综合定价。解决了估值问题，也就解决了买入卖出的时机问题。

我们常常在财经新闻中听到，某某公司估值百亿、千亿。像 2018 年上市的小米公司，最初估值是 1000 亿美元，但在半年内估值缩水了三次，上市第一天市值仅有 480 亿美元，所以我们看得出来，估值具有不确定性，这也是为什么很多券商给出的公司估值是一个区间，而不是一个确定的数。

常见的估值分两类。刚才我们聊到的 480 亿美元属于绝对估值，是直接衡量公司价值的，简单说就是值多少钱。还有一种是相对估值，用市盈率、市净率来衡量公司估值高低。这两种方法都会介绍，先来说绝对估值。

绝对估值法

第一种常用的绝对估值方法是股利贴现模型（DDM）。这个模型是将企业未来发放的全部股利作为现金流，以一定的贴现率进行折现，进而加总估算目标公司的价值。这个贴现率就是你预期的收益率，股息率越高，预期收益越低，当前估值就越高。这个模型一般适用于处在成熟期且股利发放稳定的企业，像格力、上汽这几个消费股就适合用这样的模型估算，因为股息率比较稳定，每年基本都在 4% 以上。我们以格力为例，格力 2017 年没有分红，其财务报表解释说将留存资金用在了智慧工厂和智能家电的升级上，2018 年会分红更多。因此我们假定 2018 年和之后的每股红利能一直保持

2012—2016年这五年的均值上下，是1.76元/股，同时假定贴现率是8%，可以得到应有的股价为：1.76/0.08=22元。假定每年股利增长3%，股价就是：1.76/（0.08−0.03）=35.2元。这就是股利贴现模型的简单应用，这个方法很粗糙，大家简单了解就好。

第二种常见的绝对估值方法是自由现金流模型（FCFF）。自由现金流指的是企业在满足了再投资需求之后剩余的、可供企业股东和债权人分配的现金。把自由现金流按照平均资本成本（WACC）贴现后可以得到应有的股价，整体思路和上面的股利贴现模型类似，但是更为复杂，也具有更多的不确定性，一来是预测未来的自由现金流存在困难，二来是分母的平均资本成本的计算没有统一标准。自由现金流模型适用于对一些稳定性高的企业进行估值，因为对于一些刚成立的或处于成长期的企业来说，它们的现金流大多为负，成长性也不明确。

相对估值法

相对估值通常是指几个指标间的比值。比如市盈率、市净率等，这两个指标能够把不同类型的公司放在一起比较，看一看它们在同样的盈利或者净资产水平下股价的高低情况。相对估值法是目前资本市场上最常用的估值方法，简单有效，方便对比，具体的数值可以直接在东方财富网或者Choice这样的金融终端上查到。

这两个指标在运用上有一定区别。市盈率适合大多数企业，但不适合盈利为负的公司，因为这样得出来的市盈率就是负数。市净率不适合科技服务类公司，因为这些公司具有很大一块无形资产，比如品牌价值、技术等，这些重要的资产无法在市净率中体现。一般来说，市盈率适用于周期性弱的行业，像服务业和一般制造业；市净率适用于周期性强的行业和金融行业，比如石化、钢铁和银行。不同行业有其自身的特殊性，同一指标估值出来的结果差别巨大，不能直接比较。如果这个公司所在的行业发展前景好、市场空间巨大，必然会有一定的溢价，估值的指标高一点也是合理的。现在 TMT 等新兴行业比钢铁、煤炭这样的传统产业前景好，所以估值较高。

市盈率应用是最普遍的，我们主要谈一下市盈率怎么看。打开东方财富网或者 Choice 这样的软件时，我们会发现有好几种市盈率。第一种是静态市盈率，这是用当前的股价除以去年全年的每股收益，这个参考价值不高；第二种是动态市盈率，根据每个季度出来的报告来算，会有季节性偏差，像建筑行业一般年底集中收款，旺季时利润会比淡季高很多；第三种是最有参考价值的滚动市盈率（TTM），这是根据前 12 个月的净利润动态调整，最贴近企业的实际情况。

得到公司的市盈率之后，可以从两个角度进行比较：一个是横向对比国内同行业的其他公司，一个是纵向对比历史表现。不过，二者结合起来才能形成一个全面和准确的认识。

我们以格力公司为例展开讨论。2018年1月11日格力电器的滚动市盈率是8.09倍，是白色家电行业体量前十的企业中估值最低的，和它体量相似的美的集团市盈率为13倍，第二低的是TCL集团，市盈率为11倍。所以横向对比来看，格力电器与国内同行业相比处在一个较低的估值；从历史情况来看，格力电器估值的历史水位是11.6%，当时的估值处于10年以来的较低水平。所以无论是横向对比还是纵向对比，格力都处在一个较低的估值水平。

总结一下。估值的本质是定价，有绝对估值法和相对估值法。绝对估值法比较复杂，不确定性较高。相对估值法有市盈率、市净率两种，它们各有各的适用对象。市盈率适用范围最广，滚动市盈率最贴近实际情况。应用市盈率时要从横向和纵向两个维度考虑，才能得出比较完善的结论。

价值分析：如何发掘核心竞争力与护城河？

护城河理论

最近网上有一个词我很喜欢，叫作"硬核青年"，我特意查了一下意思，说的是一些年轻人有过硬的本领和内心，标榜为硬核青年。所以企业也要做"硬核企业"，有自己的核心竞争力和护城河，才能应对激烈的市场竞争。我就跟大家说一下怎么去发掘这种"硬核企业"。

企业的护城河理论最早是投资大师巴菲特提出来的，在1993年致股东的信中，巴菲特首次提出了"护城河"概念。他在信中写道："最近几年可乐和吉列剃须刀在全球的市场份额实际上还在增长。它们的品牌威力、产品特性以及销售实力，赋予它们一种巨大的竞争优势，在它们的经济堡垒周围形成了一条护城河。相比之下，一般的公司在没有这样的保护之下奋战。"在这之后的致股东信中，巴菲特不断强调这一概念，他提出"我们希望企业的护城河每年都能不断加宽。这并不是非要企业的利润要一年比一年多，因为有时做不到。然而，如果企业的护城河每年不断地加宽，这家企业会经营得很好"。

这一护城河理论也被后面的研究者加以完善，晨星公司证券分析部主管帕特·多尔西在他的著作《巴菲特的护城河》中总结了"护城河"的具体内容。护城河主要有四条。

第一条护城河是无形资产。无形资产是不具备实物形态但可为企业带来经济效益的资产，具体的数字可以在上市公司年报中查到，一般是指专利、商标、土地使用权等，可以彰显一家公司的品牌价值。但大家要注意的是，只有当品牌能让消费者长期付出品牌溢价时，这个品牌才有可能形成护城河。像小米公司，很受年轻人欢迎，但是却难以因为小米这个品牌收入额外的品牌溢价，因为小米之前主打的是性价比。这就导致了消费者的刻板效应：我为什么要花更多的价格购买小米手机？而像奔驰这种名牌汽车，尽管我们知道高质量的车自然要贵一点，但明知成本并没有那么高的情况下，我们还是愿意为奔驰那个经典logo（标志）付出溢价，这就是品牌的护城河。

第二条护城河是转换成本。转换成本无处不在，看一看钱包中的银行卡，当你懒得把存款从中国银行转到工商银行时，中国银行就享受了转换成本的护城河效应。现实情况中，有一些转换成本效应发生在特定的软件中。如果一家企业用习惯了某家公司的财务软件，就不愿意冒着财务数据遗失的风险更换财务软件，尽管另一家会便宜一些。这就是这家软件公司的护城河。这也导致一些转换成本低的企业面临激烈的竞争。共享单车市场就是这样，我们从小黄车转到摩拜，或者从摩拜转到小蓝车并不麻烦，只是看哪种单车附近有而已，所以当前的共享单车企业也遇到了一些问题。

第三条护城河是网络效应。网络效应和用户有关，用户人数越多，护城河越宽。网络效应通常在信息类行业中发挥作用，因为这类企业用户数量扩张得很快。前不久罗永浩做出来一种社交产品——子弹短信，一开始很火，后来就不行了，因为很难持续获得用户，大家用微信已经习惯了，当然这里面也有转换成本的原因。网络效应另一个奇特的点在于价值增幅大于节点增幅，也就是说当增加一个节点或一个用户时，整体价值增长更快，是一个指数型图像。比如某家快递公司新开一家店，由于这个店可以连接全球各地，所以每多开一家分店，总体收入就多一份增长，直到收入无法增长。这些四通八达的店和越来越多的业务就是快递公司的护城河。

第四条护城河是成本优势。前面三类护城河主要是针对企业定价权的，对企业自身来讲，低成本是一条宽厚的护城河。成本优势有三种：第一类是流程优势，当企业利用流程创新树立成本优势，而新进入的企业无法迅速复制这一流程时，企业会获得短暂的优势。当初戴尔通过直销和订单式生产实现了存货最小化，赢得了一定的成本优势，但随着惠普和联想加入这个市场，这个优势没有当初那么大了。第二类是优越的地理位置，这个优势比较持久，其他企业难以复制。第三类是独特的资源优势，比如石油和天然气，在资源枯竭前具有极强的优势。

这几条护城河共同带来了核心竞争力——定价权，当企业拥有定价权或者是议价权时，就足以应对市场的各种变化，成本上升时可利用品牌溢价抬升价格，竞争者也会因转移成本过高而不敢进入这个市场。

护城河理论的常见误区

根据这一护城河理论选择行业或公司时，我们有时会陷入这样几个误区。

第一，优质产品并不等于护城河，难以被替代的才是。诺基亚一度很优秀，做出了不错的手机，但是后面被苹果这样的智能机替代。而像茅台酒这样具有地域特色的优质产品，很难被其他地方生产出的酒类替代，哪怕其他地方的酒很出色，也无法替代茅台。

第二，企业的绝对规模大并不等于护城河，相对规模大才是。很多绝对规模大的企业并没有建立护城河，比如曾经的柯达，它不太愿意做出改变，最终溃败。哪怕企业绝对规模不大，但是相对规模较竞争者高，这家企业也拥有护城河，比如在某类特定细分领域的龙头企业。所以比起抓大池塘的大鱼，不如抓小池塘的大鱼来得稳妥。

第三，卓越的管理层并不等于护城河，企业高效的管理流程才是。很多明星级 CEO 的确能振奋一家企业，但在当前的商业环境里，管理层的变动是家常便饭，而企业的管理流程一经确定就不会经常变动，所以高效的制度非常重要，尽管这样的制度是由卓越的管理层制定的。

第3讲 投资方法｜判断方向的4种方法

以护城河理论去把握 A 股

在实际投资中，我们很难遇到完全满足护城河理论所有条件的企业，或者是这样的企业早已被市场发现，股价已经很高了。但我们依然要用发展的眼光看问题。企业的护城河并非一成不变，只要看准了企业未来有机会拥有又宽又深的护城河，就是不错的投资机会。我们就来探讨一下如何以这一理论为指引去把握 A 股行情。

我们先从行业来看，按照晨星公司给出的护城河分类，在 2009 年的美股市场上，宽护城河更容易出现在媒体、医疗卫生服务、商业、金融和消费品等领域；窄护城河更容易出现在电信、能源和公用设施等领域。这里的护城河宽窄指的是竞争力持久与否，宽护城河表示竞争优势更持久。我们用"护城河"理论的四个方面来看一下 A 股的行业情况。

第一是无形资产。无形资产包括专利、商标、特许经营等权利，最终能带来品牌溢价。先看专利，根据国家知识产权局的统计，2017 年所有 A 股行业中，制造业专利数量居所有行业第一，其中大部分是先进制造业贡献的。先进制造业主要包括计算机、通信和其他电子设备制造业等行业。特许经营权经政府授权，经营某种特许业务，主要集中在金融、油气、军工等领域，例如拥有券商、保险牌照的金融公司以及马上会颁发 5G 牌照的通信行业。而商标主要集中在消费品领域，白酒、乳制品、家电等行业，这些行业有

193

很多具有品牌溢价的知名品牌，如茅台、五粮液、伊利、美的、格力等。

第二是转换成本。转换成本多发生在金融服务、软件服务，尤其是企业办公需要的办公财务软件中，例如提供企业级SaaS（软件即服务）服务的一些企业。在餐饮、服装等行业中则弱一些，因为除忠诚用户外，人们很容易改变购买的服装品牌，并不需要付出太多转换成本。

第三是网络效应。网络效应多发生在互联网领域，用户越多，价值越大。但A股市场互联网公司较少，众多中国的互联网公司选择去美国或者中国香港上市，比如2018年下半年去港交所上市的美团和腾讯音乐，以及很早之前就上市的新浪、网易等等。不过随着中国存托凭证（CDR）的发展，海外上市的互联网巨头有望回归A股。

第四是成本优势。成本优势的原因有很多，比如独特的流程优势、地理区位优势、资源优势等。还有一大原因是规模效应，很多龙头股越做越强就是因为规模大了之后，成本会随之降低，而且企业的议价能力会提升，也就是有了行业主导权。这一现象在很多行业中都存在，比如近年来钢铁、煤炭这些传统行业通过规模重组形成了一批龙头企业，这些企业的盈利能力大幅提升，就是因为有了规模效应。服装、医药、家居建材等行业也存在这样的现象。

体现公司护城河的具体指标

在总结出哪些行业有较大可能出现宽厚护城河后，我们把视角下沉到公司上，看一看在发掘公司具体护城河上有哪些指标值得关注。

首先是盈利指标。护城河的价值在于提升公司的核心竞争力，进而增加企业价值。所以我们需要查看在相同的投入下，哪家企业创造的价值更多。毛利率肯定是最先看的指标，除此以外，还有两个指标，净资产收益率和投入资本回报率（ROIC）。净资产收益率衡量了股权资本的回报率，投入资本回报率衡量了企业投入资本的回报率。除了股权还有债权。因为我们知道有些行业普遍存在高杠杆，比如房地产行业，所以净资产收益率在衡量这些行业内的公司时，会出现回报率的高估，而投入资本回报率则能很好地解决这个问题。我们来比较一下两个房地产企业 2018 年的这两个指标。像泰禾集团的净资产收益率平均下来是 15%，与华侨城 A19% 的净资产收益率水平相似，但二者的投入资本回报率差得很远，泰禾集团是 2.7%，而华侨城 A 是 8.6%，说明泰禾集团的盈利能力欠缺一些，这就体现了投入资本回报率在比较高杠杆企业时的优势。

其次是议价能力。拥有强有力的定价权或议价能力是公司的核心竞争力之一，议价能力强的企业一般能挤占更多的上下游资金，这一点在企业的预收账款等指标上能够看出来，对于一些有着特许经营权的企业来说更是如此。正如我在上节中所说，小池塘里的大鱼，由于具有较大的相对规模，议价能力很强。因此，在行业内判断公司的议价能力时，可以选择该行业内相对规模较大、市场占有率较高的企业做参考。

最后是现金流指标。现金流是企业持续经营的保障，也是企业盈利质量的体现。对那些有宽深护城河的企业来说，它们营收变现的能力很强，也就是说能依靠内生增长来维持运营所需的大部分现金，而不是依靠外来注资来支撑。

总结一下。本节我们讲的主要内容是巴菲特的护城河理论，有四条护城河，三个误区和定价权这一核心竞争力。在具体实施上，我们根据每条护城河给出了相应的行业选择。最后在财务指标上，我们建议从盈利能力、议价能力和现金流三个维度来分析行业内的具体公司。

财务数据分析：财务报表指标中的奥秘

财务指标分析是基本面分析的核心，如果学会了分析的框架，就能看出很多别人看不出的东西。2001年，一位普通的研究员刘姝威写了一篇600字的短文《应立即停止对蓝田股份发放贷款》，她通过对偿债能力、现金流量、资产结构等财务指标的分析，指出蓝田股份在运营中存在巨大问题。文章一经登出，轰动全国，成为终结蓝田神话的"最后一根稻草"，她本人也因此当选了2002年"感动中国"十大人物。

所以说，财务指标分析非常重要。财务分析主要可以分为成长能力、盈利能力、现金流量、偿债能力、营运能力、收益质量、资本结构这几个方面。前文我们或多或少都提到过一些简单的财务指标。比如在"如何分析公司盈利？"中，我们谈到了利润、盈利能力和现金流三个角度，利润中的净利润增速反映的是企业成长能力。这两节我们就不重复说这些方面了，而主要围绕企业的偿债能力、运营能力、收益质量和资本结构这四个方面展开。

我们来简单介绍一下财务报表。财务报表有三个表，分别为资产负债表、利润表和现金流量表。资产负债表上的数字是存量的概念，反映的是公司在特定时点有多少资产、多少负债和多少股东出资。利润表是一个流量的概念，是指公司一段时间内的赚钱能力，是流量的数据。现金流也是流量的概念，可以反映一段时间内整个公司现金的流动情况，弥补了权责发生制下利润表可能失真的问题。现金流又可以分为经营活动现金流、投资活动现金流、融资活动现金流。明白了这些基础的知识，可以让我们对后面讲到的指标有更好的理解。

偿债能力

偿债能力指标反应的是企业偿还长短期债务的能力，一般分为短期指标和长期指标两类。短期指标是衡量企业拿流动资产偿还流动负债的能力，主要指标有流动比率、速动比率和现金比率。流动比率等于流动资产除以流动负债，速动比率等于流动资产减去存货再除以流动负债，现金比率等于货币资金加交易性金融资产加应收票据之和再除以流动负债。不难发现这三个指标的分母都是流动负债，不同的是，速动比率比流动比率多减了一个存货，而现金比率的分子是变现能力最强的一部分资产。这几个指标数值越大，反映企业的短期偿债能力越强。说完短期，再来看看长期偿债能力。衡量长期偿债能力的常见指标有资产负债率、权益乘数和已获利息倍数。资产负债率等于总负债除以总资产，权益乘数等于总资产除以净资产，已获利息倍数等于息税前利润（EBIT）除以利息费用。资产负债率、权益乘数这两个指标数值越小，反映企业的长期偿债能力越强，已获利息倍数则相反。说了这么多，我们来试着应用一下这几个指标。

首先看行业。不同行业的债务压力差别很大。就目前来看，食品饮料、传媒、餐饮旅游这些偏消费行业资产负债率较低，而房地产、建筑还有金融类债务压力较大。2019年至目前，房地产行业长期偿债指标是在恶化的，总资产负债率从2011—2017年上升了7个百分点，当前是 78.6%，权益乘数从 2011 年的 3.5 倍上升到 2017 年的 4.7 倍；短期偿债指标在改善，流动比率和速动比率都有所上升，说明短期债务压力在减小。

再看具体企业的情况。当前中南建设、鲁商置业和绿地控股的资产负债率都达到了 90% 左右，流动比率和速动比率都排在行业分位数的后 50%，但是扣除掉预收账款后，这三家企业的资产负债率都只有 60% 左右，说明其长期债务压力还是比较健康的。为什么要看扣除预收账款后的指标呢？因为预收账款就像我们买期房一样，需要提前交付资金，这笔钱在当时被当作预收账款，属于企业的负债，其实就是房地产企业未来的收入，所以扣除后来衡量资产负债率更能体现真实性。而云南城投的资产负债率达到了 88%，扣除预收账款后依然有 84%，结合较高的流动比率和速动比率，可以看出其长短期的偿债能力都存在风险。

运营能力

运营能力着重考量企业运营的效率，我们主要介绍三个指标——存货周转率、应收账款周转率和营业周期。存货周转率等于营业成本除以平均存货净额，应收账款周转率等于营业收入除以平均应收账款净额。在正常情况下，如果企业经营顺利，这两个指标是比较高的，说明企业销售情况不错，周转顺畅。营业周期等于存货周转天数加应收账款周转天数，营业周期的含义是企业从卖出商品到收到货款需要多少天。较短的营业周期会带来较快的周转，但这并不是绝对的，有些时候企业为了扩大收入，会允许买方延长一些付款时间，就像我们网购时用蚂蚁花呗可以延迟一个月付款。

我们来看看这些指标的应用，以家电行业为例。近些年来，家电行业的存货周转天数和总体营业周期在降低，相比2012年，存货周转天数降低了14天，营业周期降低了10天。再看具体企业，2019年初时营业周期排前三的企业是九阳集团、浙江美大和格力电器，它们的营业周期都只有四五十天，说明这些企业目前经营顺利，商品卖得快，钱也回得快。我们把运营能力和偿债能力结合起来就会发现，从整体上来说，营业周期偏高的企业流动比率和速动比率会偏低，也就是说当企业经营不顺畅时，偿还短期债务压力会增大，企业经营风险上升。

收益质量

企业的收益质量可以从两点来分析。

第一，判断企业的收益是否具有可持续性。企业的利润主要有两个来源——经常性账户和非经常性账户。经常性账户是指企业通过自己的主营业务获取的利润，这一部分利润是企业凭自己本事挣来的，是具有可持续性的；而非经常性账户则是指企业接受政府补贴或者处置固定资产所获得的收益，显然这一部分更多的是一次性的，并不会经常发生。所以通常来说，营业利润在利润总额中占比越大，说明企业收益持续性越强，收益质量越好。如果这个比重稳定在较高的水平且逐渐增大，说明该公司的主营业务鲜明，可以预期它的现有收益有较好的持续性。依靠经营性现金流量判断公司收益会更加可靠。在实际的会计操作中，企业可以通过变更会计政策和会计估计来达到企业想让投资者看到的结果，例如通过改变折旧方法来实现自己的目的。如果企业今年的业绩不好，企业又想向投资者展示今年利润不错，就可以将折旧方法从双倍余额递减法改为年限平均法，从而增高利润降低费用。但是现金流量表基本没有可以操作的空间，所以看经营性现金流量可以更好地显示出企业的主营业务是否盈利。

来自非经常性账户的收入往往带有很强的迷惑性，一些看似业绩还不错的企业经营情况可能并不健康。2015—2017年彩虹股份政府补助分别占总收益的60%、23%和84.5%。这么高的比重说明这家公司的收入基本源于补贴，主营业务收入占总收入的比例较低，我们有理由相信该公司的收益持续性是比较差的。但并不是说接受了大量政府补助的企业就一定有问题，比如比亚迪在2017年接受了12亿元的政府补贴，但是只占其总收入的1%，说明比亚迪的主营业务鲜明，具有良好的收益质量。

第二，判断企业是否有稳定的会计政策。在收益的计算上，企业往往都会打自己的小算盘。对于上市公司而言，它们更倾向于做高自身的收益，从而推高公司的股价；而对于非上市公司来说，它们更愿意做低利润，减少税费的支出。所以企业也就有动机通过选择对自身有利的会计政策、会计估计方法，进行收益水平的调整。举个例子，存货的计价方法有三种，分别是先进先出法、移动加权平均法和月末一次加权平均法。先进先出法表示先进入仓库的存货较早地进行出售，所以在物价持续上涨的情况下，采取这种方法相当于把成本计低了，会高估利润。因此，投资者应该重视公司的会计政策分析，尤其要重视对企业会计政策和会计估计变更的分析。

资本结构

我们来探讨一下如何从资本结构来判断一个公司是否值得投资。企业融资结构，也称作资本结构，反映的是企业债务与股权的比例关系，它在很大程度上决定着企业的偿债和再融资能力，决定着企业未来的盈利能力。企业的资本结构可以从以下两个角度分析。

一是通过资产负债率来判断。资产负债率我们前面讲到过，是总负债除以总资产。资产负债率临界点的理论数据为50%，明显低于50%风险就小，利用外部资金就少，发展相对就慢；接近或高于

50%危险系数就大，但利用外部资金多，发展相对较快。但上节我们也提到不同行业存在比较大的差异，不能一概而论，食品饮料、传媒、餐饮旅游这些偏消费行业资产负债率较低，而房地产、建筑、金融类的资产负债率较高。

二是通过企业的融资成本判断。企业融资大体可分成股票融资和债务融资两部分。债务融资的成本是利息的支出，股票融资的成本是股东要求的股息率水平。两种融资方式各有利弊：债务融资的利息支出可以抵扣税费，但会提高公司的杠杆率；股票融资通常而言要求的收益率较高，但由于不是强制付股息，可以调节公司的资产负债率，降低公司的风险。可以使股东利润最大化的是适合的融资成本。

举个简单的例子，假如某上市公司想支付100元股息，准备使用企业的税后利润来支付，假设企业所得税是30%，那么企业要产生143元的营业利润才可以支付100元的股息。如果是债务融资呢，营业利润是在支付了债务利息之后才拿去交税。所以说100元的债务利息，只需要产生100元的营业利润即可，债务融资实质上是减少了企业的纳税额。可见，相同的利息支付额度下，股权的资本成本要高过债务资本成本。换句话说，债务融资经营可以降低资本成本，让所有者获得更高的收益，所以公司可以通过提高借债的比例来降低企业的资金成本。但是过高的债务会使企业的利息支出变多，偿债压力变大，从而财务风险的压力也会越大。企业通常会在债务风险的允许范围内，尽量追求企业融资成本更低的筹资配置模式。

要算出公司的融资成本，需要计算出股权资本成本，但是这其中涉及太多的专业知识，咱们暂且不展开。资产负债率可以一定程度上反映出公司的融资成本。截至2018年年底，A股市场整体的资产负债率为42.5%，不同行业的资产负债率天差地别。2018年年末，A股市场中资产负债率最高的两个行业为金融业与房地产业，资产负债率分别为76.6%和64.5%；资产负债率最低的行业为居民服务维修业与文化体育娱乐业，分别为13.6%与32.9%。像华录百纳的资产负债率仅为8.3%。对于资产负债率较高的行业来说，应适当减少资产负债率，以防发生债务危机。对于资产负债率较低的行业，如居民服务与维修业，可以适当提高债务比例，降低税赋，从而降低融资成本。

总结一下。本节我们从偿债能力、运营能力、收益质量和资本结构四个方面对公司进行了分析。偿债能力分为短期偿债能力和长期偿债能力。短期偿债能力看流动比率、速动比率和现金比率，长期偿债能力看资产负债率、权益乘数等指标。运营能力主要看存货周转率、应收账款周转率和营业周期。收益质量可以从收益的持续性和会计政策的稳定性两个方面来判断。资本结构可以从资产负债率和企业的融资成本判断。结合前文对成长能力、盈利能力和现金流量指标的分析，希望大家对公司的财务指标能有一个比较全面和清晰的认知。

10年10倍股是怎么炼成的？

橡树资本创始人霍华德·马克斯在其著作《投资最重要的事》中说："价值投资者是防守型投资，他们不主动出击去追捧股票，他们相信时间的价值，愿意寂寞地等待价值的回归，并坚信最终的荣耀属于价值投资者。"毫无疑问，价值投资是一种长期投资行为，但它也有个前提，就是要选出好的标的。只有发现那些有巨大增值潜力的公司，长期持有它的股票，才能获得陪伴公司成长的长期收益。

我们来看下2008—2018年的A股市场，上证综指在这10年的最低点是2008年12月底的1820点，最高点是2015年6月的5166点，而截至2018年年底是2493点。网络上曾有人戏称A股走了很多年，指数又回到了从前。然而如果看个股，即使经历了2018年整体跌幅近1/3的惨淡行情后，市场上依然存在很多10年间涨幅超过10倍的股票，比如华夏幸福涨了近50倍，长春高新涨了22倍，片仔癀涨了近20倍。这些公司都是A股市场上最优质企业的代表，如果我们长期持有它们，就可以获得远远超过市场的收益。

我们首先把10年10倍股具体定义为：在近10年里，也就是2008年12月底到2018年12月底，从最低点到现在涨幅超过10倍的股票。通过复盘，我们发现这样的10年10倍股共有32只，而具体分析它们的各方面特性后，发现大概有8个共同基因。这也意味着，拥有这些共同基因的股票可能更为优秀，未来可能也走出10年10倍股的行情。

第一，从股价最低点的时间来看，"低成本买入＋时间的玫瑰"是炼成10年10倍股的前提。霍华德·马克斯在其书中谈到，他的投资目标不在于"买好的"，而更注重"买得好"。当价格相对于价值较低时，潜在收益相对于风险较高，那么此时就是一个不错的布局10倍股的机会。32只10年10倍股中，从股价最低的时间点到现在所花的时间在9年以上的有一半，少部分是6年，占比19%。2008年年底、2009年年初的时候正好是熊市，市场持续下跌至底部，当时很多低价的筹码无人问津。而2012年年底，差不多是上一波牛市启动之前一年半，市场整体下蹲形成黄金坑最低点。所以时刻谨记：你买得越便宜，你的安全边际就越高，你就越划算。市场的短期大幅下行，除了挤出泡沫外，往往也会使很多优质的公司股票长期来看被低估。低价买到了好东西，还要捂得住。好票子拿得住，拿得久，才能最大限度地吃到鱼肚。

第二，从板块来看，主板市场的10倍股更多。32只10年10倍股中在主板上市的公司有18个，占比在一半以上，而且平均涨幅高于创业板和中小企业板。在前文中我们提到过主板市场上市门槛高，以大型蓝筹股为主，上市公司多为市场占有率高、规模较大、基础较好的大型优质企业。这也就是说，在主板上市，本身就代表着公司的资质是相对较好的。在过去10年，在中国经济不断发展的时代大背景下，这些大型优质公司会受益更多。

第三，从行业来看，新兴行业更容易出现高增长公司。我们梳理了32只10倍股的所在行业，发现医药生物、电子、计算机和房地产这四个行业出的10倍股最多。

具体来说的话，医药生物行业有5个，占比17%，其中生物制品和医疗服务这两个细分行业的公司数量较多。比如很多投资者熟悉的长春高新、片仔癀、美年健康、通策医疗等都是医药生物行业10倍股的杰出代表。医药生物行业出10倍股最多，是很容易理解的。健康是人们的永恒追求，而生老病死又是人类无法避免的，医药和医疗是人人都会有的必需消费品。而且我国在近些年逐渐进入了老龄化时代，这样就形成了很广泛的市场需求。而供给端，优质的医药生物公司更是具有顶尖技术壁垒，这样也就可以走得更高更远。

此外，10年10倍股中电子行业有5个，计算机行业有4个。电子和计算机都属于TMT行业，两者合计有9个，占比共28%。浪潮信息、三安光电、科大讯飞、利亚德等10倍股都是TMT行业的。过去10年中国制造崛起，国产替代化形成浪潮，在这样的大时代背景下，整个行业拥有很强的向上的动力，优秀公司层出不穷。TMT行业代表着未来科技的方向，未来仍将长期是个朝阳大赛道。

在10年10倍股中，房地产公司有3个，占比9%，这三家分别是华夏幸福、中天金融和阳光城。其中涨幅最大的是华夏幸福，高达近50倍，远超第二名长春高新的22倍。房地产市场在过去属于黄金20年，它的发展速度和取得的成就都是有目共睹的，这样的行业中走出一批优质的10倍股自然也就概率更大了。

第四，从地区来看，多数10年10倍股位于经济发达地区，良好的区位因素会对企业成长有帮助。32只10年10倍股中，长三角、珠三角地区的数量最多，近半数的10倍股在这两个地区，具体来看，江苏省有5个，广东省和浙江省都有4个。长三角城市群是我国城市化程度最高、经济发展水平最高的地区，珠三角地区进出口贸易发达，是联系外部经济的重要门户。这两个经济发达的地区有着健全的经济体系，不仅硬件的基础设施更扎实，而且软件的营商环境、投融资环境也远远优于其他地区。良好的经济土壤是优质公司发展的摇篮，出现10倍股的概率也就更大。

第五，从企业性质看，民营企业更易出现10倍股，因为民营企业更具增长活力。32只10倍股中民营企业有19个，占60%，平均涨幅也高于所有企业平均水平。民营企业体量小、数量多，有较大的成长空间。与国企相比，民营企业在体制上更灵活，相对扁平化的决策机制也更能适应市场环境的变化，有助于经营效率的提升。在整个中国经济体系中，民营经济一直占据重要地位，它贡献了 50% 以上的税收、60% 以上的国内生产总值、70% 以上的技术创新成果、80% 以上的城镇劳动就业、90% 以上的企业数量。这根源于民营企业自身的优势，它的体制有利于充分发挥各项主体的活力，这样在漫长的 10 年长跑中，优质的民企也就更容易走出 10 倍股了。

第六，初始市值看，10 年 10 倍股公司初始体量都较小。体量小，耐力强，才能跑得更快更远。32 只 10 倍股中，只有 9 只股票在 2008 年后上市，剔除掉这 9 只股票，剩余的 23 只股票在 2008 年年底的平均市值为 25 亿元，而当时 A 股平均市值有 94 亿元。也就是说，从初始市值来看，那些走出 10 倍涨幅的股票最初体量都是很小的，78% 的 10 倍股市值小于 A 股平均市值，10 年 10 倍股总市值占 A 股总市值仅 0.4%。2008 年 10 倍股中市值前三名为格力电器（243 亿）、伊利股份（64 亿）、片仔癀（26 亿），在当时 A 股市值排名中分别是第 70 位、229 位、530 位。2018 年年底这三家企业市值分别升至 27 位、45 位、118 位。所以，初始市值小的公司再加上基本面的支撑，就可以走得更高更远。

第七，业绩基础坚实、靓丽。业绩是股票投资的基础，业绩增长是驱动股价上涨最主要的因素。我们之前在估值那节讲过相对估值法，先来回顾一下公式：股票价格 = 市盈率 × 每股收益，市盈率代表估值，每股收益代表业绩。在32只10年10倍股中，即使在最低点也只有两只股票的每股收益为负，94%的股票连续维持正的每股收益。除了每股收益外，净资产收益率也是一个衡量公司业绩的重要指标。巴菲特认为净资产收益率能常年持续稳定在20%以上的公司都是好公司，32只10倍股中有50%，即16只股票的净资产收益率高于20%，低于10%的只有7只，平均值高达19%。这说明基本面稳定、财务表现良好的公司是10倍股的共同基因。我再举个例子来说明下，涨幅倍数最高的华夏幸福，从2009年开始连续九年维持正的每股收益，连续七年净资产收益率在20%以上，最高年份达到了66%。

第八，从股权结构看，股权相对集中的企业更好。在股权集中分散程度上，这些10倍股的前十大股东持股比例约50%，只有一家企业的前十大股东持股比例小于30%。股权的相对集中可以减少公司内耗，避免公司因股权分散、内部制衡过强而造成决策效率低下。以万科为例，前几年万科不断被举牌就是因为股权过度分散，当时万科前十大股东的持股比例合计不到35%。万科与宝能的股权之争使公司的持续正常经营受到挑战，投资者利益大为受损。

总结一下，在2008年年底到2018年年底这10年期间，涨幅超过10倍的股票共有32只，我们把它们定义为10年10倍股。10年10倍股是A股市场中最优秀公司的代表，分析它们的各方面特性，我们总结概括出 8 点共同基因：第一，"低成本买入＋时间的玫瑰"是炼成 10 年 10 倍股的前提；第二，主板市场出现 10 年 10 倍股的概率更大；第三，新兴行业更容易出现高增长公司，医药生物、TMT 和房地产行业出的 10 倍股最多；第四，公司所属地区多在经济发达地区；第五，民营企业更易出现 10 倍股；第六，公司初始体量都较小，体量小，耐力强，才跑得更远；第七，业绩基础坚实而靓丽；第八，股权结构相对集中。

资金分析法

A股资金大解密：谁是最大的金主？

　　资金面是我们做股票投资时绕不开的一个角度。一个股市要走牛，需要资金的注入，比如 2014 年年中到 2015 年年中这一波大牛市，实际上就是杠杆资金推动的，被业界称为资金牛。之后政府清理配资，杠杆资金不断被抽离，资金端去杠杆直接导致股市进入股灾模式。这就是资金面对整个股市的重要性，对于细分板块、行业、个股而言，它也有很大的作用。我们经常可以看到很多股票投资者，尤其是散户，热衷于看盘，看资金流向，希望从中发现股票涨跌的蛛丝马迹。也有小部分人利用这一点，反其向而行之，获得不菲的收益，比如说早期时候的宁波敢死队，就是把股票拉涨停，吸引散户跟随主力资金进入，然后抛出股票获利。

　　这节我会着眼于整个 A 股市场的资金格局，来分析股市中谁才是大玩家、大金主。

第3讲 投资方法｜判断方向的4种方法

根据2018年年报，整个A股市场总市值49万亿元，前十大股东持仓市值35万亿元。A股的投资者结构，我们无法根据公开信息获取准确的数据，但是从上市公司定期报告中披露的大股东数据以及各机构的重仓股数据中，我们可以得到一个大致的轮廓。按持仓市值得出的前十大股东，可按身份分成两大部分：一是自然人投资者，占比37%。自然人投资者主要是两类，一类是公司的董事、高管，一类是散户。二是机构投资者，机构投资者根据Wind的分类，可以分为公募基金、保险、阳光私募等16种类型，共有近1.6万家，占据着不到25万亿元的市值，占比63%。

自然人投资者中的董事、高管，也是公司的重要股东，他们持有的股份中很多是限售的，这导致了他们虽然持股比例很高，但变动受到很大限制，增持、减持之前需要发公告。他们的增减持行为对股价有非常重要的影响。一般来说，出现大幅减持，公司股价会应声下跌，出现大幅增持，股价则会上涨。

自然人投资者中的散户，由于资金极度分散于不同个体中，再加上他们固有的劣势和毛病，经常会损失惨重。按照很多散户自己的说法，这叫作"被割韭菜了"。我们来看下散户占据的市值比例。这里我们用A股的总市值减去十大股东中机构的市值，算出2018年散户个人的持股市值近28万亿元，占比53%，不过这样计算也有误差。

我们可以从数据的变动情况来感受一下散户个人占比的变化

趋势。2008年年底时，散户是股票市场上绝对的霸主，占比高达86%。但之后漫长熊市，散户逐渐退场，直到2014年、2015年那波大牛市到来，又都疯狂涌入。在2014年年中的牛市前夜，散户占比55%，而在2015年年中的牛市顶峰时，散户占比达到了58%。之后散户的比例就一路走低了，2016年年底占57%，2017年占54%，2018年占53%。在A股市场，散户逐渐离场是个趋势，但大牛市出现时，他们短期内也会受到刺激再次涌入。

机构投资者中，我们把16种类型的机构分成三个档次：第一档是金主，它们是在十大股东资金池内持股占比大于1%的玩家；第二档是参与者，它们的持股市值占比在0.1%~1%之间；第三档是占比小于0.1%，可以忽略不计。

第一档金主有5个，从大到小排列分别是：一般法人、"国家队"、保险公司、基金、陆股通。由于金主是A股市场的主要玩家，所以很多时候它们会成为整个市场的主导资金，直接影响着市场风格的变化。我们分别来说下这五大金主。

第一大金主是一般法人，占前十大股东持仓市值的46%，持仓市值18万亿元。这一类其实是个排他项，指的是所有机构类型中除了提到的类型以外的"其他"类，里面包含产业资本、原始股东中的机构法人、定增加入的机构法人等，整体比较杂，我们很少去跟踪它们的情况。

第二大金主是"国家队"，占前十大股东持仓市值的7.4%，持股市值不到 3 万亿元。这里的"国家队"主要是指证金、汇金、证金资管、证金定制基金和外管局旗下的投资平台这五个。我若是问大家,"国家队"这个词第一次听说是在什么时候,相信很多人都会说是在 2015 年。的确如此。2008 年年底时,只有中央汇金持了一点儿工商银行的股份;2014 年年中牛市初期时,持股数量也仅 10 只而已,大多还是些银行石化股;之后,哪怕是 2015 年年中大牛市达到顶峰时,持仓股的情况也依然未变。但后来出现了股灾,在哀鸿遍野之下,国家开始救市,"国家队"这个概念也相应变得广为人知,它们也是从那时候起开始不停地买买买,半年时间,持股市值从过去的 1.9 万亿元飙到了 2.8 万亿元,持股数量也从过去的十几只扩到了 1300 多只。再之后,2016—2018 年,"国家队"的持股市值占比一直都维持在 7% 左右。

第三大金主是保险公司,占比不到 3%,持股 1 万多亿元。保险公司在吸收存单募资的同时,也会将它的部分资金用于投资购买股票。这方面有个热点当时受到了社会的广泛关注,那就是宝能以野蛮人的形象强硬推开万科的控制权大门。不过在国外,保险资金一直都是长线资金的代表,在市场中的占比很高。而在中国,这方面较为薄弱,在 2008 年年底,保险的持股市值占比只有 0.4%,但之后不断提高,2014 年是 3.6%,2015—2018 年稳定在 3% 左右。

第四大金主是公募基金,占比 2.4%,持股 9000 多亿元。对公募基金，大家应该都比较熟悉，这里我就不多说了。2008年年底，公募基金是仅次于一般法人的市场第二大金主，持股市值占比8%，遥遥领先于占比0.4%的第三大金主保险公司。不过之后却逐渐收缩，2014年年中的牛市前占比是6%，2015—2017年占比分别是4.6%、4.2%、3.9%，而现在只有2.4%了。

第五大金主是陆股通，占比1.6%，持股6400亿元。什么是陆股通？这要从互联互通机制说起。过去A股与港股没有联通交集，后来有了沪港通和深港通，内地投资者可以买港股，香港投资者也可以买A股，而后者买A股的就叫"陆股通"，进入A股市场的香港资本和国际资本就叫"北上资金"。与之相对的，买港股的中国内地资本就叫"南下资金"。陆股通是在2014年才开始有的，但当时北上资金的量级很小，2015年、2016年的占比都接近0，直到2017年年底才提升到1%。

第六大金主是非金融类上市公司，占比1%，持股3700亿元。有很多上市公司会投资股票市场，2008年的时候占比0.3%，2014—2018年都保持在1.1%左右。

第二档参与者主要有7个，其中阳光私募、社保基金和QFII这3个相对持股较多，在前十大股东持股市值中的占比都在0.5%左右。剩下的4个，依次是券商集合理财、券商自有资金、信托公司和银行，它们中除了券商集合理财占比0.2%以外，其他都不到0.1%。

最后一档是"其他",是指基金管理公司自有资金、财务公司和企业年金等,它们的持股极少,在 A 股中的流通市值占比近乎为 0,可以忽略不计。

总结一下。资金格局对于投资者来说是很重要的。我们从上市公司定期报告中披露的前十大股东持仓以及各主要机构的重仓股数据中,大致梳理出了整个 A 股市场的资金结构图。2018 年前十大股东中,自然投资人持股市值占比 37%,机构投资者占比 63%。整个 A 股市场中,散户个人的持股市值占比 53%。而在机构投资者中,金主有 6 个,从大到小排列分别是一般法人、"国家队"、保险公司、公募基金、陆股通、非金融类上市公司。前几大金主是市场的主导资金,直接影响着市场风格的变化。剩下的资金主体占比都在 1% 以下,其中相对较为值得关注的是阳光私募、社保基金和 QFII,其他都不是我们应关心的重点。

如何发现资金流向中的机会与风险?

股票市场的涨跌是由多个变量共同驱动的,其中股票市场的流动性衡量了场内资金的供需关系。抽水与蓄水的相对关系决定着资金池的体量,也是判断股市环境的重要因素之一。

股市资金的蓄水端，主要包括各类型的投资者投入的资金和杠杆放大的资金，蓄水的能力与宏观环境的整体流动性息息相关。一般关注以下投资主体的行为：个人投资者、机构投资者、杠杆资金、海外投资者。

从抽水端来说，主要包含企业的融资行为及产业资本的交易行为。融资行为包括企业 IPO 的数量和规模，增发配股等再融资的数量和规模。产业资本的交易行为主要关注限售股解禁规模，这反映预期流出；还有重要股东的二级市场净减持规模，这反映实际流出。

大部分时间，A 股是处于"抽水"与"蓄水"的动态平衡状态，资金的短期流动并不会引起股市的剧烈波动。但是，一旦两端出现长期连续的不平衡，引起投资者对股市流动性预期的改变，那么资金面就成为股市动荡的核心因素。比如 2014 年到 2015 年 6 月的牛市，是杠杆资金入市推动的，随着 6 月监管部门开始严查杠杆资金入市，相当于关闭了"蓄水"端，行情快速转向，带来市场恐慌性下跌。所以我们可以通过观察"蓄水"端与"抽水"端的资金流向变化，来发现股市存在的机会与风险。

资金流入端

下面我们先来看资金流入端，主要给大家讲一下可以通过观察哪些数据指标来追踪个人投资者、机构投资者、杠杆资金和海外投资者的资金流向。

一是个人投资者。根据东方财富数据显示，截至2019年1月11日，我国股票市场期末投资者账户数量总计约1.467亿，其中，个人投资者账户数量约为1.465亿，占比高达99.86%。可见，在我国股票市场中个人投资者的数量占绝对优势。个人投资者的资金流入，我们可以用证券交易结算资金指标跟踪。证券交易结算资金余额能够清晰地反映资金流入与流出情况，预示着后市的涨跌。比如余额越多，说明未来股市资金流入就越多，市场较为活跃，投资者情绪高涨，市场行情向好。

二是机构投资者。这部分数据披露比较完善的是公募基金，我们可以用新发基金份额跟踪，尤其是新成立的偏股型公募基金份额。2015年7月，是偏股型公募基金份额的爆发期。新发基金份额高，那么股市资金流入量就大，后市看涨。我们可以通过观察资金流入板块，来预测该板块未来行情走势。

三是杠杆资金。我们可以用融资融券余额来追踪。比如2013年和2014年，融资融券余额占A股总流通市值的比例从不到1%迅速上升到了4.5%以上，而这也是那一轮牛市被称为杠杆资金牛的原因。2015年股灾，资金端去杠杆，这个比例从顶点4.5%以上暴跌至2%左右。

四是海外资金，也就是境外投资者。这部分要主要关注陆股通和 QFII 及 RQFII 等的资金动态。受 A 股加入 MSCI 新兴市场指数影响，外资持续涌入。比如，2019 年 1 月第二周陆股通净流入 157 亿元，环比增长 144%，带动 A 股资金面的改善。从资金净流入的行业来看，陆股通资金短期净流入金额较高的行业，未来短期的涨幅较好。

资金流出端

与"蓄水"端相反，资金流出端则可能预示着市场的下跌，可以通过观测板块的资金净流出量来帮助我们判断市场走势。"抽水"端也包括四个方面，我们逐一来看一下。

一是 IPO。IPO 是企业在一级市场募集资金的主要方式，构成股市资金的流出。因为上市企业募集资金会直接分流股市资金，而且网上公开发行需要提前冻结大量资金，可能会降低股市流动性，所以 IPO 的发行会影响投资者对股市流动性的预期。不过 IPO 实施细则的新规出台后，大幅减少了投资者申购新股时需要冻结的资金数量，因此 IPO 融资对股市资金面预期的影响也相应变小了。自 2018 年以来，股权融资规模显著收缩，IPO 审核越发严格，发行速度有所放缓。

二是再融资。这是企业通过股票市场获取资金的另一个重要形式，同样会造成股市资金的流出，其中定增是上市公司近几年最主要的股权融资方式。2014年以来定增市场风起云涌，发行规模远大于IPO，是上市公司实现内生发展和外延扩张的重要手段。一般而言，再融资密集期带来的资金需求会冲击股市的流动性，从而造成市场下跌。

三是限售解禁。它对A股市场产生冲击的关键点在于减持。减持造成短期内股票供给量增加和股价下跌，同时对市场买盘资金流动性产生压力，所以很多投资者都形象地把限售解禁减持比喻为"洪水猛兽"。虽然解禁并不等同于减持，而且就算减持也不是一下子就减持完，但是对于一些众多股东的解禁限售股，投资者心理上会看空，所以股价还是会大概率下跌。

四是产业资本减持。我们知道产业资本也是二级市场不容忽视的交易主体。产业资本是公司运营的直接参与者，对公司的真实情况也非常了解，所以我们应该关注一些重要股东的增减持行为，通过重要股东的行为来判断市场未来的行情走势。2018年12月，A股产业资本大规模减持，据统计，当月净减持金额为102.181亿元，这必然带来整个市场情绪的萎靡。进入2019年，产业资本开始增持，1月第一周净增持3.91亿元，第二周净增持10.59亿元，给市场带来了很大信心。

通过以上的讲解，相信大家都明白了通过哪些指标来分析股市的资金流向以及股市的资金流向蕴含着哪些机会与风险。下面我们就来看一个具体的例子。

外资，近几年已经成为 A 股的重要力量。2020 年 4 月，在海外疫情不断加重、国内疫情相对走出、市场流动性黑洞逐渐弥补的状况下，外资逐渐重新流入。很明显外资 3 月流出，4 月重新流入，对应在股市也是 3 月暴跌，4 月企稳反弹。

从具体行业来看更明显。2020 年 3 月和 4 月（截至 21 日），外资持股变动占流通市值比例最高的都是日常消费行业（3 月 5.7%、4 月 6.03%），最低的都是能源行业（3 月 0.55%，4 月 0.56%），而对应在市场表现上，3 月初至 4 月 21 日，日常消费行业平均涨幅为 10.3%，能源行业平均跌幅为 –7%。

我们可以从"蓄水"端和"抽水"端来追踪资金的动态，从而在资金流向中发现投资机会与隐含的风险。其中"蓄水"端有四个方面，分别是个人投资者、机构投资者、杠杆资金和海外投资者；"抽水"端也有四个方面，分别是 IPO、再融资、限售解禁减持与产业资本减持。

未来还有哪些增量资金可以入市？

我们已经学习了整个 A 股市场的资金格局，并知道了哪些主体是市场中的大金主，也学习了如何从资金流向中发现投资机遇与隐含的风险。然而这些都是基于已有的情况来进行分析的，若立足于未来，整个 A 股市场的资金池是在不断变化中的。从长期来看，除了上市公司的盈利增长外，资金端的增量买家、增量资金也是关键变量。如果市场只有存量资金的交易，就很容易陷入零和博弈，只有增量资金入市，牛市的基础才可能奠定。所以我们也看到，近几年来监管层一直在通过各种渠道拓展 A 股的资金池，从沪港通到 MSCI，再到前期的外国人开户和富时罗素指数，都是为了给 A 股引入新的活水。这节我们就来讲下，假设 A 股的质量能不断改善，未来还有哪些增量资金可以入市，大致有 4 个来源。

第一是家庭储蓄资金

从地产投资到金融投资，家庭资产中股票资产的比例还有很大的提升空间。在中国 A 股市场中，散户个人的资金占比接近一半；而在美日欧等国成熟的股票市场，散户占比只有 10% 左右。这样看来，散户个人的占比逐渐下降是个趋势，但这并不意味着个人家庭资金就会逐渐离开股市，它们仍可以通过购买公募基金、券商资管和保险等很多机构产品的形式投资于股市。此外，从家庭资产结构来看，中国的家庭资产仍以房产为主，金融资产为辅。根据西南财经大学《中国家庭金融资产配置风险报告》的数据，2018年，中国家庭资产中房产占比高达77.7%，远高于美国的34.6%。而股票在家庭总资产中的占比仅为8.1%，远低于全球平均水平（41%）。目前，A股市场已经基本到达估值底，正在探寻盈利底和市场底，而楼市或将长期遇冷，这样股票的长期吸引力就会相对增强，未来会有更多的家庭资金配置于股市当中。若我们以全球平均水平41%为准，假设证券类投资中有一半资金会流向股市，那就可以预计得到，未来还有9万亿元的家庭增量资金可以进入股市。不过这是立足于长期角度来看的，并且家庭资金，无论是个人散户投资还是委托各种类型的机构来投资，这部分资金的偏好股票都是较为分散、风格不一的。

第二是养老金

未来可能有更多省市的养老金入市。养老金入市已经进入实施阶段，先是广东、山东委托投资的企业职工养老保险基金，各有1000亿元，还有各省份委托投资的基本养老保险基金。截至2018年年底，已经有17个省份的基本养老保险基金入市，合同总金额超过8000亿元。这些还只是中国目前已经入市的养老金的情况。对标国际，美国、英国和日本是全球养老资产规模最大的三个国家，美国的养老资产占GDP的比重高达131%，即使看平均水平，国际主要养老金资产的平均占比也有 67%，而中国只占了 10%。截至 2020 年 4 月，新上市的 53 只新股中，养老金先后中签 48 只，年内浮盈已达 11.33 亿元。更有人做出预测，2020 年社保、保险和养老金入市资金规模最高可能超 6000 亿元。一般来说，养老金资金会偏向安全边际更高、市场表现稳健的股票。A 股的养老金概念板块中，共有 33 只相关标的，所属行业和市值都较为分散。

第三是社保基金

股市处于底部区域，社保基金有望加大入市步伐。社保基金是国家战略储备资金，它的资金来源主要是中央财政预算拨款、国有资本划转、基金投资收益和国务院批准的其他方式。全国社会保障基金理事会副理事长陈文辉透露，初步核算，2019 年全国社保基金投资收益额超过 3000 亿元。从资产配置角度来看，社保基金目前主要配置在交易类金融资产和持有到期资产上，占比分别是 40% 和 36%。而股票投资的占比是呈上升态势的，从 2008 年的 1.8% 上升到 2017 年年底的 11%。

以全国社保基金来看，2018 年结余量方面，全国社保基金 18105 亿元，地方账户基金 1321 亿元，地方委托资金 1148 亿元，加起来超过 2 万亿元。根据社保基金管理办法规定，社保基金中的资产投资于证券、基金、股票的比例不得高于 40%，这样如果静态来看（即假设规模不增长）就是 8000 多亿，目前存量差不多 6600 亿元，这样还剩余 1400 亿元左右。

一般来说，社保基金偏好市值较大、分红较多、盈利能力较高的股票。它们相对来说表现也更稳，行业大多集中在银行、医药、化工、电子和食品饮料。其中，持股比例排名前五的是开润股份、新纶科技、养元饮品、云图控股和拓普集团。A 股中也有社保重仓概念板块，里面有 147 只相关标的，这些也都值得关注。

第四是以全球指数基金为代表的外资

A 股国际化进程加快，在全球吸引力不断上升。2018 年 A 股平均跌了近 1/3，但它在国际上的吸引力却显著提升，依次被纳入了世界知名的三大基准指数，也就是入摩、入富和入道。此外，2018 年 9 月，富时罗素公司首席执行官也曾公开说过，未来 5~10 年，以跟踪指数形式进入中国市场的被动资金，规模可达到 2.5 万亿美元。接下来我们就说下这方面的进展。

一是入摩，也就是 MSCI。它背后是全球第一大指数公司。2018 年 6 月，A 股市场 226 只股票被正式纳入 MSCI，这些股票还形成了一个概念板块，之前我们讲主题投资时讲到过。2019 年 3 月，MSCI 新兴市场指数将 A 股纳入的比例从之前的 5% 提高到 20%。2019 年 5 月，将纳入的股票扩展到创业板块。

二是入富,也就是富时罗素。它背后是全球第二大指数公司。2019年9月它也将A股纳入其全球股票指数体系,共分3步走,在2019年的6月、9月和2020年的3月分别纳入20%、40%和40%。预计这三个阶段会为A股市场带来121亿美元的增量资金。

三是入道,也就是标普道琼斯指数。它是全球最大的金融市场指数公司之一,美国的标普500指数就是它编的。2019年9月,1099家中国A股上市公司被纳入标普新兴市场全球基准指数,其中包括147家大盘股,251家中盘股,701家小盘股,预计A股在该指数中所占权重为6.2%,中国市场整体(含A股、港股、海外上市中概股)在该指数中所占权重为36%。

此外,2019年4月,中国债券被正式纳入彭博巴克莱债券指数,这是继A股被纳入明晟(MSCI)新兴市场指数之后,我国金融市场又一次被国际主要相关金融指数接纳。

进入2020年以后,A股的国际指数扩容进程暂缓,参考中国台湾和韩国市场的经验,预计2020年外资整体净流入规模下降。不过考虑到全球利率环境和目前A股估值优势,资产荒情况下A股市场的长期吸引力仍然很大,境外资金流入的动力依然较足。

全球指数基金是外资的典型代表,而在中国,外资流入A股市场主要是通过QFII、RQFII以及互联互通机制。QFII是合格境外投资者在美元额度内兑换为人民币投资中国资本市场,RQFII是合格境外投资者在人民币额度内使用人民币投资中国资本市场。目前这两者已经开始合并，境外投资者申请一次资格即可两边投资，它们的额度也在快速扩容。2019 年 1 月，QFII 总额度由 1500 亿美元增加至 3000 亿美元，直接翻倍，增量额度折成人民币就是 1 万多亿元。截至 2020 年 3 月 31 日，审批 QFII 投资额度 1131.59 亿美元，审批 RQFII 投资额度 7124.42 亿元人民币，审批 QDII（合格境内机构投资者）投资额度 1039.83 亿美元。

具体股票标的方面，三大指数 MSCI、富时罗素和标普道琼斯都已经设有相关概念板块。这三个板块，尤其业绩较好的股票，在 2019 年对应指数的关键时间点前后，均出现较大利好。截至 2019 年年底，顺丰控股、驰宏锌锗、北新建材、生益科技 4 只股票的 QFII 持仓股数均超 1000 万股。从 QFII 选股偏好来看，主要注重基本面稳健的行业龙头股，例如生益科技、中炬高新等。这些具体的机构持仓明细，大家都可以在东方财富网里的主力数据中搜索到。2020 年外资不断流入 A 股市场是确定性事件，北上资金及 QFII 的持仓标的值得大家关注。

总结一下。A 股市场未来还有 4 项增量资金值得期待，分别是家庭储蓄资金、养老金、社保基金和以全球指数基金为代表的外资。A 股想进一步走牛，长线增量资金入市不可或缺，未来增量资金引入的进展值得我们长期关注。

技术分析：K线真的靠谱吗？

K线的构成

在技术分析的诸多工具中，K线可以说是最直观、最方便的一种。大家在做投资的时候都免不了要和K线打交道，甚至由此衍生出笃信技术分析的一个派系。但是不知道大家有没有在使用这种方法的时候思考过：K线分析真的靠谱吗？我们能在多大程度上相信这种纯技术分析的方法呢？这节就让我们就来聊一聊K线。

K线源于日本德川幕府时代，被当时日本米市的商人用来记录米市的行情与价格波动，由于这种标画方式细腻独到，清晰明了，后来被应用到股票和期货市场中，用来记录当天股票的价格变化。K线分为阳线和阴线两种。由于用这种方法绘制出来的图表形状颇似蜡烛，加上这些蜡烛有黑白之分，因而K线图又被称作蜡烛图，K线又称阴阳线。

K线图的画法包含四个数据：开盘价、收盘价、最高价、最低价。所有的K线都是围绕这四个数据展开的，以此反映大势的状况和价格信息。最先利用K线来研究股票走势的人可以说是非常聪明的，他们利用线和柱子把股市复杂的价量关系简单明了地表现出来，把价格、时间、交易量、涨跌幅融为一体，使得分析股市变得有迹可循。

"趋势"这一概念是技术分析的核心。研究 K 线图的全部意义，就是要在一个趋势发生发展的早期，及时准确地把它揭示出来，从而达到顺势交易的目的。技术分析在本质上就是顺应趋势，即以判定和追随既成趋势为目的。对于一个既成的趋势来说，下一步常常是沿着现存趋势方向继续演变，掉头反向的可能性很小。

道氏理论

在明白了 K 线的构成之后，让我们来简单介绍一下技术分析的理论基础。道氏理论可以说是所有技术图表分析的鼻祖，我相信，只要是对股市稍有经历的人应该都对它有所耳闻，而且这一方法受到大多数相信技术分析的股民的敬重。道氏理论的伟大之处，并不在于他总结了多少技术形态指标，而在于他总结出的三大核心思想，这也是技术分析的三大基石。

一是三重运动理论。道氏将市场的走势分为三种运动，即基本运动、次级运动以及日常波动。市场的基本运动是可以被预测的，预测次级运动很困难，而日常运动是随机的，是不可预测的，因此，市场的主体趋势是可以被预测的，而每一个价格的波动时间和位置又是测不准确的。

二是相互验证原则，尽管市场的基本运动能够为我们所把握，但是通过一种方式得出的结果，必须用另一种方式得出的结果来验证，两个指标一致才能说明我们的预测是可取的。这一原则的思想是通过带有强相关性（或品种）的价格表现的相互背离，来否定错误的预测结果。用验证来说明预测的正确性，并非仅仅依靠一个指标或一个工具将市场的预测绝对化。

三是投机原理。这一原理理解起来略有一些抽象，我们先给投机行为下一个定义：采取积极的措施，希望将自己所预期的带有很强随机性的和不确定性的事情得以实现的行为。技术分析派人士提出的"市场行为包容并消化一切"，是技术分析的三大假设之一，这是进行一切技术分析的基础。其主要思想是认为影响价格的每一个因素（包括内在的和外在的）都反映在市场行为中。它所遵循的道氏理论的一个基本原则是："任何人所了解、希望、相信和预期的任何事都可以在市场中得到体现。"因此，市场行为也必然包括投机行为。它是市场中最鲜活的因素，它为市场带来可以被预测的重要元素。

K线的不足和局限

在明白以上三个原理的基础上，我们就能理解技术分析法存在的合理性以及其在实操过程中的实用性。

我们必须承认，技术分析有一定的实操性，它曾经为投资者带来过丰厚的回报。早年我看过一本书，叫《穿越周期的专业投机技艺》，里面提到一位投资者凭借对 K 线图的正确解读，在一个月内收获了 35% 的资本回报的案例。但是我们也必须指出，现实生活中走势图往往不能给出像以上案例中那么清楚的指示，有时甚至可能对投资者产生误导。尤其对于那些通常日成交量不足几千股的股票来说，这种走势图毫无意义。而且这种走势图只限于短期交易。事实上，想找到主力操纵的痕迹在当下股市中几乎是不可能的，没有哪个庄家能够强大到独自左右整个股市的走向。

除此之外，K 线分析法在中国的使用也有一定的局限。目前 A 股市场基本达到弱有效市场的标准，未来市场有效性会进一步提升。根据有效市场假说，在弱有效市场中，市场价格充分反映出所有过去历史的证券价格信息，使得投资者不能通过分析以往价格获得超额利润。此时，股票价格的技术分析失去作用，基本分析还能帮助投资者获得超额利润。所以说，K 线分析在 A 股市场的作用是有一定局限性的，而且作用会越来越小，我们切不可迷信 K 线。

总结一下。这一节我们简单介绍了 K 线的构成，技术分析的经典理论——道氏理论，并指出 K 线图在实际应用中的不足和局限，希望大家能够明白 K 线分析法并不是万能的，切不可将其作为股票投资的唯一依据。

揭秘坐庄：中国式 A 股的毒瘤

给大家讲一个小故事。这个故事发生在一个很贫穷的小山村里。有一天，这个小山村突然来了两个陌生人，他们跟村子里人说要来买老虎，每只老虎 1000 元。村民们觉得他们很可笑，便不理睬他们。但第二天，真有几个胆子大的人捉来了老虎，而他们也真的如约拿到了两个陌生人的 1000 元。消息一传开，村民竞相上山捉老虎，随着老虎的数量越来越少，价格也提高到 1500 元、2000元。第六天，老板有事回城了，只留下助手，助手悄悄召集几位村民开会，"好心"地告诉他们："老板回来后会把老虎的价格涨到 5000 元，如果有人愿意以每只 2500 元的价格买我手中的老虎，我将乐意促成好事。"参加会议的村民得到这一"利好消息"后，都觉得这笔交易很划算，于是又把老虎买了回来。没想到，等到助手手里的老虎全部脱手后，助手也"人间蒸发"了，留下全村老少捶胸顿足！

相信很多投资者都对这个故事有似曾相识的感觉。其实股市中所谓的坐庄就是这个道理，这两个陌生人就是庄家，村民就是散户投资者，老虎就代表庄股。庄家利用资金优势和消息优势，先投入大量的资金买入低价股，再利用散布"利好消息"等手段将股价不断拉高来吸引散户。当吸引到足够多的散户时，庄家就开始高价出货。这样低价买入再高价卖出，中间的差价就是庄家赚取的利润，这也就是整个坐庄的过程。专业些讲，坐庄就是庄家建仓、拉高股价、出货的过程，当然其中可能交织着一些为了更好达成这一目的的试盘、洗盘行为。总而言之，庄家的目的就是通过操控股票价格来赚走散户手中的钱。

股市坐庄的主要流程

那么在股市中坐庄到底是怎么操作的呢？下面我来给大家简单介绍一下股市坐庄的主要流程。

第一阶段，打压股价。庄家主要利用大盘下跌以及个股利空的方式来实现这一目的，这么做是为了在建仓的时候降低资金成本以及为之后的股价上涨腾出空间。

第二阶段，建仓。就是庄家在一段时间内不断买入某只个股的行为，通过前一轮打压股价造成市场上恐慌性抛盘，并趁机在低位进行吸筹。一旦筹码吸足后，庄家会撤掉大量抛盘，这时股价就会上涨。

第三阶段，试盘。这相当于商场正式营业前的试营业，庄家吸足筹码后并不会立马拉高股价，他们会小幅缓慢拉升，观察市场反应及股价表现，根据这些反应调整交易策略，确定拉升时间及目标价位等。

第四阶段，洗盘。庄家为了减轻日后拉升过程中的获利抛盘压力，赚取高额利润，会在拉高股价前进行几次洗盘，使原本低价时买入的散户抛出，让看好后市的投资者进入。这样一来，持股者的平均价位就会升高，方便后面坐庄操作。

第五阶段，拉升。这很好理解，就是拉高股价的意思，庄家在完成上述阶段后，就要开始利用利好消息或盘面回暖来拉高股价，以便尽快出货，赚取利润。

第六阶段，出货，庄家拉高股价后出货实现高位套现。这是坐庄的最后一步，也是事关成败的一步。有时庄家为了方便自己出货，会散布一些利好消息，吸引散户跟风买盘。

出货之后，庄家又会开始寻找时机打压股价，进行新一轮的坐庄操作，如此循环往复，不断地在股票市场榨取利润。散户就像韭菜一样，一茬一茬地被割。庄家往往运筹帷幄，通过信息战、心理战等战术对散户进攻，引导散户一步一步落入自己设置的"陷阱"中，以夺取最后的胜利。

整个过程中，庄家的资金一般分为两部分，一部分用来建仓，在底部吸筹，待股价拉高后出货，直接在二级市场谋利，庄家主要靠这部分资金赚钱；另一部分是控盘资金，主要是用来拉高股价以及应付各种突发事件。

坐庄案例

下面我们来看一个 2016 年被证监会处罚的一个团伙坐庄案例，这个团队共有 5 人，他们曾利用其自身资金优势连续买卖首旅酒店、劲嘉股份和珠江啤酒三只股票，最后在珠江啤酒的出货阶段被证监会审查。

操纵珠江啤酒的时候，这个团队已经有了娴熟的操纵技巧和实战经验，所以在相同时间内，这一只股票收益率最高，对应的控盘程度也是相对最高的。据了解，他们当时控制了实际流通盘的大概 50% 左右，每天平均操作超过个股成交量的 26%，差不多 23 个账户，对倒频率超过 77%，并且还控制五个机构席位。

2014 年 1 月到 10 月，珠江啤酒的走势和大盘走势明显相反，大盘横盘振荡期间，珠江啤酒走势一直平稳上行，甚至最高时逆势上涨 88%。后被证实这是庄家对珠江啤酒的坐庄操作。感兴趣的朋友们可以去查一下当时珠江啤酒的 K 线图，从它的走势图中我们可以看出，该坐庄团队前期在疯狂吸筹，建仓迅速，不计成本。根据证监会披露的数据，他们有很大一部分筹码是通过大宗交易方式购入的，通过大宗交易方式购买股票，并且是折价，然后通过对倒拉抬价格从二级市场卖出，这种方式可以做到低成本快速吸筹。

在建仓基本完成后，该团队通过活跃游资接力拉升股价，吸引了很多投资者，他们便在做 T 出货拉升股价的同时趁大盘行情企稳筑底的时候不断出货，利用投资者的幻想，顺利出货赚取差价。

在出货后，他们并没有就此收手，而是又进行了新一轮的拉升出货。方法和我们上面所讲的一样：他们先是打压股价底部吸筹，然后逆势拉高股价，吸引到大量投资者之后就开始出货。但是这一次却被证监会盯上了，正所谓"天网恢恢，疏而不漏"，这个团伙最终被一网打尽。

不少投资者对坐庄有个认知误区，认为这是一桩稳赚不赔的买卖。但其实，股市坐庄即使不被处罚，也是有失败风险的。在坐庄操作中，庄家要直接参与竟局，若出现资金供给不到位、资金链断裂、股市持续低迷、散户情绪低落、股价虚高、散户参与程度低、庄家出不了货等情况，庄家资金也会被套其中，导致坐庄失败。

总结一下。股市坐庄就是庄家利用资金优势和信息优势，经过建仓、试盘、洗盘、拉高股价、出货的阶段，成功完成一轮资金进场和出局工作。接着再不断重复此过程，不断赚走散户手中的钱。所以说，坐庄是股市的"毒瘤"，现在监管部门也在严厉打击这种行为，A股中坐庄行为相比前几年已经少了很多。

第 4 讲

风险规避
2 种主要风险类型

| 市场风险 |

风险分析：这些年股民踩过的雷

"股市有风险，投资需谨慎"是我们常听到的老话。这些年我们遇到的风险不少，乐视网贾跃亭跑路、中兴通讯事件、长生生物退市都让我们印象深刻。在这一部分，我们会带大家一一盘点这些年A股爆过的雷，打过的假，并教大家一些识别和防范风险的方法，希望能让大家在今后避免不必要的损失。

关于踩雷有两个很形象的比喻，就是"灰犀牛"和"黑天鹅"。这两个词是什么意思呢？我们知道天鹅一般都是白色的，所以当一只黑色的天鹅出现在大家面前时，我们就会惊慌失措。比如一家长年业绩不错的公司突然业绩翻脸，谁能想得到呢？因为我们已经被"天鹅是白色的"这一观点束缚住了。与"黑天鹅"相对应的是"灰犀牛"这个词，犀牛的确是灰色的，大家都知道，所以说"灰犀牛"就指的是大家都默认甚至习以为常的风险，但这个"习以为常"往往就是隐患，现在 A 股市场的高商誉就是一只"灰犀牛"。我们先来给大家梳理一下，这些年的"雷股"有哪些特征。

在过去的 10 年里，A 股从 2008 年的 1820 点开始，起起伏伏，到达了 2020 年 4 月的 2825 点，这一路上经历了长长的熊市和短暂的牛市，有涨了十倍多的股票，像华夏幸福和长春高新；也有很多暴跌的股票，有 150 多家个股跌幅超过了 50%，比如跌幅 95% 的金亚科技，跌幅 91% 的 ST 锐电；还有一些退市摘牌的公司，比如欣泰电气、二重重装。

"雷股"的行业特征

我们先来看一下，这些"雷股"在行业上有什么特征。

第一，不少"雷股"所在的行业在过去 10 年景气度下滑，比如光伏行业。光伏行业出了不少暴跌的个股，向日葵、天龙光电、保变电气在这 10 年股价都跌了 80% 以上。2010 年之前，光伏产业扩张过快，行业产能过剩。根据 2011 年 6 月欧洲光伏工业协会的一份报告，当时中国全年的产能已经能满足未来 2~3 年全球光伏市场的需求。当时中国光伏产能近 90% 要销往国外，主要是欧洲和美国。然而，2011 年和 2012 年，美国和欧盟相继对中国进口光伏产品发起反倾销调查，给中国的光伏产业造成了致命的打击，行业进入寒冬。很多光伏企业在 2011 年之后业绩下滑非常严重，股价也连续多年调整。

第二，农业股容易出现"雷股"。这是因为农业股有特殊性，它的存货资产难以计量，容易出现"黑天鹅"事件。"獐子岛的扇贝又跑了"，这件事大家一定还印象深刻。早在2014年10月，獐子岛曾公告称因遭遇北黄海异常的冷水团，海底牧场绝收，而2018年初，獐子岛又发公告说分海域的底部虾夷扇贝存货异常，整个2017年亏了7.23亿元，这里面虽然有管理层经营不善的原因，但存货难盘点确实是农业企业的特点。

"雷股"公司层面的特征

说完了行业特征，我们再来看看这些"雷股"在公司层面一般都有哪些特征。经过梳理，我们将"雷股"分成了三类：第一类是财务造假，第二类是财务指标不健康，第三类是公司治理层面出现问题。

财务造假

这些年A股市场里财务造假的一抓一大把。财务造假的方式有很多，简单说有三种：一是无中生有，二是偷梁换柱，三是收入或费用没有按照会计准则确认。我们一个个来说。

无中生有，通过虚构业务来虚增收入。目前处在退市程序中的

*ST 百特（原名雅百特）就是这样一家企业，2015 年借壳上市后，股价一路上升，2017 年 2 月到了接近 24 元的高位。如果你是在这之后入手的，那就亏惨了。2017 年 4 月雅百特被调查，9 月被外交部证实虚构了在巴基斯坦的业务，甚至伪造了巴基斯坦政要的信函。在一系列调查后，股价在最高点之后一年多的时间里跌了 94%，绝对是一颗无法挽回的雷。这类虚构业务的企业还有很多，比如昆明机床是通过签订虚假合同来确认收入，这些虚构的业务却体现到了财务报表中，如果不是被证监会查出来是会误导投资者的。

偷梁换柱，和合作方演戏来造假。这类造假并非无中生有，因为的确是有这样白纸黑字的合同，但有合作方配合演戏。*ST 圣莱达在 2015 年 11 月和华视友邦签订了一份电影版权的转让协议，把华视友邦的一部电影版权作价 3000 万元转让给圣莱达，但还有一个条件是华视友邦需要按时取得电影的公映许可证，否则华视友邦就要多赔付 1000 万元的违约金。随后圣莱达向华视友邦支付了 3000 万元的版权费，华视友邦按时"违约"，圣莱达要求华视友邦返还 3000 万元并赔付 1000 万元的违约金。圣莱达最终收到了这笔 1000 万元的违约金，并确认为 2015 年的营业外收入。这样花式造假的目的是为了避免连续两年亏损被 ST。所以，对于那些出现亏损，但是第二年"奇迹"般扭亏为盈的企业，个体投资者要格外警惕。

收入或费用没有按照会计准则确认，比如提前或者延迟确认收入和费用，都是为了让报表整体更好看。上市八年股价跌了 91% 的

ST锐电（原名华锐风电）就通过提前确认收入，在2011年虚增利润2.7亿元，占当期披露利润总额的37.5%，2015年1月被证监会处罚。

财务指标不健康

从财务指标方面，我们总结了"雷股"的四个特征。

第一是商誉高。商誉就是一个企业在并购时溢价的部分。并购是一把双刃剑，一方面可以使公司最近几个季度的净利润大涨；另一方面如果是溢价很多倍的收购，会产生高商誉，导致很大的风险，巨额的商誉减值可能会导致公司业绩没有前兆地突然变脸。截至2018年第三季度，A股市场中共有2000多家上市企业存在商誉，其中有149家上市企业的商誉在总资产中占比超过30%，21家商誉占比超过50%。2018年业绩预告中，有54家公司预计亏损超过20亿元，其中有34家是因为巨额的商誉减值导致净利润亏损。亏损金额最大的是天神娱乐，它的商誉占总资产的近50%，2018年天神娱乐突然计提商誉减值49亿元。大额计提商誉减值的好处是既然今年的业绩已经不好看了，那就索性把所有的亏损都放进来，扔掉包袱，轻装上阵，还能在股价下跌后回购一定的股份，但是对于普通投资者来说就是巨大的损失。

第二是资产负债率高。高资产负债率使企业对风险的抵御能力下降，一旦资金链出现问题，整个企业就会瘫痪。比如做汽贸的庞大集团，上市10年来平均资产负债率超过80%。2017年，公司实际控制人因公司涉嫌未如实披露权益变动情况等问题被司法机关调查，再加上业绩一直都很差，导致一些投资者和金融机构对公司失去信任，2017年多家银行从庞大集团抽贷共60亿元。资金链断裂导致庞大集团深陷债务危机，公司股价从4元下降到1元，跌幅70%。

第三是应收账款高。应收账款影响企业的资金周转和正常的经营活动，巨额的应收账款代表公司的变现能力低，并没有真正的盈利能力。巨额的应收账款背后往往隐藏着上市公司的"秘密"，通过应收账款财务造假的案例也是层出不穷。比如华映科技。华映科技与实际控制人中华映管股份有限公司之间有31亿元的关联交易，但由于中华映管的债务逾期问题，导致31亿元的应收账款全部无法收回。因为巨额应收账款无法收回，华映科技2018年亏损将近50亿元，在前几年业绩比较平稳的情况下突然爆雷。

第四是三费明显高于同行。三费主要是指公司的销售费用、管理费用和财务费用。过高的费率直接影响上市公司的净利润，也能在一定程度上反映公司的管理存在问题。比如人人乐，刚上市时被人们誉为唯一一家可以和沃尔玛竞争的公司。人人乐的毛利率普遍高于同行其他超市，营业收入也处于其他同行的平均水平，那是什么原因导致人人乐净利润低于同行超市的呢？主要原因是人人乐的运营费率很高，运营费主要包括销售费用和管理费用。一般超市的运营费率基本维持在18%左右，但是人人乐的运营费率达23%，比行业平均高出 5 个点。不要小看这区区 5 个点,对于大型超市来说营业总收入都维持在百亿元左右,运营费率高出同行 5% 就意味着少了 5 亿元的净利润。

公司治理层面出现问题

公司治理层面出现的问题,可以从以下角度分析。

第一是高管侵蚀公司利益。高管是一家企业的领头羊,领头羊把自身利益与公司利益分离开来,可能会通过侵蚀上市公司来满足自身利益,留给投资者一个表面鲜亮的空壳。常见的方式有并购套现、占用公司资金等。比如,金亚科技在 2015 年以近 20 倍的溢价收购一家刚成立一年的公司——天象互动,而天象互动的股东之一正是金亚科技的实际控制人、董事长周旭辉,这是典型的"左手倒右手"、利用收购输送利益的行为。

第二是大股东减持。上市公司的大股东往往是公司高管,身处高管层理应最清楚和了解公司发展的现状和未来的预期。一个公司的高管在疯狂套现,会给投资者一个利空的暗示,导致股价下跌。比如向日葵的实际控制人吴建龙,被称为"创业板套现第一人",曾在三年间通过 16 笔交易疯狂套现 25 亿元,是向日葵股价下跌的催化剂。

第三是公司"炒概念"。近些年随着互联网和金融行业的发展,不少企业给自己贴上了"互联网+""金融+"的标签。比如 2014 年,奥马电器通过收购中融金，发展 P2P 互联网金融业务。虽然站在风口猪都能飞起来，但飞得越高摔得越惨。2018 年，奥马电器因旗下 P2P 爆雷，导致自身陷入债务危机。

第四是公司有违法行为。上市公司的信誉和形象是公司的核心，发生重大违法行为会对公司产生毁灭性的打击。2018 年长生生物因疫苗安全问题被舆论推到风口浪尖，公司因违规生产狂犬病疫苗被药监局罚款 91 亿元，股票也因重大违法被深交所强制退市。

第五是公司"不务正业"。2018 年不少上市公司因为炒股亏了很多钱，比如上海莱士。它的主营业务是血液制品，主营业务业绩一直有着不错的表现，2018 年前三季度公司扣非净利润 4 亿元，但 2018 年亏损超 15 亿元。在主营业务表现不错的情况下为什么 2018 年会出现大额亏损呢？主要是因为上海莱士将主要资金拿去二级市场炒股，导致了 13 亿元的亏损。上海莱士在 2015 年的牛市通过二级市场投资赚得盆满钵满，之后每年都拿出大量资金投入二级市场，这是公司不务正业的典型表现。

总结一下。"雷股"是各有各的奇葩之处，我们把它们的暴跌总结成行业和公司两方面的原因。行业层面，景气度下行的行业和农业股比较容易出现"雷股"；公司层面，主要包括财务造假、财务指标不健康、公司治理层面三个问题。财务指标中要警惕高商誉、高资产负债率、高营收账款和高费率的公司；公司治理层面要关注公司、高管和大股东的行为。

中国式爆仓风险：董事长跑路的幕后推手

2018 年，中国 A 股股市跌了近 1/3，是公认的资本寒冬之年。随着 A 股市场下跌，市场上也跟着出现了些"奇葩事儿"，比如 400 多位董事长跑路并玩起了"失联"，80 多家上市公司控制权变更。而国资频繁接盘民企控制权还进一步引发了国进民退的争议。这些热点新闻的背后都指向一个共同的幕后推手，那就是股权质押。

什么是股权质押

股权质押本质上是一种"质押式债务融资"，质权人向股东借出资金，条件是股东以股权作为质押担保，并支付利息费用。根据质权人的不同，质押可以分为两类，分别是场内质押和场外质押。质权人是券商的，需要通过交易所这个中介环节，所以叫场内质押；而质权人是银行、信托的，直接在中国证券登记结算有限公司登记就可以，我们就叫它场外质押。

既然"交易"涉及双方，那么必然存在契约，这个契约就是质押协议。质押协议主要包括三个关键的要素：质押率、融资成本和期限。质押率就是你拿抵押物去抵押融资，人家给你打的折扣，一般是 40%；融资成本就是你用抵押物作为担保，借钱要给的利息，一般是 7%~8%；期限则随双方协商而定，但场内质押一般最多三年。

A 股市场股权质押的情况

从规模来说，A 股几乎无股不押，截至 2018 年 10 月质押市值达到了 4.9 万亿元，占 A 股总市值近 10%。

从质押比例，也就是上市公司质押股票数占公司总股本的比重来看，总体在 22% 左右，有 74% 的股票低于 30%，5% 的股票达到 50% 以上。

从解押情况来看，2018 年质押到期规模已经上升到 2.6 万亿元，但是实际解押只有 1.6 万亿元。同时，"借新还旧"已经行不通了，质押融资额已经低于到期的需解押规模了。所以对企业来讲解押的压力也到了高峰。

质押股爆仓的机制及后果

股东还款是正常的解押路径，但应当注意，股权质押的抵押物是股票，它的价格波动性是非常大的，一旦股价不如人意，抵押物的价值大幅下跌，质权人就有无法正常收回资金的风险。为了确保正常收回资金，质权人会对股价逐日盯市，并划定股价警戒线和平仓线，来度量质押的风险。

我们举个例子来说明这两条线：100元的股票，拿去质押融资，如果质押率为40%，可拿到40元，这时警戒线就是40元×[1+融资成本（比如10%）]×警戒比例160%，结果是70元左右；平仓线是把警戒比例160%改成140%，结果是62元左右。当股票价格不断下跌时，跌到警戒线70元时，就会要求股东补仓了，如果跌到平仓线62元以下时还没有补仓，质权人就有权强行平仓，也就是大家听过的质押股爆仓了。

也就是说，当股价下跌到危机线，大股东不愿意或者没能力补时，就会迎来爆仓。爆仓主要会带来两个风险：一是冲击股价；二是如果控股股东质押比例过高，可能会丧失控股权。2016年，同洲电子成为第一家因大股东股权质押达到平仓线而转让控股权的公司。当时的实际控制人袁明质押给国元证券1.22亿股，占持有比例的96.53%，后来因为经受不住平仓压力，与小牛资本达成意向转让控股权，才得以解押。所以，如果股价不断下跌，对质押股东而言，压力是非常大的。

2018年股市低迷，质押爆仓风险集中暴露。比如7月13日，凯瑞德公告称，因近日公司股价下跌，股东任飞、王腾通过山西证券融资融券账户持有的部分公司股票被强制平仓，平仓数量合计

547万股，占上市公司总股本的3.12%。7月17日，迪维迅也发布公告称，公司控股股东北京安策质押给德邦证券和第一创业证券的部分股票出现平仓被动减持的情况，累计减持股票占公司总股本的0.66%。大面积的质押股爆仓，使质押股东们苦不堪言。

但正如一枚硬币有正反面一样，当上市公司大股东被股权质押爆仓危机压垮时，也为外部人提供了低价接盘其股权甚至控股权的绝佳机会。2018年年初至10月，发生实际控股人变更的公司就有76家。

当时接盘的外部投资者大致有三类：国资国企、金融资本和互联网独角兽。三类投资者中，最引人注目的就是国资接盘。76家变更控制人的公司中，有近22家的接盘方是国资。国资接盘的益处主要体现在两个方面：首先，对于面临资金断裂的公司和股东来说，引入国资不仅可以缓解流动性，而且有了国企背景，公司从银行获得授信将更为便利；其次，对于国资来说，不仅可以取得控股权帮助上市公司起死回生，而且还能因此为地方的纳税提供支撑保障。

爆仓危机下的收购最大的特点就在于转让价格极其便宜，当时甚至出现了1元购、0元购这种不可思议的案例。例如上市公司金一文化的原实际控制人将控制权转让给海淀国资委，代价只是象征性出资1元，而交易标的是1.49亿股股份，对应市值近12亿元。这还不是最便宜的，2018年5月，"*ST天业"以0元的价格将10.2%的股权转让给高新城建，而接收方背后实际是济南高新区国资委。

这波股权质押风愈演愈烈，最终引起了监管层的介入。监管层不断发布利好政策，鼓励国资、券商、险资、私募基金等各级主体帮助纾困，尤其是民企股权质押风险。2018 年 10 月 23 日，深圳市政府安排数百亿元资金，帮助当地上市公司缓解短期流动性难题，打响了股权质押纾困的第一枪。在这之后，央行、银保监会、证监会、各地方政府以及沪深交易所纷纷助力股权质押纾困基金。2019 年 4 月各地政府纾困专项基金规模已超 3500 亿，券商、基金、保险相关产品规模分别达 2000 亿元、725 亿元、1060 亿元，另外已有超 93 亿元的纾困专项债已完成发行。按此计算，目前纾困资金总规模已超 7000 亿元，已有至少 74 家 A 股公司宣布获纾困基金支持或正在开展合作。在各方支援下，上市公司股权质押风险逐步降低。并且，目前股市已经处于估值底部，股价下跌的空间也较小，股权质押的风险得以缓解。

总结一下。我们介绍了什么是股权质押，A 股在 2018 年股价不断下跌时，股权质押的情况、质押股爆仓产生的机制及后果，然后也介绍了当时质押危机背景下给外部人的潜在投资机会。2018 年是股权质押风险集中爆发的典型年，不过后来在多方主体的努力下，在各种纾困基金的帮助下，这个 A 股的系统性危机已经基本得以缓解。

中国式减持：大股东减持背后的套路

2005 年 6 月，建设银行引入美国银行作为其战略投资者，所持股票禁售期为三年，双方在个人银行业务、公司治理、风险管理等方面进行了深入的合作。三年后，也就是 2008 年，解禁期到来，恰逢次贷危机爆发，美国银行在并购美林后存在严重的资本不足。为了满足资本充足率要求，美国银行两年内连续四次减持建行 H 股来补充资本金，累计套现约 194 亿美元，这就是大股东减持背后的变现逻辑。同样，大股东减持一直围绕着 A 股市场。2019 年 1 月份共有 272 只个股迎来解禁，以最新收盘价计算，合计解禁市值超 2700 亿元。定增限售股或首发限售股在解禁后会对市场形成减持压力，基于这种预期，市场会提前做出反应。但为了实现高位变现，大股东往往倾向于做高股价来获益。这节我们就来探讨这些大股东减持背后的套路有哪些。

大股东减持原因

一般来说，大股东减持出于五大动因：第一是通过减持套现。这往往发生在拥有内部信息的大股东认为公司估值过高、业绩会下滑的时候。第二是为了规避风险。当公司负债率过高、股票价格波动过大时，风险厌恶型大股东会通过减持来规避市场风险。第三是为了降低掏空成本。由于公司治理不健全，很多大股东尤其控股股东会想尽办法进行关联交易，转移公司优质资产，而置换入相对劣势的资产，从而实现掏空的行为。为了降低掏空成本，大股东在掏空部分后进行减持，从而可将持有掏空企业的成本摊薄。第四是为了优化股权结构。大股东尤其控股股东为了引入战略投资者或者实施股权激励计划，会主动释放减持部分自有股权，以优化公司股权结构。第五是为了流动性需求。公司缺乏流动性资金，大股东为了支持企业的发展而减持。

在上述五个原因中，为了获利而减持是大股东减持的最主要动因。查询上市公司大股东减持公告，我们会发现有很多令人啼笑皆非的减持理由，它们都是为了包装真实的减持动机。比如，2016年1月18日，中文在线公告称股东王秋虎因需改善个人生活，拟减持不超过201.27万股。按当时的收盘价计算，这201.27万股能套现2.59亿元。除了改善个人生活，还有还房贷、做慈善、给孩子交学费等奇葩理由。

大股东推高股价六大套路

第一，操控上市公司的重大信息披露。大股东在减持前通过披露重大信息，如业绩预增公告、战略合作、合同中标等来吸引投资者进入，抬升股价，从而实现高位减持。目前已退市的公司"湘火炬"从1998年开始，两年内频繁公告了11个项目投资，使股价区间涨幅超过900%。

第二，通过盈余管理实现精准减持。盈余管理指企业管理层为了获取私人利益，利用信息不对称，有意识地改变会计中盈利信息的行为。大股东通过盈余管理，操纵利润来抬升股价。盈余管理配合减持使大股东攫取了巨额利益，严重侵害了中小投资者的利益。2008年2月，冠福家用，也就是现在的ST冠福，在公布的2007年的业绩快报中改变了销售收入的确认办法，将以前的"委托代销"改为"一般销售"，即在分销商收到商品后就直接确认收入，而不是根据分销商实际售出的商品来核算。会计方法的变更使公司业绩同期大幅增长。2018年1月，约2000万非流通股解禁上市，在实施正向盈余管理后，大股东实现了高位减持。随后公司发布业绩修正公告，宣布变更回"委托代销"的核算方法，前后业绩大幅变脸。

第三，实行高送转。"高"指比例高，"送"指拿未分配利润送红股，"转"指资本公积转股本，高送转即是说送红股或者转增股票的比例大，比如每10股送5股或转5股以上的股票。高送转原本是上市公司回报股东的方式，但若没有基本面支撑，高送转配合减持行为则成为大股东获利的手段。以永大集团为例，2011年10月公司在深交所上市后营收、净利润都在下滑，一直以来公司股价都表现平庸。三年禁售期一到，大股东纷纷准备减持。为了推高股价，2014年12月永大集团在公告当年利润分配预案时宣布实行高送转，甚至在2015年3月宣布了更激进的10转18派9元的高送转方案，股票8天内出现7个涨停，从预案公布前的23元飙升至102元。大股东吕永祥及其家人从2015年4月开始，一年之内四次减持，套现近70亿元。

第四，与分析师合谋，邀请分析师发出对公司的乐观评级来诱导投资者接盘。以万邦达为例，在2015年3月控股股东公布清仓式减持计划并且股价上涨到历史高点后，多家券商还频频发布"买入""增持""强烈推荐"等评级的研报。

第五，定向增发搭配减持来套利。定向增发是采用非公开发行的方式向特定投资者发行新股。首先，定增时往往折价发行，价格远低于二级市场，投资者持股成本低。其次，定增股份的锁定期较短。基于以上两个原因，大股东通过定向增发低价持股，当定增后的良好市场预期拉高股价时再进行减持。

第六，通过并购来推高股价。当上市公司所处行业不景气，业绩大幅下滑时，可通过并购来收购优质资产，提升业绩或者实现业务转型，重大资产重组公告发布后会激发股价上升，此时就是大股东减持套现的最佳时机。中电电机大股东在2018年3月减持解禁股前，公司曾发布并购公告进行重大资产重组，虽然之后以标的资产估值难以达成一致为由终止了并购，但复牌后公司股价仍经历了一段时间的上涨。

总结一下。我们认为限售股解禁后会形成减持压力,大股东减持出于五大动因,分别是套现获利、规避风险、降低掏空成本、优化股权结构和满足流动性需要,其中套现获利是最主要的动因。而大股东为了实现高位减持套现,通常会运用一些手段来推高股价,常见的套路有操纵重大信息披露、盈余管理、实行高送转、与分析师合谋、定向增发和并购六种。希望投资者在上市公司公布以上信息时能把大股东的减持计划综合起来对比分析,摸清上市公司的真实意图。

杠杆配资:股灾的罪魁祸首还能信任吗?

2019年元旦后A股市场开始上涨,两个多月的时间内上证综指就涨了20%。随着股市的回暖,一些场外配资公司开始蠢蠢欲动,可能大家在朋友圈也经常看到配资广告或者接到一些配资公司的宣传电话。据一些配资公司网站显示,目前最大的杠杆可以达到10倍。从数据看场内融资,2019年2月1日融资买入额只有970亿元,占A股成交额的7%。而一个多月后,3月8日,融资买入额已经高达 5600 亿元了，金额翻了 5 倍多，融资买入占比也升到了 10.36%。而场外配资的情况只会更严重。也因此，证监会在 2 月 25 日直接发布公告称，已注意到近期场外配资增多，将密切关注，并加强交易全过程监管。

为什么杠杆配资刚有抬头之势，就引起证监会如此关注？原因是四年前的股灾很大程度上就是它背后助推的。杠杆配资本身只是一种工具，但在放大收益的同时也放大了风险。而现在昔日的股灾罪魁祸首卷土重来，我们还能信任它吗？我就以 2015 年股灾为背景，给大家讲一下杠杆配资。

什么是杠杆配资？

举例来说，我们现在有 100 万闲置资金准备投入股市，在行情大概率看涨的情况下想获取更多的收益，这时我就会考虑进行杠杆化投资交易。以 100 万作为保证金，按照 1∶3 的杠杆配资后，就可撬动 400 万的资金，起到以小博大的作用。和我们在前两节讲过的股权质押爆仓风险一样，杠杆配资也会设置预警线和平仓线，当投资者无法及时追加保证金时，就会被强制平仓。

A 股市场上的杠杆配资分为两种，一种是场内配资，一种是场外配资。场内配资指投资者向具有融资融券业务资格的证券公司提供担保物来进行融资或融券交易的行为。融资交易指借入资金、做多买入证券,而融券交易指借入证券、做空卖出。场外配资即指场内融资融券业务以外、未纳入监管的民间资本市场配资杠杆化行为,是配资公司在投资者原有资金的基础上按照一定比例提供资金供投资者使用的业务,简单来说就是向配资公司借钱炒股,目前主要通过结构化信托产品和互联网金融平台进行。

两者有什么区别呢?首先,受监管程度不同。场内配资会受到监管层的严格监管和风控约束,而场外配资难以被规范和统计监测。其次,融资融券业务对投资者门槛和杠杆比例都有要求,证券公司只能为开户满 6 个月、最近 20 个交易日的日均证券类资产不低于 50 万元的客户提供融资融券业务,杠杆比例一般为 1。而场外配资投资者门槛较低,由于处于灰色地带,杠杆较高,风险较大。

杠杆配资为什么是 2015 年股灾的罪魁祸首?

2014 年 6 月,上证综指只有 1700 多点,短短一年时间内,上证综指就突破 4000 点。在 2014 年 A 股市场开始上涨后,融资公司就闻风而动,携手证券公司、电子软件公司开通配资平仓信息系统发展场外配资。在宏观经济不景气及融资融券门槛高的情况下,大量没有风险抵御能力的散户通过场外配资放大了可操作资金,进入股票市场。2015 年 1 月 5 日两融余额为 1 万亿元,而到了 5 月 20 日就突破了 2 万亿元。此外,2015 年 6 月多家券商估计当时场外配资市场规模约 2 万亿元。大规模的高杠杆资金入市推动了 2015 年的牛市。

2015 年 1 月证监会开始规范两融业务，当时市场过度担忧股市下跌，证监会连续两次紧急澄清，缓解了市场恐慌情绪。再加上当时整体处于政策牛市，甚至有重要媒体发文称 4000 点才是 A 股牛市的开端。整个市场都沉浸在乐观的氛围中而忽略了很多隐藏的风险，也忽略了一些要去杠杆的信号。6 月 13 日，证监会发布消息称，"禁止证券公司为场外配资活动提供便利"，市场开始进一步去杠杆，严查场外配资，两融也持续收紧，股市不断下跌。又由于很多炒股的资金都是杠杆资金，损失被成倍放大，抗风险能力低的散户没有能力补仓，很多都被强行平仓了。配资买的股票被强平后，股票卖出数量变多，股价进一步下跌，使更多的配资股被强平。这种负反馈使股市连环暴跌，股市进入股灾模式。所以市场普遍认为，大量违规资金以场外配资的进入导致了 2015 年 A 股市场的暴涨和急跌。

如何看待杠杆配资

任何事物都有两面性，杠杆配资也是如此。规范的融资融券业务是成熟资本市场的特征之一。我国从 2010 年 3 月开始实施融资融券制度，从境外发达国家的经验来看，融资融券交易可以将更多的信息融入证券价格,为市场提供双向的交易机制,提高了证券价格发现的效率,并且在拓宽证券公司业务范围的同时也增强了证券市场的流动性,但对于场外配资,我们应持更加理性的态度。从2015年的经验来看,投资者的散户化和羊群效应在场外配资市场得到充分体现。我们应更加关注场外融资的风险性。首先,场外配资的低门槛、高杠杆极易与投资者风险承受能力形成错配。当股市下跌时投资者没有能力及时补仓,配资股连环引爆对市场将造成极大威胁。其次,一些互联网场外配资平台由于不需要在券商处开立个人证券账户,极易隐藏违规交易。并且证券账户由配资公司和投资者共同掌握,安全性不高。

总结一下。我们主要以2015年的股灾为背景讲了杠杆配资。首先,杠杆配资分为场内配资和场外配资两类,两者在受监管程度、合格投资者管理、杠杆比例设置方面有所差别。其次,我们认为杠杆配资尤其是场外配资是造成2015年股灾的最重要原因。最后,我们阐述了场外配资的风险,认为对杠杆配资应持理性态度。

中国式虚假概念股:哪些风口炒不得?

A股市场有一大"中国特色",就是喜欢炒概念,有些概念还蛮有意思，比如喜欢炒地图的，有"北雄安，南海南"这一说法；还有喜欢炒科技的，虚拟现实、无人驾驶，新鲜概念层出不穷；前段时间 Wind 还出了个业绩爆雷指数，居然表现还不错。但实际上，很多概念一般持续时间不长，炒作痕迹严重，不少散户想在其中捞一笔，却最终成了被割的韭菜。我们就给大家梳理三类 A 股市场中炒不得的概念股：一是概念自身有问题的；二是概念自身没什么问题，但却是蹭热点的，公司并没有这项业务；三是概念自身没问题，也老老实实在做，但是距离实现还很远的。我们先来了解一下这三类概念。

第一类：概念自身有问题的

P2P 就是属于这类概念，这种网贷方式并不是非常靠谱，我们很难知道平台另一端拿了钱去做什么，很容易卷款跑路。而且这里面的监管也不完善，2018 年 7—8 月，很多 P2P 平台爆雷，波及一些 P2P 概念股。A 股市场中过去也有许多 P2P 概念股，如奥马电器、深南股份、熊猫金控等等，这些股票在 2018 年第三季度时都经历了 20%~30% 的跌幅。在 P2P 风险暴露之后，很多公司忙着跟 P2P 撇清关系，比如熊猫金控在 2019 年 2 月就剥离了银湖网这一 P2P 业务，把互联网金融业务全部出售了。

共享经济概念也是一样的问题。就拿共享单车来说，前几年炒得风生水起，当时有很多种共享单车，但是现在大部分都倒闭了，最早的 ofo 小黄车也曝出了挤兑押金的新闻。所以共享单车这种商业模式的底层逻辑是值得商榷的，这是一个门槛不高，拿钱烧就能烧出来的行业，没有了资金的支撑，单就每次 1 元钱的费用很难实现盈利。回过头看当时的概念股，有做共享单车的上海凤凰，也有做共享汽车的力帆股份，股价在最近一年的表现都很差。上海凤凰的股价在 2016 年年底到达了历史最高点 46 元，但是目前只有 10 元左右了。

还有像乐视这样的"互联网+"概念，"互联网+"其实是一个很新颖的商业模式，但是乐视吹得太过了。2015 年的乐视看起来无所不能，做手机，做电视，还做体育，在体育这个细项里还有足球、篮球、网球、高尔夫等等，这么大一个生态圈怎么可能做得下来呢？所以当这些新兴概念吹得满天飞时，我们要有足够理性的认识。

第二类：蹭热点的概念股

这类公司的特点是把各种热点都往自己身上贴，以求股价上涨。近些年，抖音火遍全球，在 A 股市场中也出现了"抖音概念股"。2018 年 5 月 10 日，引力传媒回复投资者提问，说目前已经和抖音等热门短视频达成了重点合作，结果第二天就被打脸，抖音官方回应"近期并没有与这家公司达成'深度合作'"。虽然被打脸，但是股价还是噌噌往上涨，四天里三个涨停板。股价上涨后，公司就发布了高管减持计划，随后股价一路往下跌。这是引力传媒有争议的一个地方。

除了蹭抖音，还有蹭区块链的，比如易见股份。在2016年年报中，易见股份提到了在探索区块链技术的应用；在2017年半年报中，易见股份明确提出"成为国内首家在供应链领域落地区块链技术的企业"。单从这些公告来看，易见股份似乎是一家在应用区块链技术的企业，股价伴随着区块链行情在2018年1月连拉5个涨停板。不过在上交所的严格督查下，易见股份终于承认：并未从事市场所认为的区块链业务。随后股价开始下跌，这一区块链概念龙头股落马。

抖音和区块链概念都不能算作虚假的概念，还是有其内在合理性的，但是这些公司蹭热点，往自己脸上贴金，就有点儿过分了。对于这些公司，我们可以细查一下它们过往的年报、季报，看看到底具不具备这方面的实力，以免被这些公告误导。

第三类：概念很美好但是落地很远的一些概念股

工业富联这家公司的全称是"富士康工业互联网股份有限公司"，从名字就可看得出来，工业富联打的是工业互联网这个概念。这个概念自身没什么问题，工业互联网是国家战略方向，而且工业富联也是实实在在的制造业，不是蹭热点。但如果我们查看工业富联 2018 年给出的招股说明书，就会发现它近三年来的代工收入占总营收的比重都在 90% 以上，代工业务毛利率非常低，而自己研发的工业机器人和精密工具占比仅 3%。这就是说目前的工业富联依然是一家代工为主的企业，距离真正成为一家工业互联网企业还有很长的路要走。

同样还有很长的路要走的还有 VR 概念，这个概念始于 2015 年，当年 Wind 的虚拟现实指数上涨了 165%，有很多公司进入了这个行业。这里面有实实在在做虚拟现实的，像川大智胜，通过图形图像技术获收 4000 万元；也有在这里面蹭热点打酱油的，像当时的岭南园林在 2015 年就开始宣传要建立虚拟现实乐园，可是到目前也没有给出具体建设的情况，2018 年全年相关的搜索结果寥寥无几。虚拟现实技术在这几年里进展其实并没有达到预期。早在 2016 年很多人就预测虚拟现实技术会在未来 3~5 年内普及，然而现在到了 2020 年，貌似离普及还差得很远。2016 年所面临的一些问题，如用户安全、内容管理、隐私管理等问题，现在依然存在，所以说 VR 虽然前景广阔，但是距离落地和盈利还有很长的距离。

总结一下。我们说了很多概念，这些概念要么虚，要么假。像 VR、工业互联网目前还比较虚，我们知道它们未来前景不错，但是目前还难以看到具体的成果。而 P2P 和共享单车这样的概念，现在看来是被市场否决了的。对于这些概念和概念股，我们要有足够理性的判断：一是借助公司往年年报判断是不是有这个实力，二是判断这个概念前景究竟如何，是短期资本炒作起来的，还是有长期配置价值的。只有拥有冷静的判别能力，我们才能做出正确的投资选择。

如何识别上市公司的造假套路？

近些年来 A 股上市公司财务造假的新闻层出不穷，2013—2017 年就有 59 家上市公司因财务造假问题被证监会处罚，给投资者造成了巨大损失。财务造假的套路有很多，我们这节给大家讲一讲常用的八种造假套路以及识别套路的方法。

第一种：直接虚构主营业务收入

虚构收入就是无中生有，是这八种财务造假套路中最恶劣、最过分的。金亚科技在上市之前通过虚构客户、虚构业务、伪造合同来虚增利润，以达到发行条件。上市之后又故技重施，董事长亲自指挥公司财务人员，进行"全面"的财务造假。据说每个季末财务人员会将真实利润数据和目标利润数据报告给董事长，最后由董事长来确定当季度对外披露的利润数据。虚构主营业务收入的还有雅百特，雅百特直接虚构了在巴基斯坦的海外工程，伪造了全部单据，直至巴基斯坦方面回应称没有合作项目，才将这个弥天大谎揭穿，雅百特因此被称为 A 股的造假大王。所以，对于业绩一直不好的企业，业绩突然有了质的飞跃，投资者要格外警惕和注意。

第二种：提前或推后确认收入

权责发生制要求企业只有在履行完合约义务时才能确认收入，提前确认或者推后确认都是违反会计准则的。恒顺众昇（现在改名叫"青岛中程"）为了避免亏损，在合同未完工的情况下提前确认了 2.92 亿元的收入，使 2014 年的财务指标转亏为盈，董事长被罚 10 年市场禁入。这个例子提醒投资者，对收入波动比较大的公司，需要对合同的履行情况做重点分析，尤其是有完成度情况的建造工程。

第三种：转移或少计费用

有的上市公司为了虚增利润，有些费用根本就不入账，或由母公司承担。比如 *ST 昆机，2013—2015 年公司实际内退了 657 人，但在财务记录中内退 374 人，通过少计内退人数减少管理费用 2000 多万元；其间高管的薪酬也全部没有计提，少计管理费用共 312 万元。要识别这类造假，应该观察企业业绩与费用是否匹配，如果费用下降很快，就要着重观察企业是否有少计费用的行为。

第四种：提前或推迟确认费用

同收入一样，权责发生制要求只有在实际发生费用时才确认费用。比如大智慧公司曾把年终奖推后发放，本应该在 2013 年确认的 3000 多万元年终奖，推迟到 2014 年 1 月发放和记账，这使大智慧 2013 年净利润增加了 2500 万元。对于这类造假，也应该重点分析费用的异常变化。

第五种：多提或少提资产减值准备

资产减值准备有八种，如存货跌价准备、坏账准备、固定资产减值准备等等。计提的原因很直接，应收账款变成坏账了当然要计提损失，扣掉利润，这里面有很多操纵利润的空间。光伏企业向日葵在 2012 年亏损 3.5 亿元，其中有 1.72 亿元的资产减值损失。第二年，向日葵通过存货跌价准备转回 0.53 亿元，于是 2013 年扭亏为盈。这一来一回就有点操作利润的意思。为什么这样说？因为如果照常经营，公司在 2012 年和 2013 年都会亏损，所以向日葵就把所有的亏损都放到了 2012 年，而在 2013 年通过逆向操作扭亏为盈，这就是常说的"业绩洗澡"。如果一家公司在净利润 0 线附近反复波动，那就需要仔细看看它是不是在通过资产减值准备这个科目操纵利润。

第六种：非经常性损益突然增加

非经常性损益指的是与企业经营没有直接关系的收入或支出，像政府补贴、自然灾害造成的亏损等都属于非经常性损益，这些收入和支出对最终利润有一定影响。比如我们在前面提到的圣莱达，它是一家做水加热生活电器核心零部件的公司，2015 年 12 月预计全年净利润亏损，就动起了用非经常性损益填补亏损的歪脑筋。当时圣莱达和一家影视公司签订合同，规定一个月内如果影视公司没有拿到一部电影的版权，就要赔偿圣莱达 1000 万元，果然，一个月后圣莱达就把这 1000 万元收进腰包，计入营业外收入，最终避免了全年的亏损，实际上是两家公司一起演了一出戏。要识别这类造假，可以看报表中收入结构这一栏的异常变动，如果前三季度主营业务亏损，第四季度突然通过非经常性损益使得全年总利润转负为正，就得警惕这个非经常性损益的来源。

第七种：虚增资产和漏列负债

虚报一些资产和隐瞒一些负债都可以让财务报表更好看。比如，龙力生物在 2017 年年报中隐藏了 16.8 亿元的借款，隐藏的目的有两个：一是减少借款产生的财务费用，提升业绩；二是隐藏旧借款去贷新款。如果不是因为债务违约被证监会调查，龙力生物可能还会一直"借新补旧"。对普通投资者来说，我们很难去识别此类财务造假，但也不是没有办法，比如一家公司账上有充裕的货币资金还大幅举债，就说明这些货币资金可能存在一定的问题。

第八种：重组造假

这里说的造假并不是对自己公司造假，而是对要重组的非上市公司造假。步森股份是一家服装出口的上市公司，2014 年的时候总市值已经很低了，基本上成了一个空壳。它想通过重组康华农业进入农业行业。初衷和想法都是不错的，但问题就在于康华农业的数据严重注水。2011—2014 年，康华农业每年虚增了 40% 的收入。其实早在重组公告发布后，就有人撰文质疑重组了，这类文章如果有理有据，是值得投资者看一看的。

总结一下。八大类造假套路有直接虚构主营业务收入、提前或推后确认收入、转移或少计费用、提前或推迟确认费用、多提或少提资产减值准备、非经常性损益突然增加、虚增资产和漏列负债、重组造假。要识别这些套路需要投资者对财报中的异常变动保持警惕，除此以外，我们还可以关注网络上的质疑文章，如果言之有理，都是值得参考的。

政策风险

IPO 与注册制：打新股还靠谱吗？

有的人说，中国股市就是"韭菜收割机"，90% 的普通股民在市场里都赚不到钱。2015 年股灾时，中国著名军事专家张召忠将军就在节目里吐槽过股市，说自己写书赚的钱都交给了老伴儿，老伴儿拿去炒股，结果都没了。但在 IPO 核准制的背景下，即便是普通散户难赚钱的 A 股，也有一个几乎肯定能赚钱的方法：那就是打新股。即使什么都不懂的股民，只要打新股中签了，就能"闭着眼睛赚钱"。

但是最近有一个很明显的迹象，就是我国不断积极推进 A 股的注册制改革，科创板正式推出并试点注册制。那么，在注册制的大趋势下，未来打新股还会靠谱吗？

什么叫打新股

所谓打新股，是指用资金参与新股的申购，一旦中签，就买到了即将上市的股票。打新股有诸多门槛，首先，申购新股是按市值配售的，在新股申购两天前的20个交易日里，你的账户平均每天要持有市值一万元以上的股票；其次，每个人可以打的数量也有限制，沪市市值每一万元可以申购1000股，深市市值每5000元可以申购500股。沪深两市分别每1000股、500股配一个申购号；最后，对资金实力也有要求，一旦中签，在结果公布当天24点之前，资金账户中要有足够支付新股申购的资金，否则，不足的部分视为放弃认购。

为什么打新股能赚到钱

这主要源于我国的股票发行机制。2001年以来，我国实行股票发行核准制，核准制带有行政参与色彩，为打新赚钱创造了客观的市场环境。在我国核准制的背景下，证监会制定了新股发行价格不得高于行业平均市盈率等一系列规则，这就把市场竞价变成了政府定价。于是，本来市场估价市盈率该有几十倍的新股在发行时很可能以十几倍市盈率就卖出去了，这就把股民们高兴坏了，这么便宜当然得买，于是蜂拥而上，一旦打中，就可能赢得许多倍的市值，有人形象地称其为彩票中奖，打是撞运气，打中几乎必赚。比如

2018年11月上市的中贝通信，发行价为9.42元人民币，到2019年3月2日就涨到了每股35.5元，最高达到了每股42.5元，差不多是发行价的4.5倍。

注册制下的股市

但值得注意的是，核准制下几乎必赚的打新股，在注册制下可就不见得这么好运了。我们来看看注册制和我国现行的核准制的主要区别。核准制遵循实质管理原则，证券监管部门需要对公司是否符合法定条件、是否具备投资价值以及是否具有良好的发展前景进行实质性判断。而注册制遵循公开原则，监管部门的关注点在于对企业进行合规性审查而不在于判断其盈利能力和投资价值。也就是说，注册制下，审核机关只需确定发行人提供的材料完全真实合规，做到充分的信息披露即可。

相对于核准制来说，注册制下的股市会呈现三个特点。

第一，"壳价值"将越来越低。这是因为核准制下IPO周期长、成本高，急于上市融资的企业有时会借壳上市，而业绩不佳的上市公司就能成为稀缺的"壳资源"。如360借壳江南嘉捷、贝瑞和康借壳*ST天仪等。第二，IPO将更加高效。在内地，由于审核流程多，IPO上市需要的时间相对较长。如药明康德在港交所从申报到上市仅用了一周，但在A股市场用了半年多的时间。第三，新股上市多，中签率高，破发多。香港采用注册制，2018年共有208家企业在香港上市，其中有99家是内地企业，而在A股上市的企业只有108家。上市表现来看，在港股208家上市公司中，上市首日出现破发的个股达66只，占比32%，到年底共有150家公司破发，破发比例高达72%，而2018年A股新股破发率只有9.8%。

注册制对打新股的三点影响

第一，上市公司良莠不齐，"打"到的新股质量难以保障。由于注册制下，上市门槛放宽，取得上市资格已经不再是优质企业的信号。在这种情况下，如果我们没有一双"慧眼"来识别优质公司，那么就算中签，"签"的好坏也得不到保障。如港股亚历氏电讯公司（ATLINKS），是世界知名的电话机制造公司，虽然经历了首日挂牌的暴涨，但由于公司后期业绩不佳、毛利减少，短暂的辉煌后就一直处于下跌状态。截至2018年年底，跌幅比例高达82%。

第二，就算打到的是优质股，也可能被市场看衰。如2018年5月，顶着"独角兽第一股"光环的药明康德在A股上市后取得了16个连续涨停，在港股却并不被看好。12月13日，药明康德首日在香港上市就出现了盘中破发的情况。除了独角兽概念股一地鸡毛，生物科技类的新股也难以幸免，比如年内首发价最高的百济神州–B首日收盘就低于发行价108港元每股，歌礼制药–B上市后股价即遭"腰斩"。小米 2018 年年初曝出上市行动时的估值是 1000 亿美元，到 7 月 9 日股票发行时估值只有 543 亿美元。然而，就算以询价下限进行定价，小米首日开盘后也没有逃过跌破 17 港元的发行价的命运。

第三，定价机制更趋"市场化"，一、二级市场之间的溢价水平降低。在注册制下，公司价值不再由监管机构确定，而是在充分披露信息后由市场决定。这样一来，新股的溢价空间也不如原来那么高了，甚至还有可能出现负溢价的情况。如港股 2017 年年末上市的隆基转债，其转股溢价率就达到了 –30%。因此打新也不能保证赚取高溢价收益了。

总结一下。我们介绍了打新股的概念，打新股能赚到钱与我国新股发行制度是核准制密切相关。而未来我国股市会逐渐走向注册制，注册制与核准制最主要的区别是不会对盈利能力和公司价值进行审核判断。注册制下，股市"壳价值"越来越低；IPO 会更加高效；新股上市多，中签率高，但破发多。这样，打新股就会受到三点影响：一是上市公司良莠不齐，"打"到的新股质量难以保障；二是就算打到的是优质股，也可能被市场看衰；三是定价机制更趋"市场化"，一、二级市场的溢价水平降低。目前，我国股市注册制时代仍未到来，只是科创板的试点初现微光，但注册制俨然已经成为未来股市发展的方向，A 股在这个探索过程中也会越来越健康。

处罚：A股市场不能碰的5条红线

随着资本市场监管力度的不断加强，越来越多的上市公司和投资者因违法违规行为被证监会行政处罚。2018年全年证监会共做出行政处罚决定310件，比2017年多86件，没收罚款金额106亿元，市场禁入50人，处罚力度有一定程度的加强。据证监会的行政处罚情况，我们总结了5条A股市场不能触碰的红线。

第一条：上市公司信息披露违法违规

2018年，信息披露违法类案件处罚56起。根据《证券法》和《公司法》的要求，上市公司应当按时、准确地披露公司报表和有可能对公司股价造成较大影响的事件。如果上市公司披露的信息有诱导和欺骗投资者的目的，就是信息披露的违规违法行为。在信息披露违规违法的行为中，最常见的是上市公司的财务造假，我们在前面已经讲过了常见的造假手法和案例了。最恶劣的是隐瞒重大违法行为，比如2018年的"疫苗门"事件，大家被长春长生的假疫苗弄得人心惶惶，长春长生最终成为第一家因重大违法行为被强制退市的上市公司。上市公司有时还会通过中介机构来误导投资者，专业的中介机构的违规信息披露有着更高的隐蔽性与更强的误导性。

比如九好集团利用重组财务造假，但审计机构利安达会计师事务所却出具了无保留意见的审计报告，最终利安达事务所也被证监会顶格处罚。违规披露虽然是上市公司的过错，却会导致股价暴跌甚至退市的后果，给投资者带来巨大的损失。

第二条：内幕交易

2018年，内幕交易案件处罚87起，是行政处罚中发生概率最高的类型。上市公司的高管、券商从业人员、银行从业人员，都可能利用职务之便获得普通投资者无法获得的内幕消息，谋求私利。曾被誉为"最懂资本"的省级高管、"股神"陈树隆也因内幕交易而落马。2009—2015年，陈树隆利用职务之便，给他选中的上市公司大量优惠政策和财政支持，在芜湖通过动用国有资产"坐庄"股市，在内幕信息敏感时期买入股票，因内幕交易非法获利1.37亿元。陈树隆已经被"双开"，等待他的是多年的牢狱之灾。利用非公开信息牟利的还有原华为副总裁李一男。2014年，李一男从华中数控总裁处得知华中数控重大资产重组的内幕消息，随后借用他人账户大量买入华中数控股票，并将消息告知亲属，通过内幕消息获利700多万元。对于投资者来说，如果有上市公司高管、券商从业者朋友要给你透露消息，你一定要抵制住诱惑。

第三条：操纵市场

2018年，操纵市场类案件处罚38起。操纵市场是指主力资金利用资金优势，在多个账户之间，采用频繁申报、撤单、对倒（自买自卖）等形式制造市场假象，引诱投资者在不了解事实的情况下做出投资决定。比如，"宁波敢死队"队长徐翔，在2010—2015年，曾经与13家上市公司的高管合谋操纵公司股票交易。上市公司先发布利好的消息，然后由徐翔操纵多个账户在二级市场上连续买卖，拉升股价；等到股价拉升后，大股东减持，徐翔通过大宗交易的方式接盘，再在二级市场上抛售，大股东获利之后再与徐翔分成。操纵市场的还有马永威，这个"85后"动用2.9亿元的资金通过底部吸筹、边建仓边拉升的方法，仅用8个交易日就从操纵"福达股份"中获利2000多万元。对普通投资者来说，在股价出现异动时，要警惕是不是背后有操纵市场的行为。

第四条：编造传播证券虚假信息

2017年7月，市场曾经有一则消息称复星集团董事长失联，然后迅速被多家网站转载。第二天，复星集团控股和参股的境内外多家上市公司股价大跌。而事实却并非如此，证监会事后经过调查发现，这是同花顺网站的自动抓取系统出了故障，抓取了

2015 年的陈旧信息，但在文章录入审核时没有发现问题，将其作为即时新闻发布了。2019 年 1 月底，有部分自媒体报道"新任证监会主席记者招待会"的内容，但实际上当时并没有记者招待会。对于投资者来说，需要对市场上的消息加以甄别，有时候出现的"重磅利好"可能是有水分的，一旦被证伪，市场可能会出现大的波动。

第五条：私募机构和证券从业人员的违法违规行为

　　2018 年一共处罚 34 起这类违规行为。2018 年上半年，证监会对 453 家私募机构进行检查，其中 139 家存在违法违规行为，违规比例高达 30%。私募机构的违法违规行为包括非法集资、挪用基金资产、向非合格投资者募集资金等等，这都是极不负责任的行为。证券从业人员是不能买卖股票的，但是实际上很多从业人员并没有严格按规定办事，不少人在管理别人的证券账户。2018 年，50 多名证券从业人员因违规操作被证监会处罚，其中 27 人是因为炒股被处罚的。比如太平洋证券一营业部的总经理，在 2013—2016 年通过控制别人的证券账户进行交易，获利 1400 万元；还有先后任职于南方证券、中投证券的林庆义，在券商工作期间通过朋友的账户进行证券交易，累计交易金额高达 50 亿元，林庆义从中获利 7000 万元。

这节我们总结了A股市场不能触碰的5条红线，分别是上市公司信息披露违规违法、内幕交易、操纵市场、编造传播证券虚假消息以及私募机构和证券从业人员的违规违法行为。对于投资者来说，有几点需要注意：第一，规避有财务造假嫌疑、违法嫌疑的公司；第二，如果有上市公司高管、券商从业者朋友给你内幕消息，你一定要忍住诱惑；第三，在股价出现异动时，要警惕是不是背后有操纵市场的行为；第四，如果有媒体或其他的非官方渠道传出的上市公司重磅利好或者利空的消息，需要认真辨别信息的真假。

退市：如何提前发现公司有退市风险？

2018年10月19日，中弘股份因连续20个交易日的每日收盘价均低于股票面值（1元）而被深交所强制退市。位列2018年十大熊股之首的中弘股份，成为A股史上首例因跌破面值而退市的股票。虽然股票市场的价格充满随机波动，难以预测，但公司的退市并非毫无征兆，往往有迹可循。这节我们就来探讨如何提前发现公司的退市风险。

我国的退市制度和退市股票

目前我国退市制度包括主动退市和强制退市两种，其中强制退市是主要内容。强制退市有三个过程：退市风险警示处理（即交易所在公司简称前加 *ST 进行风险提示）、暂停上市和终止上市。

强制退市指标分为量化指标和非量化指标两类。量化指标包括财务类指标和市场类指标。财务指标分别对连续几年净利润是否为负、净资产是否为负、营业收入是否低于 1000 万元做了不同的规定。市场类指标包括收盘价和交易量两种，股票连续 120 个交易日累计成交量低于 500 万股或者连续 20 个交易日每日收盘价均低于每股面值（1 元）将直接终止上市。非量化指标对虚假报道、未及时披露信息、违法犯罪、欺诈等行为做出规范。证监会规定其他涉及国家安全、公共安全、生态安全、生产安全和公众健康安全等领域的重大违法行为的企业应终止上市。

从 1999 年开始到 2018 年底，A 股市场共有 100 家公司退市，平均每年 5 家。退市公司主要集中在材料和资本货物这两个行业，合计占 55%。从退市的原因来看，公布的原因共有 6 种。我们将因连续三年或四年亏损、其他不符合挂牌的情形、暂停上市后未披露定期报告这三种原因而退市的公司归为被动退市公司；因吸收合并、私有化和证券置换而退市的公司归为主动退市公司。在 100 家公司中被动退市公司达到 55 家，占比 55%，略高于主动退市公司。其中，净利润连续亏损是主要原因，占比 49%；吸收合并是第二大原因，占 34%。这些公司或是因为业务重组，或是因为借壳上市而选择主动退市。

因为不同原因退市的公司结局也大相径庭。49 家被强制退市的公司只有 *ST 云大一家经过重组变成太平洋证券重新登录 A 股市场，其余 48 家公司都转移到了新三板市场。9 家因私有化而退市的公司，仅东方锅炉经过重组以东方电气登录 A 股市场，其他公司都退出资本市场。34 家因吸收合并和 2 家因证券置换而退市的公司全都以全新的身份重新登录 A 股市场。3 家因暂停上市后未披露定期报告的公司退市后在新三板市场进行交易。综合来看，主动退市的公司大部分都以新的身份继续在 A 股市场上交易，被动退市的公司大部分都转去新三板市场或者直接退出资本市场。

公司退市风险信号

那么我们可以通过哪些信号来提前发现公司的退市风险呢？

根据退市的原因和退市制度的要求，我们总结出有三类退市信号。

第一类是财务类指标，包括净利润、净资产和营业收入。ST 是一个重要标志，关注 ST 股票最近的一年净利润、净资产是否为负，营收是否低于 1000 万元，可以判断企业是否将被暂停上市；企业被暂停上市后最近一年三个指标如果没有改善，将面临退市。2018 年

6月25日，山东地矿就因最近两个会计年度审计结果显示的净利润为负而被实施退市风险警示处理，之后更名为*ST地矿。根据净利润、净资产、营业收入这三个财务指标对所有A股进行筛选后，我们发现金洲慈航2019年年报显示净利润为负，若2020年年报业绩仍未改善，将被实施ST。

第二类是市场类指标，包括收盘价和成交量，如果股票连续120个交易日累计成交量低于500万股或者连续20个交易日每日收盘价均低于1元，将面临直接退市。

第三类公司是否有重大违法、虚假报告或者没有及时披露信息等行为。

值得注意的是。过去交易所强制公司退市主要偏重财务类指标，尤其是净利润指标。市场类指标从2012年开始出现在退市制度中，但是六年来没有一家公司因为股价等市场交易类原因而退市。而美国主要看重市场类指标，因该项指标而退市的公司比例远高于我国。财务类指标易于操纵，上市公司可以用一些财务伎俩粉饰报表，从而达到虚增利润逃避退市的目的，所以我国企业退市较少。而市场类指标由于影响因素较多，参与者数量较多，上市公司难以控制，所以市场类指标相比财务类指标更加客观，也更有效。不过，最新的迹象表明未来我国企业退市的原因将出现新的变化。

一是市场类指标开始在退市中起作用。中弘股份因连续20个交易日每日股票收盘价均低于股票面值1元而退市，这是我国股市退市的一大进步。由于A股市场此前没有出现因股价跌破面值而退市的先例，不少投机资金豪赌中弘股份峰回路转起死回生，在停牌前的两个交易日大举杀入，结果纷纷踩雷。

2018年三季度中弘股份股东总户数约27万户，值得注意的是，相较于二季度末股东数量，三季度股东户数增加了约3万户。10月17日，也就是中弘股份停牌前第二个交易日股价涨停，银河证券上海长宁区镇宁路、东方财富证券拉萨团结路第二营业部分别买入795万元、664万元。中弘股份的退市将使投资者面对低购买成本时更加理性。

二是未来涉及公共安全、公共健康违法的公司将面临退市。长生生物虚假疫苗问题引发社会的极大关注，证监会紧急修改退市制度，在重大违法强制退市的情形中增加了"其他涉及国家安全、公共安全、生态安全、生产安全和公众健康安全等领域的重大违法行为"，长生生物成为A股史上首只因重大违法而被迫退市的股票，相关领域企业的违法成本将提高。

总结一下。我们了解了我国的退市制度，分主动退市和被动退市两种，并从数量、行业分布、原因三方面了解退市股票概况。我们认为提前发现公司退市风险的信号有三类，并提出两个未来企业退市原因的新变化。希望大家在进行股票投资时能警惕股票的退市风险。

交易制度："T+0"能够实现吗？

2019年，科创板即将设立的消息刚一出台便引爆市场。其中，一项关于恢复"T+0"交易制度的建议引发市场热议。之所以说"恢复"，是因为早在1992年，上海证券交易所就曾经实行过"T+0"交易制度。但是，在"T+0"交易实行之后，A股市场暴涨暴跌成为常态，大小散户均被疯狂收割。直到1995年，为保护中小投资者，监管层才决定将"T+0"交易调整为"T+1"交易，并一直沿用至今。最近，是否放开"T+0"交易制度又再次成为股市的热门话题。2017年前"T+0"的尝试以失败告终，那么2017年以后的今天，"T+0"能够实现吗？

首先要告诉大家的是，所谓"T+0"和"T+1"都是一种股票交易制度，"T+1"是在当天买入股票后，必须在第二个交易日才能卖出，而"T+0"是在当天买入股票之后当天即可卖出。"T+0"制度由于允许股票日内买入后卖出，所以市场流动性会更强，日内的套利交易将更频繁，有助于更好地实现二级市场价格发现的功能。而"T+1"制度，由于限制日内交易行为，在一定条件下可以降低日内交易量。对于投资者结构以散户为主、换手率过高、市场风格偏投机的中国市场，"T+1"制度起到了一定的投资者保护作用。

"T+0"的优势

具体而言，相对于"T+1"，"T+0"制度的优势有四个。

第一，可以允许投资者及时止损。当投资者买入后，证券出现单边下跌的情况，在"T+1"的交易制度下，投资者在当日将无能为力，而"T+0"则提供了及时止损的制度便利，防止被套牢。

第二，可以允许日内调仓，活跃证券市场交易。日内买入卖出将增强资金的灵活性和使用效率，在资金存量单位时间一定的条件下，增加证券交易量，起到增强流动性和活跃市场的功能。

第三，有更佳的价格发现功能。只有充分交易，才能准确反映当前投资者对于证券的预期价值。"T+1"制度无法真实反映证券供需，是一种定价机制的缺陷。

第四，有利于实现证券活动的公平性。机构投资者相对于中小个人投资者在资金规模、证券持有数量、对冲工具上具有先天的优势。"T+1"限制中小投资者日内的多空转化，在对冲措施不充分的情况下，给中小投资者带来损失。

"T+0"的劣势

但"T+0"的劣势也有不少，最主要体现在这样三个方面。

第一，"T+0"会增加券商的结算风险。由于当日可进行证券的多次买进卖出，证券交易频率较高，而证券清算交收存在一定时滞，通常为1天以上。投资者在买入证券后，当日卖出的只能是"尚未到账的应收证券"，因此"T+0"交易本质上是一种信用交易。证券公司出于做大交易规模、赚取佣金等利益驱动，可能会允许投资者进行大量透支交易。一旦出现风险失控，导致资金交收违约，将影响证券登记结算体系的安全。

第二，"T+0"会助长投机风气。"T+0"将可能导致因交易量上升而带来日内股票波动性的增强。这一点从海外或境外市场对于日内回转交易的投资者资格限制、交易次数限制等规定亦可见端倪。就拿美国来讲，虽然实行的是"T+0"，但"T+0"的回转交易主要对信用账户开放，通常情况下并不适用于现金账户。对于信用账户，美国相关部门也会通过对账户保证金的监管来控制风险，而荷兰则是通过证券交易委员会对相关的投资者进行许可证管理来控制风险。

第三，目前我国股市的特点暂时不适用于"T+0"。目前中国股市存在日均换手率偏高、散户投资者占比较高、资产管理机构考核标准短视的特点，这些我们前面都讲过，这里就不重复了。总之，这些特点共同决定了我国股市是一个投机性高的市场，尤其是最近A股表现优异，导致市场普遍有较高的情绪，交易量上升，市场情绪盲目乐观，更加剧了市场的投机性，这时采用"T+0"可能会进一步增加股市的风险。

因此，要想实现"T+0"制度，监管层和市场必须对实行时间、实行范围以及实行条件限制有足够的关注，确保在时机成熟、市场机制成熟、市场环境合适的时候方可采用。总而言之，对于当下我国的股市来说，完全放开的"T+0"是不现实的，因为A股市场内在深层的矛盾在短时间内还无法解决。但"T+0"作为成熟市场的比较普遍的交易制度，A股的确需要向其靠拢，在靠拢的同时我们也可以充分借鉴其他市场的成熟做法，比如对投资者设置准入门槛限制、设置回转交易规模限制、进行回转交易证券试点等。

总结一下，我们简单介绍了"T+0"和"T+1"两种交易制度，"T+0"日内交易的特点给它带来了四个优势：一是可以允许投资者及时止损，二是可以活跃证券市场交易，三是有更佳的价格发现功能，四是有利于实现证券活动的公平性。同时它也有三个主要的缺陷：一是会增加券商的结算风险，二是会助长投机风气，三是我国股市目前的特点暂时不适用"T+0"。但是A股市场国际化的发展方向是明确的，我们不应该因为目前的不合适就放弃"T+0"，而是要逐步完善我国股票市场，努力向"T+0"靠拢。

第 5 讲

思维升级
投资者的自我修养

时间的玫瑰：耐心是第一法则

巴菲特、费雪、芒格等投资大师无一例外地都在强调长期投资的价值。"如果一家公司的股票你不想持有 10 年，那么你就没有必要持有 10 分钟了。"巴菲特这句最广为人知的名言表现出了他一生的投资原则——长期持有，同时也反映出时间是最有价值的资产。

我们为什么要坚持长期投资？

沃顿商学院杰里米·西格尔教授的经典畅销书《股市长线法宝》里有一个小案例。假设 1802 年，三个美国人手里各自有 1 美元，每个人基于自己不同的风险偏好进行投资。第一个人惧怕风险，选择购入 1 美元黄金；第二个人选择购入 1 美元国债；第三个人喜欢冒险，选择买入股票。如果长期持有，到 2006 年时它们的价值分别为多少呢？扣除通胀后，黄金的价值大约是 2 美元，债券的价值大约是 1000 美元，股票的价值大约是 76 万美元。最惨的还不是购入黄金的人，而是不做任何投资的人。如果 1 美元从 1802 年开始不做任何投资的话,到 2006 年 1 美元的购买力只有 0.06 美元,贬值 99.4%。我们可以从这个小例子中看出时间在投资长河中体现出的价值。

但是你可能会讲,现在已经是 2020 年了,2006 年的例子不能适用于今天。大家可能觉得最适合长期投资的资产是房地产,因为房地产拥有保值、风险小等特点。但是根据瑞信 2020 年 2 月最新发布的《瑞信全球投资回报年鉴》,相比长期和短期债券,股票依旧是全球表现最出色的长期金融投资品种。在过去的 120 年间,全球股票实现了 5.2% 的实际年回报率(即调整通胀因素后),而长期债券和短期债券的回报率分别为 2.0% 和 0.8%。过去 10 年,全球股票表现尤其出色,实际年回报率为 7.6%,而长期债券的实际年回报率为 3.6%,也相当不错。自 1900 年以来,全球股票表现比短期债券表现每年高出 4.3%。投资股票获得的终值财富是投资短期债券的 165 倍。你可能会说股票收益率高的同时伴随着高风险。其实随着持有时间的不断加长,股票的持有风险会大幅度降低。根据杰里米·西格尔教授的研究,股票持有期达到 15 年和 20 年,股票的风险就会低于固定资产,达到 30 年,股票的风险就只是债券和票据风险的 1/4。

你可能会觉得中国的 A 股市场较为特殊,美国的经验我们不能借鉴,那我们就来看一下 A 股的数据。上证指数近 10 年的低点是 2018 年 12 月底的 1820 点,最高点是 2015 年 6 月的 5166 点,虽然上证指数看似止步不前，但是我们将2009—2018年这10年的个股数据拿出来看，10年10倍的股票有32只，更别说有涨了50倍的华夏幸福、22倍的长春高新和20倍的片仔癀。虽然国内股市存在种种问题，但是将持有时间拉长至10年甚至20年，不乏牛股的出现。选对一个好公司并长期持有，回报还是相当丰厚的。比如大家熟知的万科上市至今涨了247倍，茅台上市至今年涨了157倍，云南白药上市至今涨了138倍，还有很多涨了百倍的企业。

当然，我们讲的长期投资不是死死地抱住一只股票，长期投资对选股有着极高的要求，要选择一个伟大的企业并长期持有才能将收益最大化。比如茅台，商业模式非常简单，毛利率在90%~92%之间，净利润超过50%。茅台有着足够宽的护城河，经营壁垒也足够高，在中国白酒文化的加持下，茅台基本就是液体黄金。好的股票不代表不会跌，茅台经历过两次60%多的股价下跌，两次都涨了回来。好股票即使下跌，给它充足的时间，它还能涨回来。

长期投资最需要的就是耐心与坚持

机会都是给那些耐心的人的。贝佐斯曾经问巴菲特："你的投资体系那么简单，为什么你是全世界第二富有的人，而别人做不到？"巴菲特回答说："因为没有人愿意慢慢变富。"现在很多人都想一夜暴富，但股票市场是一个投资的市场而不是投机的市场，投资最主要的目的是对抗通胀。一味求快的投资是相当危险的，我们在长期投资中面对的最大困难就是耐心与坚持。以巴菲特为例，如果有人有幸可以在1956年给巴菲特募集的资金投入1万美元，等到1962年时1万美元就变成了6万美元。这时正值越战，在战争的影响下你会不会看衰美国经济，会不会将本金拿回呢？之后伯克希尔的股票经历过多次断崖式下跌，比如1973年美国经济大萧条时伯克希尔每股跌了50美元，在1987年的股灾中每股跌了1000美元，在1990年的海湾战争中每股跌了3400美元，在1998年收购保险公司的过程中每股暴跌了近4万美元。如果在这几个期间短线操作的话，可能需要承受巨额的亏损，但没有多少人能坚持持有伯克希尔直到30万美元一股。短期来看这些波动是有价值的，但是在历史的长河来看优秀企业的股价都是持续上升的。

影响长期持有的两大因素

我们不能做到耐心持有股票主要有以下两个因素。

第一，资金压力。目前这个阶段，大家一定不要借钱或者是卖房炒股。在计算家庭的全部必要开支后，如果还有闲余资金，可以使用闲余资金进行投资。如果是借钱或者卖房炒股，股价的每一次跳动都可能牵动你的神经，从而严重损害生活质量和生活幸福感。长期持有股票会有较高的亏损容忍度，可以解放神经，不因股票暂时的价格波动而精神崩溃。

第二，从众心理。大家都很喜欢比较，看到别人通过炒股挣钱就也想自己通过炒股发家致富。但是因为自己没有判断力，看别人买入就买入，别人卖出就卖出，很容易就被套牢了。最典型的例子就是2017年疯长的比特币，2017年比特币涨至接近2万美元，很多人认为可以继续疯长，跟风投资，然后就被牢牢套住，现在比特币仅仅值7000美元左右。

优秀企业即使短期股价有所波动，长期来看也都是在持续上涨的。在长期持有优质标的的过程中，我们要学会耐心与坚持，不听小道消息，不随意跟风，不举债炒股，这样就可以像巴菲特一样慢慢富起来。

逆向思维：危机中被忽略的投资机会

在宏观经济低迷和黑天鹅事件频发的环境下，如何识别市场中的投资机遇是非常关键的。正所谓危机、危机，危中有机，有的时候危险的表象背后往往也蕴含着投资机会。但是，大多数人都会在危机前逃跑、危机中倒下，却很少有投资者能逆向思维，把握危机中的投资机会。在这里，我们将危机大致分为三类，并探讨其背后可能蕴含的投资机会。

宏观经济危机下的投资机会

  2018年宏观经济下行，叠加中美贸易摩擦影响，股价平均跌了1/3，很多人纷纷对市场失去信心。但任何事情都有两面性，宏观经济的下行期并不意味着就完全没有投资机会。我们可以从行业和公司层面来逆向思考。

  从行业层面来看，虽然经济衰退时大多数行业都处境艰难，但有些行业在经济形势艰难的情况下也表现出繁荣的迹象。比如经济低迷时有3个典型的受益行业：

  第一，低端烟和酒。金融危机中，很多人失业或被降薪了。忧愁伤感环绕下，廉价低端的烟和酒成了最好的情感寄托。

  第二，文娱。电影是经济的反向指标。在1929—1933年的大萧条中，美国电影行业迎来大发展，影片因慰藉了现实中深陷困难、失业潦倒的普通民众而盛行。同样，法国的旅游业在1960—1980年经济萧条下开始火爆，出版发行市场也逆势上扬。

  第三，口红。每当经济不景气的时候，口红的销量反而会直线上升，这就是我们所说的"口红效应"。因为在经济不景气时，人们有强烈的消费欲望，而口红作为一种廉价的非必要品，可以起到很好的安慰作用。

从公司层面来看,在宏观经济危机、市场系统性行情低迷下,本身质地非常优秀的企业受困于整体行情,股价下跌,公司价值往往被低估。在这个时候持有该类标的,只要行情转好,就会获得收益。而且在估值低位买入优质标的安全边际更高,经济转好后可以获得更高的收益。

接下来我举个奢侈品的例子。路易威登集团目前旗下有高达70多个世界顶级品牌,是全球最大、市值第一、销售额和影响力都排名第一的奢侈品集团帝王,1990年至今,集团的股票价格上涨了17倍。回顾其发展历史,抓住宏观经济危机背后的机会,持续低价并购优质标的并整合协同好,是其持续稳健发展成长的重要原因。梳理它的至少62次并购时间点,尤其是大品牌的并购,可以发现多集中于美国经济下滑的20世纪80年代后期、东南亚经济危机的20世纪90年代后期和互联网泡沫破灭的21世纪开端。

事件型危机下的投资机会

事件型危机是指行业或者企业因利空的突发事件,使公司自身甚至行业都被拖累下行。但这时候往往也是危中有机的典型代表。一方面,公司本身遇到危机,会使其估值大幅下降,如果挺过了这段困难时刻,就会慢慢恢复,那么在危机的时候也是低价买入的好时机;另一方面,若公司在危机后被迫离场,那么行业中其他质地优秀的公司可以瓜分它离场留下的空白市场份额。我们依然举例来说明。

2008年乳制品行业爆发三聚氰胺事件，三鹿倒下，连累整个行业个股暴跌，板块全年平均下跌57%，伊利股份成为ST股，市值跌到不足50亿元。2012年塑化剂事件，整个白酒板块深度调整将近两年，个股平均跌幅70%，茅台最低跌到了118元，市值不足目前的1/6。然而事件结束后，伊利、蒙牛以及茅台市值成倍增长。再说个例子。2018年长生生物假疫苗事件爆发后，股票市场中先是疫苗行业整体受挫，之后行业的优质个股大力反弹。

梳理这三个例子背后的逻辑：（1）它们大多是消费必需品；（2）一个巨头的倒下，往往会成就行业内的其他巨头；（3）行业监管走向清正，乱象得到终止，行业长期受益。

股权质押型危机下的投资机会

这类危机比较特殊，一方面它既是整个A股市场系统性风险的代表，另一方面也是公司个体或股东自身过去行为在行情退潮后所必须要买的单。股权质押本质是以股票为标的抵押物的债务融资，本身并不是风险，但为了保护债权人利益，就会有质押率、平仓线，而当股价不断下跌时，抵押物价值也不断缩水，如果公司或股东之前质押融资过多，加了太多杠杆而又无力补仓时，就只有看着质押的股份被平仓，而且还会对股价产生负反馈。

然而，股权质押爆仓的债务危机，也会成为外部人低价接盘上市公司控制权的好机会。上市公司控股股东在质押爆仓的压力下，很多时候会努力引入战略投资者，甚至直接出让控制权。这也就意味着质押比例高的公司，尤其是控股股东质押比例很高，面临平仓却又资金链紧张、无力补仓的公司，可能会成为市场上低价入股甚至获得控制权的潜在标的。

2018年年初至9月底，上证指数从3000点下降到2700点，股市暴跌，很多公司核心股东的股权质押触及平仓线，平仓压力上升，而企业资金链紧张之下无力补仓，只有努力引入白衣骑士。在这段时间内，有158家大股东将股权转让，76家公司变更实际控制人。回顾这些股权质押危机中出手投资的案例，可以发现有个明显的特色，那就是价格极其便宜，甚至1元购、0元购。过去，A股市场的壳价值少说也有数亿元甚至几十亿元，还有控制权溢价等，但现在，面对资金链紧张、股权质押平仓的压力，很多资产甚至控制权都变得非常便宜，近乎免费就可以获得。比如，金一文化曾"1元卖壳"给海淀区国资委。金一文化陷入了股权质押危机后，公司原实际控制人将控制权转让给海淀国资委，代价只是象征性出资1元。虽然海淀区国资需要为公司提供30亿元流动性支持，如提供融资、提供增信、引入新的资金方、搭建新的融资渠道等，但相比价值近12亿元的股份，甚至还包括实际控制权溢价，近乎无成本的代价是正常时期无法想象的。

总结一下。危机即危中有机。我们将危机分为三类，认为三类危机背后仍蕴含着投资机会：一是宏观经济危机下的投资机会。经济低迷时也会有受益的细分行业，比如低端烟酒、口红等，而且系统性低迷时正是低价入手优质标的的好时候，排名全球第一的奢侈品帝王路易威登给我们提供了范例。二是事件型危机下的投资机会。当行业或公司突发特殊利空事件时，公司若能挨过之后慢慢恢复，则当时就是出手的好时机；若不能挨过或元气大伤，则会利好行业内的其他巨头。三是较为特殊的股权质押型的危机下的投资机会。股权质押危机爆发后，外部人可以廉价入股接盘被质押压垮了的上市公司的控制权。

投资误区：避免5种非理性投资行为

大家可能或多或少都听说过历史上有名的郁金香事件。16世纪晚期，郁金香从土耳其引入西欧，由于这种花外形好看又特别稀少，欧洲的贵族把拥有它视为财富与荣耀的象征，这个时候投机商看到了其中的商机，大量囤积郁金香球茎，推动郁金香的价格不断升高。慢慢地，欧洲民众也看到了此中的获利机会，开始像投机商一样狂热地炒郁金香，都想从不断上涨的价格中得利。但到了1637年2月，郁金香市场突然崩溃。接下来的六个星期内，郁金香的价格平均下跌了90%，产生了人类史上第一次有记载的金融泡沫。通过这个例子，我们可以看到非理性投资行为产生的后果是极为严重的。

第一种非理性行为是羊群效应。就像上面描述的郁金香效应一样，羊群效应通俗来讲就是羊群中的领头羊走到哪儿，后面的羊群就会跟到哪儿，全然不顾身边是狼还是更嫩的草地，这种行为更多指的是一种从众心理。盲目"跟风"的结果，我们大家应该都懂，结局可能不是被骗就是损失惨重。比如2015年我国股市大牛的时候，很多投资者在行情大涨时盲目买进，甚至买了许多妖股，比如暴风科技、金亚科技、特力A等等。当时这一系列妖股的成交量非常高，但大家可能都忽略了它们的风险。就拿暴风科技来说，2015年3月24日它在深交所挂牌上市，此后一口气拉了29个一字涨停板，5月6日稍事歇息，5月7日开始再连续6个涨停。5月21日，暴风科技股价盘中冲高至327元，相对于7元多的发行价涨幅接近50倍。大家看到一只股票疯狂上涨，都追着买入，我们称之为"从众追涨"。但很多时候，投资者在股票连续下跌时来不下车，甚至不愿意下车。伴随着大盘调整，暴风科技股价从高点摔落，最低曾跌至71元，仅为最高价的20%。盲从的后果是很严重的，我觉得投资者更应该在交易之前就设定好自己的止损点和止盈点，很多涨势过快的投资标的很有可能就是一个泡沫，我们应该及时、果断地做出判断。

第二种非理性行为是过度自信。许多投资者在投资过程中客观性不够强，经常会根据过往的投资经验去做一些主观臆断，觉得自己决断力好，投资方向正确，自己的组合可以跑赢大盘。对于有一定专业素养、对金融体系有所了解的投资者来说，这种情况尤为明显，这些投资者觉得自己能力过关，能够把握住行情，甚至短短几天就做了数十笔交易。加州大学对市场的长期调研显示，过度自信进而产生频繁交易的投资者收益比市场平均收益低了30%左右。如果要避免过度自信，就需要对自己多加质疑，寻找可靠的数据支撑，避免频繁地去做一些交易，白白增加交易成本。我们应该从业务的可持续性、公司财务等方面寻找潜在的业绩增长点，进行一些合理的长期规划。

第三种非理性行为是赌徒谬论。赌徒谬论指投资者认为某一个随机事件发生的概率与之前发生的情形有关，就像扔硬币时，很多人都觉得之前很多次都掷了反面，下一次掷成正面的可能性就会变大。所以，赌徒谬论更多地体现在"赌"这一心理上，很多投资者在遭遇惨重损失后，总觉得自己的股票马上就要涨了。就拿2020年年初的电子、通信行情来说，价格涨势基本上一直持续，并且还不断冲高。所以说投资者要保持理性，如果要从概率的角度思考，要明白每次掷硬币的概率都是等同的，要学会排除之前事件的干扰，保持相对的客观。

第四种非理性行为是损失厌恶。我们大多数投资者都不愿意面对损失，特别是在短期亏了的时候，很多人都会觉得慌乱，然后纷纷出逃，忽略长期可能的增长性。现在我给大家设定一个情景，你参加一个抽奖活动，有两个选择，第一种选择是有100%的机会获得50元，第二种选择是有50%的概率获得200元、50%的概率损失100元时，你会选择哪种？我想更多人会选择前者吧。我们每个人都有切身体会，不愿面对损失，就算我们在两笔不同的投资中分别亏了和赚了相同数额，也会更后悔遭受的损失，这时候得到的收益甚至在心理上都不能补偿我们。但实际上，我们做投资，需要有一定的损失承受力，损失后所要做的也是保持冷静。特别是，如果你只盯住了短期，就会对长期趋势的判断产生偏差，认为小小的波动都会引起大风大浪，这样配置资产的方式就偏保守了。所以我觉得投资者应更加关注标的的长期发展方向，包括综合考虑政策走向，明确利好和利空消息，不要把自己限制在那些日常的噪声中。

第五种非理性行为是忽视风险。我们对高风险高收益产品的热衷，更多的时候可能是一种铤而走险。许多投资者听信某些所谓投资顾问的推销，对收益率高的产品情有独钟，但却完全忽视了背后的高风险。2018年6月，我国的P2P平台开始相继爆雷，前前后后累计108家，其中不乏"钱满仓""唐小僧""联璧金融"这些较为知名的品牌。在这场爆雷潮中，承担了大额损失的投资者不在少数。我们很多人对风险的认知都只停留在表面，甚至还有部分平台对于风险的宣传选择刻意回避，最终给投资者造成的损失是不可估量的。所以，投资者在做出决策时，对标的的背景信息应该有足够的了解和认知，尤其是要了解收益存在的不确定性。

总结一下。这节讲了羊群效应、过度自信、赌徒谬论、损失厌恶和忽视风险5种较为常见的非理性投资行为，也给大家提出了一些规避的方式。在整个投资过程中，寻找可靠数据和信息的能力是非常重要的，我们要根据已披露的合理信息进行判断，决策时应该冷静客观，不要盲目跟风，不要频繁交易，应该全面了解投资标的的性质和风险，别在投机和侥幸心理下做出冲动的选择。

投资纪律：除了止损，还要遵守哪些铁律？

在投资中，最容易被人忽视但又至关重要的就是投资纪律，投资界的大牛都有自己的铁律。比如金融大鳄威廉·欧奈尔曾经讲过："止损是股市投资的头号原则。"威廉·欧奈尔在股价跌 7%~8% 时会选择及时止损。那么对投资者而言，有哪些投资的纪律是一定要遵守的呢？我总结了7条投资铁律。

第一，一定要学会止损。止损，听起来容易做起来难，因为大多数投资者都存在损失厌恶的心理。在股票亏损的时候很多投资者选择继续持有，想象着哪一天股价上涨可以解套甚至是盈利。但是在大部分情况下股价会继续下跌，直到投资者自身心理无法承受更大金额的损失后再选择割肉退出。要知道如果在投资中损失了50%，必须要等到资金翻倍才能回到最初的起点，不及时止损可能会带来巨大的亏损。中航油的亏损事件大家应该有所耳闻，中航油被国家批准购买期权来对抗油价波动的风险，但它却拿来当投机的工具。中航油规定亏损的上限是500万美元，达到这个金额后必须斩仓。但是在公司亏损达到上限后，总裁陈久霖并没有及时止损，而是继续大规模进行期权交易，最终亏损越来越大，达到5.5亿美元。投资者在投资之前一定要根据自身的风险承受能力设定止损线，一旦亏损达到止损线就及时抛售，以防亏损进一步扩大，不能抱有"赌徒谬论"的心理。

第二，独立思考，拒绝羊群效应。羊群效应是形容大众容易盲目从众而做出的非理性行为。如果个人投资者的力量迅速聚集就会形成羊群效应，比如2015年的牛市，很多投资者看到他人在股市收获了可观的收益，头脑一热盲目进入股市，新增投资者的数量创下历史新高，很多投资者在股票高价时买入，在熊市来临时集体恐慌使股价加速暴跌，导致很多投资者并没有赚到钱。在投资中要拒绝

"羊群效应",学会独立思考,要经过自己的调研和深思熟虑后再做出相应的行动,不要盲目跟风,不要被情绪主导了行为。

第三,分散投资。我们都听过"不要把鸡蛋都放在一个篮子里",但是很多投资者实际上会直接满仓一只股票,这是极其危险的投资行为。比起购买单一投资产品,更好的办法是分散投资,降低投资风险,比如我们可以通过买指数基金的方式来稳定收益率。一个分散化的投资虽然可能不会给我们极高的投资回报,但是可以稳定收益率,避免出现因一只股票暴跌从而导致投资者的损失无法承受的情况。我们也可以根据不同的风险承受水平,投资基金、股票、债券、房地产、对冲基金等多种投资工具来降低投资风险,稳定投资收益。

第四,在投资的过程中做到不贪婪。股价不会永远上升,一定会存在波动。投资者可以在确定自己赚钱后及时脱手,不要因为不甘心少赚而恋战。在投资中贪婪的结果往往不但没有获利,反而会被套。还是2015年的例子,当大盘涨到3000点的时候大家认为大盘会涨到5000点,当大盘到达5000点时,很多人喊出了10000点不是梦的口号。很多企图以最高的价格卖出股票的股民,可能因为没及时脱手到现在还被牢牢套住。要知道,股市永远不存在最高的价格,只有可以使投资者盈利的价格。

第五,顺势而为,不要逆流而上。我们要做趋势的朋友。这里的趋势指的是宏观经济、行业景气度。比如2008年经济危机全球经济下行，这自然也影响到了 A 股，上证指数从 2007 年 10 月的 6100 点跌到 2008 年年末的 1600 点，跌幅达到 72%，市值缩水 20 多亿元。据统计，2008 年每位股民平均亏损 13 万元，在都处于亏损的大环境中，想逆势而为基本上是不可能的。2011 年在光伏行业遭遇行业产能过剩和欧美反倾销反补贴打击之后，整个行业利润大幅下降，像向日葵、天龙光电等公司，股价在两年内跌了 80%，行业内基本没有个股幸免。因此，在趋势下行时要学会迅速退出战场，与趋势为敌无异于螳臂当车。

第六，放眼未来，不沉迷过去。一方面，不能死盯着过去自己在投资中的辉煌业绩，也不要因为过去的失败而变得不敢投资；另一方面，在选择投资工具时不要把过去的业绩作为选择投资工具的唯一标准。像 2017 年诺安双利在开放性基金中排名第一，到 2018 年排名就排到了后 40%。明星基金中少有可以蝉联前几位的，排名波动很大。投资者在购买投资产品时不能把往年收益率当作唯一参考。

第七，学会耐心，不要频繁操作。大家对巴菲特都很熟悉，他投资生涯 50 多年，年化收益率超过 20%。巴菲特有自己的投资纪律，他曾经讲过："如果你没打算将一只股票持有 10 年，甚至都不用考虑持有 10 分钟。"长期来看可以决定股票价格的只有公司的价值，但是短期来看有太多的因素影响着股票价格，在股价波动中频繁操作是极不理智的行为。频繁操作的结果往往是在股票高价时购入,在低价时卖出,成为被市场收割的韭菜。

7条投资纪律,分别是学会止损、独立思考、分散投资、不贪婪、顺应趋势、放眼未来和长期持有。这7条纪律,看起来并不困难,但实际落实还是非常考验心理的,大家可以尝试在平时的投资活动中,把这些投资纪律执行起来。

附　录

2009—2019年Ａ股Top10牛股分析

回顾2009—2019年这10年，Ａ股市场起起落落，上证综指年化涨幅4%，3000多只股票中大部分跑输大盘，甚至有1/3的公司股价是下跌的。但与此同时，也有1259只股票年化收益跑赢上证综指，一部分公司成功经受住了几次危机的考验，成为穿越牛熊的大牛股，其中不乏涨了10倍以上的10倍股。我们梳理了近10年年化收益率最高的10只牛股（剔掉了近5年新上市的公司），发现有两个非常普遍却又非常显著的特征：一是占据好的行业赛道。就像芒格所说，宏观是你必须接受的，行业也是如此。如果选择了好的行业赛道，就如同进入了一部上升的电梯；而如果选择了一部下行的电梯，再怎么努力也很难成为牛股。二是在自己的赛道里构筑深广的护城河。短期可以靠概念炒作和资本运作，但长期只能靠内功，要么是核心技术，要么是独特模式，要么是品牌价值，总要有一个别人无法模仿和赶超的优势。

1. 华夏幸福（600340）

上市时间：2003 年 12 月 30 日，主板

企业性质：民营企业

累计收益率：5342%

年化收益率为：49%

最低点：2009-01-08，0.46 元

最高点：2017-04-12，45.94 元

华夏幸福成立于 1998 年，号称是中国领先的产业新城运营专家，但实际上主要是个房地产公司。它成立之初就是做房地产开发的，2002 年开始专注承接综合性园区的建设与运营。公司主要依托"政企合作"的 PPP 模式，通过签订排他的委托协议，提供产业新城的综合解决方案，包括产业发展服务、城市运营服务和基础设施建设等。产业发展服务是核心，包括从前期产业定位规划到后期招商引资等一条龙服务。此外，公司也承接产业园区内配套住宅的开发业务，满足园区内企业员工的住房需求和核心城市向周边溢出需求。公司主营收入结构中，主要是城市地产开发（2018 年年中收入结构占比 54%）、产业发展服务（占比 31%）、土地整理（占比 9.7%）和酒店俱乐部等。

公司控股股东为华夏幸福基业控股股份公司，控股比例

36.22%。实际控制人为王文学，持有控股平台84.5%的股份。近期平安人寿保险增持华夏幸福，成为第二大股东，持股比例19.42%。此外，前十大流通股东中还有"国家队"。

从2003年上市至2015年，华夏幸福的股价处于稳定上涨状态，2015年6月一度升至32.27元。2015年到2017年初在经历了一段时间的股价波动后，再次显著上涨，2018年年初涨到44.52元。2018年第二季度股价开始一路下跌，直至8月以后才稍有所回升。

华夏幸福成为近10年来第一大牛股的核心原因是：第一，聚焦大北京，深耕京津冀地区。环北京区域是公司腹地，公司持续聚焦环北京经济圈，目前公司环京土地储备占比达88%，总体量达689万平方米。2014年第一季度仍然体现了区域聚焦的专注度，新增体量93%仍然在廊坊区域。此外，它还以股权收购方式扩大香河的布局。而北京及周边地区，近10年来土地增值迅猛。

第二，近10年是房地产市场的黄金时代。华夏幸福三个发展阶段分别是2009—2012年的大北京阶段、2013—2016年的京津冀阶段、2017年至今的全国布局阶段。其中，"大北京阶段"踩准了城镇化红利及首都北京的发展。"京津冀阶段"恰逢京津冀一体化区域发展战略机遇和三四线城市去库存周期。"全国布局阶段"再享房地产行业集中度提升及城市群大发展带来的红利。

第三，顺应了PPP大发展潮流，是PPP龙头，固安项目是国家级示范典型。PPP模式在2015—2017年大发展，总项目规模达到

10万亿元，不到三年规模就已全球第一，而公司是PPP龙头，在全国各地复制布局产业新城和产业小镇。公司最典型的代表项目是固安的产业新城模式。2002年的固安是贫困县，十几年后财政收入已经增长了80倍。2015年固安产业新城成为国家发改委首批13个示范项目，2018年成功入选联合国欧洲经济委员会PPP国际论坛评选的全球60个可持续发展的PPP案例，这是中国唯一入选的城镇综合开发案例。以固安产业新城为明星产品，公司在国内外不断进行异地复制，奠定了行业标杆地位。

第四，坚持"产业优先"战略，聚焦核心城市群。公司持续优化产业新城与产业小镇产品，不断拓展布局，重点聚焦全国核心城市群。我国目前正处于由单核热点城市向都市圈的发展阶段，这一战略符合当前都市圈的发展规律，可以和区域性经济共同发展，有利于公司在全国复制布局。

目前公司受环京区域限购等政策影响，正处于积极脱离区域性束缚、大力发展非环京产业新城阶段。加上平安入股缓解现金流压力，随着非环京产业新城逐步进入收获期，公司现金流将获持续改善。

2. 长春高新（000661）

上市时间：1996年12月18日，主板

附 录

企业性质：地方国有企业

累计收益率：2709%

年化收益率：39%

最低点：2008-02-29，7.69元

最高点：2019-03-11，285.46元

长春高新成立于1993年，是东北地区最早的上市公司之一。公司主营业务为制药（2018年年中收入结构占比85%），主要包括基因工程药、疫苗、中成药等，进入医保目录的产品共有24个，同时还涉猎房地产业务（占比14%）。公司旗下有7家控股子公司，较为核心的有金赛药业（生物药，主要产品为重组人生长激素、人促卵泡激素等）、百克生物（主要产品为水痘疫苗及人用狂犬病疫苗）、华康药业（中成药，主要产品为血栓心宁片）和高新地产（房地产）。公司拳头产品是重组人生长激素，是主要收入来源，通过其核心资产金赛药业实现。金赛药业是国内规模最大的基因工程制药企业和亚洲最大的重组人生长激素生产企业，中国首个基因工程药物质量管理示范中心，国家唯一的基因工程新药试孵化基地。

公司最大股东为长春高新超达投资有限公司，股权占比为22.36%，背后实际控制人为长春新区国资委，即长春市人民政府。第二大股东为"国家队"中央汇金，持股2.53%。前十大股东中还

有诸多全国社保基金。

自 2009 年以来，公司股价一直处于波动上涨阶段，公司制药业务的增长是其业绩增长、股价上升的核心动力，尤其是近三年来核心子公司金赛药业实现高速增长，2018 年实现 55%~60% 的业绩增速，第四季度受到疫苗造假事件和金磊辞职传言的影响，股价有较大的跌幅。

长春高新成为第二大牛股的核心原因是：第一，近 10 年生物制品行业快速发展。2012 年中国生物医药行业市场规模只有 1775 亿元，到 2017 年时已经达到 3417 亿元。中国生物医药占中国整体医药市场的比重从 2013 年的 8.7% 增至 2017 年的 15.3%。生物制品板块指数从 2009 年年初的 1600 点涨到 2019 年年初 6500 点。

第二，生长激素（公司核心产品）是受医保控费影响较小的药品，近三年景气度不断提升。医疗受政策影响巨大，近几年影响最大的是医保控费，即控制医保费用支出。医院为了维持利润会压低药品进货价，国内制药企业受冲击明显。而生长激素主要是在合作或自营诊所中自费使用，受医保控费影响小。

第三，以"中国基因重组人生长激素技术奠基人"金磊为研发核心，研发实力强大。金磊是金赛药业的灵魂人物，是中国基因重组人生长激素的技术奠基人。他发明的"金磊大肠杆菌分泌型技术"，荣获了当年美国生物学界的最高奖——克莱文奖，他也是获此殊荣的第一位华人。1997 年归国后他创办长春金赛，利用该独创技术，推出基因重组人生长激素，专注身体增高，结束了我国没有生长激素国药的历史。

第四，研发投入较高，加深拓宽公司护城河。2013年公司研发费用占营收比只有4.77%；2016年末已经提高到9%；2017年研发费率是8.5%，金额高达3.5亿元，资本化率17%。在生物科技细分行业上市公司中，横向对比沃森生物、安迪苏、华大基因、华兰生物等，长春高新的研发费用排名1/25。

第五，公司生长激素产品有绝对垄断优势，部分产品甚至是唯一供给方。生物制药有高技术壁垒，金赛药业核心产品是生长激素，公司是我国唯一的基因工程新药孵化基地，目前掌握着国内生长激素70%以上的市场，并且水针和长效水针占100%市场份额，市场无任何竞品。

第六，公司是中国生产激素的四大厂家之一，而且是产品线最全的一家，低中高的产品梯队可满足不同消费需求。目前我国市场上最主要的生产激素厂家有四家：长春高新、安科生物、联合赛尔和诺和诺德。长春高新是其中品种线最全的，是目前唯一涵盖粉剂（1998年上市，针对低收入人群）、水剂（2005年推出，面对相对低收入人群）和长效生长激素（2014年推出，针对中高收入人群，全球独家品种）的企业。低中高搭配的产品梯队不仅可满足不同需求，也可拉开价格差，抢占不同细分市场。

第七，持续推出重磅"爆款产品"，不断刺激公司业绩新一轮增长。1998年上市重磅产品注射用重组人生长激素，2005年推出亚洲第一支重组人生长激素水针剂，2014年每周注射一次的长效重组人生长激素产品列入"十一五"国家重大专项，2015年上市我国首款注射用重组人促卵泡激素（辅助生殖促排卵，解决不孕不育问题），解决长期依赖进口局面。公司自2017年以来持续更新上市新品近10款。

第八，疫苗事件爆发，行业整顿，幸存者受益，市场集中度提升。2016年"山东疫苗事件爆发"，整个疫苗行业均受到较大影响。公司积极调整策略，印度市场实现批量出口，且迈丰药业狂犬疫苗生产工艺稳定，问题得到解决，批签发数量反而增加，大行业下行的背景下公司成功实现增长。疫苗事件影响减弱后，公司疫苗业务进入全新发展阶段。2018年长生生物毒疫苗事件也是如此，ST长生退出市场，公司疫苗板块受益。

目前金赛药业在渠道下沉和新品占比逐渐上升等因素的驱动下能够保持高速增长，持续为公司贡献利润；百克生物在"疫苗事件"之后逐渐恢复国内销售，同时迈丰生物生产工艺调整完毕，有望走出亏损，为公司贡献利润。虽然受地产业务影响，四季度业绩增长放缓，但长春高新2018年业绩实现了预期高增长。预计生长激素将继续拉动公司增长，疫苗业务也有望受益长生生物退出而实现高速增长。

3. 泰格医药（300347）

上市时间：2012年8月17日，创业板
企业性质：民营企业
累计收益率：2175%
年化收益率：37%
最低点：2012-11-27，5.89元
最高点：2018-07-18，68.80元

泰格医药2004年成立于杭州，是一家专注于为新药研发提供临床试验全过程服务的合同研究组织（CRO），也是第一家在A股上市的综合性CRO企业。公司主营业务为临床研究相关咨询服务（2018年年中收入结构占比51.5%）和临床试验技术服务（占比48.5%），涵盖新药开发全部流程，能为药企提供新药开发一站式服务。临床咨询包括数据管理与生物统计、生物分析、CMC、SMO、注册申报等，临床服务包括BE业务、I-IV期临床试验技术服务、仿制药一致性评价等。公司是本土化创新型临床CRO，参与过150多项国内创新药临床试验。

公司一直由叶小平和曹晓春共同掌管，两人是目前公司前两大股东。叶小平持股占比24.82%，曹晓春占比8.75%，两人是一致行动人。叶小平学医学出身，早期有机会接触国际多中心临床试验

的管理，积累了大量经验。前十大股东中，陆股通的香港中央结算公司是第三大股东，持股5.57%。同时也有"国家队"入驻，持股近2%。

10年间公司股价整体趋势震荡上行。2015年上半年、2017年至2018年上半年有较大涨幅。2015年7月22日CRO行业的史上最强整治出台，CFDA（原国家食品药品监督管理总局，现更名为国家药品监督管理局）发布史上最严的数据核查要求，2015年下半年开始到2017年年中处于下跌阶段。随着行业核查影响减弱，同时叠加鼓励医药医疗器械创新的文件出台，CRO行业迈入快速发展阶段。2017年公司临床试验技术服务增长了73%，2017年后股价一路上行，2018年7月达到最高价，之后受疫苗造假事件影响震荡下跌。

公司能成为大牛股的核心原因是：第一，国内仿制药一致性评价、创新药研发投入需求增长以及国外产业链对国内的转移，使CRO作为上游行业快速发展。近几年，中国药品创新研发进入了前所未有的爆发格局，国家开放了国外新药进口的速度，药品一致性评价开展，药企需要大量的临床试验技术服务，而中国的药品创新研发几乎从零起步，CRO临床试验行业需求旺盛。此外，中国药审政策不断与国际接轨并且审评效率提升，2017年CFDA重启了临床资源的审批工作，国内医药产业升级带动创新浪潮，CRO行业保持着近30%的复合年增长率。医疗服务行业2009年时板块指数仅500点，2019年年初时已经高达4400点，增长了7倍多。

第二，源于 CRO 行业本身的特点和优势。国内医药研发处于上升期，外包服务需求旺盛，CRO 国内市场仍处于开拓期，未来市场空间大；行业毛利率、净利率都很高，公司临床咨询服务毛利率 48.5%，临床技术服务毛利率 39%；行业内公司的偿债能力都很强；行业技术壁垒高，业内企业有护城河优势。

第三，正确布局了临床研究相关咨询服务。临床咨询业务盈利能力强，增长稳定，已经成为公司最大的利润来源之一，连续几年超过技术服务对业绩的贡献。

第四，通过"自建+外延并购"延伸业务链，形成了服务闭环，拥有临床 CRO 最全产业链。公司起初做临床试验技术服务，之后进行了一系列外延并购，如收购美斯达（2009 年，国内少数有能力参与到全球医药研发产业链中的 CRO 企业之一，有业内最高标准的业务流程）、杭州思默（2011 年，提供临床试验中心管理服务的中心管理组织 SMO，是国内最大的 SMO 公司之一）、方达医药（2014 年，拥有国内领先的生物样本分析技术）、DreamCIS Inc.（2015 年，韩国本土大型 CRO 企业之一）、捷通泰瑞（2016 年，国内医疗器械 CRO 龙头，占市场份额 20%）、北医仁智（2016 年，国内心血管领域领先 ARO 公司）等。通过外延并购，公司能够提供数据管理、统计分析、SMO、医学检测、注册申报等一体化的临床研究相关咨询服务，基本形成临床 CRO 服务的完整闭环。目前已经建立了 12 个海外办事处，向全球多中心 CRO 企业迈进。

第五,注重人力资本,人均产出不断提升。公司起初付给医院的费用在成本中占比高,后来随着公司业务链延伸,公司人员扩充到近 3000 人,5 年人员复合增速 36%,人员成本高,但仍低于收入端 46% 的强劲增长,说明人员投入的效率较高,单位人均产出扩大。公司核心管理团队稳定,绝大多数高管均上市前在公司任职。

第六,临床研究优势具备技术壁垒。公司创新药研发能力强,共参与过 100 多项国际多中心临床试验,是为数不多的能承担多中心临床试验的本土 CRO 企业之一。2017 年底执行的国内创新药项目 52 个,超过业内平均水平。实控人叶小平曾任罗氏制药医学注册部总监。

第七,拥有客户资源优势,服务受到客户肯定。2017 年末客户数量为 1496 家,其中,国内客户 973 家,国外客户 523 家,全球前 20 大制药商中有 16 家与公司有合作关系。

第八,深入布局下游临床资源,临床试验成本降低,周转加快。下游临床资源是 CRO 公司业务开展的基石,公司在全国 50 个市建立了服务网点,与超过 1500 家临床机构开展合作。开拓排他性临床资源,与 18 家医院共建临床基地,床位数增加近 1000 张,有效缓解了 BE(生物等效性)项目临床资源短缺问题;大力推进与国内三四线城市医院进行 II–IV 期临床中心共建,培养了一批 II–IV 期临床研究机构。随着政策限制的放开,公司共建及投资的临床资源产能逐步释放,临床试验成本逐步降低,周转加快,使公司毛利率进一步改善。

作为一家本土大型临床试验 CRO 企业，公司目前正向跨国 CRO 企业转型。在中国药审政策不断与国际接轨的背景下，公司在国际多中心布局逐步完善，带来增量临床试验订单。另外，由于国内创新药产业蓬勃发展、医药研发投入不断增长，预计国内 CRO 行业未来有望继续保持高增长态势。公司凭借在临床 CRO 的核心竞争优势，亦有望保持高速增长。

4. 片仔癀（600436）

上市时间：2003 年 6 月 16 日，主板

企业性质：地方国有企业

累计收益率：1989%

年化收益率：36%

最低点：2009-01-08，4.02 元

最高点：2018-05-28，129.33 元

片仔癀成立于 1999 年，由原漳州制药厂改制而成，是中华老字号企业，生产设备达到世界先进水平。公司主营业务是医药（2018 年年中收入结构占比 90%），还有涉及日用化妆品销售（占比 9%）。医药核心产品为片仔癀系列中成药，包括片仔癀、片仔癀胶囊、复

方片仔癀软膏等，主要用于护肝。公司独家生产的国家一级中药保护品种片仔癀，被誉为"国宝神药"，传统制作技艺被列入国家非遗名录，并被列入国家一级中药保护品种。

公司第一大股东为漳州市九龙江集团，背后实际控制人为漳州国资委。前十大股东中还有"国家队"及陆股通的香港中央结算公司，位列第三、四大股东。

2013年至2015年，公司股价随行业景气影响有较大幅度的上涨。2018年股价上涨幅度远超行业指数，2018年5月28日达到最高点129.33元，之后三个月有较大幅度的下跌，最低点近70元，随后开始缓慢上升。

公司成为大牛股的核心原因是：第一，中药行业发展迅速。片仔癀的商业线是"制药＋医药商业＋日化用品"，所以兼具"医药＋消费"双重属性，但公司能发展起来主要还是中药。中药作为中华传统医药，发展迅速。2009年时股市中药板块指数仅1900点，2019年初时已经5900点了，2015年年中牛市高峰时甚至高达12800点。

第二，工艺和处方被列入国家"双绝密"，保密期限永久。国家中药保护品种分三类，其中最高等级国家绝密级配方只有片仔癀和云南白药。公司有传承人制度，全世界只有3个人知道配方，公司不对外公告传承人，每位传承人都签有保密协议，国家对3位传承人的人身安全实施周密的保护措施。双绝密铸就了独此一家的片仔癀，竞争对手无法模仿其配方。

第三，天然麝香原料稀缺，产量有限，国家定量配给。片仔癀原料主要有天然麝香和天然牛黄。天然麝香的使用由国家统一审批和分配。目前国家每年天然麝香配额在 500 公斤左右，国内目前允许使用天然麝香投料的中成药企业共 16 家，片仔癀第一批获得该配额资格。公司是唯一一家有养殖林麝资格的企业。林麝数目锐减、需求量不断增加使天然麝香价格一路走高。2010 年至 2017 年，天然麝香价格由每克 150 元涨至最高 450 元，实现了 3 倍的涨幅。此外，天然牛黄也是名贵得供不应求的原料，每年需求量达到 5000 公斤，但市场供给有限。我国每年天然牛黄产量仅 400~700 公斤，2016—2017 年价格在每克 200 元左右，2018 年攀升到每克 310 元。

第四，由于产品的原料及秘方具有特殊性能，公司独有垄断，有定价权。片仔癀的主要客户是富人，对涨价敏感度较低。10 年来，片仔癀涨价 10 次，销量提高 2 倍，量价齐升，预期今后需求提升，继续涨价也是必然趋势。2016 年到 2018 年公司股价提升幅度大，主要源于业绩实现较大幅度增长。片仔癀系列 2016 年时提价 8% 左右，但销量没有减少。2018 年时产品更是量价齐升，制药产品毛利率高达 86.48%。

第五，传统老字号国宝企业，有品牌优势，中国中成药在海外最具知名度的品种，没有之一。中国有两个传统老字号国宝企业，一个是国酒贵州茅台，另一个就是国宝秘药片仔癀。片仔癀源于

500年前的明朝宫廷，兴于寺庙，流传于民间，发展于当代，被国内外中药界誉为"国宝名药"。此外，它还蝉联国家金质奖，是中国中成药单品种出口创汇第一名，是走出国门的第一药，海外市场也较好。在越南战争时期片仔癀甚至是美军重要的军需储备药品。

第六，2014年的营销改革激活终端活力。2014年新上任的董事长推进体验馆布局，进行销售模式改革，并加大宣传。其中"片仔癀体验馆"是核心，推动了2015年后片仔癀的高速增长。体验馆重构了公司营销体系，实现了从渠道拉动到终端驱动的转变，这种体验馆直销模式叠加主动进行央视、学术等方面的推广，使品牌宣传力进一步提高。体验馆扩张路径与区域增长相一致，持续为效率贡献增量。目前片仔癀已经从福建省内市场纵深走向全国，渗透率有较大提升。

第七，衍生产品逐步发力，培育大健康品类，使公司兼具消费属性。公司将日化、化妆品与养生食品业务作为"一核两翼"战略中的两翼。日化产品如片仔癀牙膏消炎降火，在大健康上延展性较好。化妆品产品线丰富，共计90款，定位属于中低端，较为知名的有"皇后牌珍珠膏"。2018年日用化妆品收入2亿元，毛利率59%；食品收入近1亿元。

在消费升级、政策鼓励中医药龙头的背景下，公司通过"二次开发"深挖产品价值，通过营销改革擦亮品牌、拓展体验馆等新渠道，使"国宝秘药"为更多人所知、为更多人所用，片仔癀全年销量增长明显，日化板块也保持较快增长，商业流通与公司业务互为补充，支持公司可持续发展。

5. 伊利股份（600887）

上市时间：1996年3月12日，主板

企业性质：国有企业

累计收益率：1892%

年化收益率：35%

最低点：2008-12-31，1.15元

最高点：2018-01-23，34.65元

伊利股份成立于1993年，是国内乳制品行业两大巨头之一。公司主营业务为液体乳（2018年收入结构占比为82.6%）、奶粉及乳制品（占比10%）和冷饮产品系列（占比6%）。公司下设液态奶、冷饮、奶粉、酸奶和原奶五大事业部，生产上市"伊利"牌产品近1000多种。液体乳产品具有金典、安慕希、舒化奶等品牌。伊利超高温灭菌奶连续7年产销量居全国第一，伊利雪糕、冰激凌连续10年产销量居全国第一。伊利液体乳市占率在25%左右，其中常温奶市占率35%，低温奶市占率18%；奶粉市占率在5%~6%左右，而且有持续扩大的趋势。在荷兰合作银行发布的2017年度"全球乳业

20强"中,伊利排名亚洲乳业第一,全球乳业8强,连续四次入围全球乳业前十。

公司股权较为分散,第一大股东是陆股通的香港中央结算公司,持股比例13.48%;第二大股东是呼和浩特投资公司,持股比例8.86%,背后是呼和浩特国资委(占比81%)和上海电气集团(占比19%);第三大股东是董事长潘刚。前十大股东中国"国家队"持股近3%,其他多为高管持股,管理层合计持股8%。公司的大股东加上管理层持股不足17%。

2008年底股价最低只有1.15元,从2009年开始一路上涨,有三个较明显上涨阶段,分别在2013年、2015年和2017年四季度。2013年业绩高速增长,顺应2013年牛市,共同带动股价上涨。2017年实现了远超行业的涨幅。在2018年1月23日股价达最高点34.65元,之后开始一路震荡下跌。

公司成为大牛股的核心原因有:第一,伊利的发展历程是中国乳业从小到大、从弱到强的缩影,而乳业过去十年是个好赛道。乳品是大众快速消费品,需求稳定,越来越多的人有喝牛奶的习惯。习惯就意味这种生意是高频、终身的消费。在中国,奶制品可能是除矿泉水外最大的饮料品类之一,且奶制品的营养价值高。作为大众消费品,乳品所在的食品加工行业板块指数2009年时是2300点,2019年时已经是12000多点了。乳品消费市场潜力大,国内人均乳品消费量不足欧美发达国家的1/5;消费奶量上,农村相对于城市还有很大的提升空间；中国婴幼儿奶粉市场持续上涨，尤其是三四线城市和农村市场。食品消费升级加快，乳品消费结构升级换代，中国酸奶销售额较快增长，目前低温酸奶市场份额较大，常温酸奶增速较快。低温酸奶营养价值和口感优于常温酸奶，以后可能会逐步替代常温酸奶。目前农村消费以常温酸奶为主，城市消费以低温酸奶为主。

第二，抓住三聚氰胺事件后行业洗牌的机会，通过巨额广告投入干掉了大多数对手。2008年之前，乳制品行业黄金十年，常温奶兴起，乳业迅速放量，常温奶龙头崛起，产量年均复合增速均保持在10%以上。2008年三聚氰胺事件之后，国家提升奶源标准，加强生产监管，乳制品行业壁垒逐渐抬高，乳业从野蛮发展到精细化发展。在行业洗牌、壁垒提升、乳制品同质化的行业环境下，伊利、蒙牛的巨额广告投入使它们逐渐成为行业领头羊。

第三，奶源好，伊利拥有中国规模最大的优质奶源基地及海外众多优质牧场。主要奶源基地分处天山、锡林郭勒、呼伦贝尔地区，是黄金奶源带（因为在北纬45°附近，属于中温带，非常适合产好牛好奶）。2014年，公司海外布局新西兰南岛基地，专门提供高端品，扩大了奶源范围，提高了液态奶奶源质量，随后就推出了乳蛋白含量高达40%的金典牛奶。伊利在全国拥有自建、在建及合作牧场2400座以上，规模化、集约化的养殖在奶源供应比例中达到100%，居行业首位。此外，公司对上游牧场实行嵌入式统一管理，对上游优质奶源掌控力较强。

第四，产品质量好，质量管控"三条线"把关品质。在检测规程中，伊利在国标线的基础上提升50%，设立企标线，在企标线的基础上再提升20%作为内控线。三条线层层把关，确保产品品质。

第五，广告推销力度大，构建品牌渗透力。2008年后，伊利、蒙牛通过巨额广告投入完成了市场洗牌，并确立了龙头地位。一提到牛奶，大家首先想到伊利和蒙牛。伊利广告费用营收占比2012年是8%，2017年时已经稳定在12%左右了。目前，伊利品牌线齐全，如金典、安慕希、巧乐兹、金领冠等。

第六，拥有销售渠道优势，渠道下沉（三四线及农村）效果较好。伊利有自己独立的物流体系，并与第三方物流公司合作良好，产品从出厂配送到终端（乡镇），最长不会超过10天。公司销售网络覆盖全国，销售渠道可以直达乡镇的终端末梢消费者。2017年年底，公司直控村级网点近53万家，业内第一。而下线市场不仅带来普通需求，还会由于送礼推动高端奶增长。

第七，产品结构升级，提价推高端品。2008年后乳业行业逐渐进入精细化发展阶段，2014进入泛品类化和并购阶段，乳制品行业壁垒逐渐抬高。2012—2017年年均复合增速降为3%，整个行业的销量增长逐渐走向饱和，而单价的提升推动销售额快速增长。公司2016—2018年股价表现很好，而产品结构调整是伊利2016年的主线。2016年明星产品安慕希、金典、金领冠珍护、畅轻等增速均在双位数以上，抵消乳饮料等老产品的销量下滑，带动营收增长。公司近年来的销售额增长主要靠高端品拉动，比如常温酸奶安慕希。2017年安慕希销售额已超120亿元，在常温酸奶中市占率43%，居第一。此外，伊利近年来不断拓展非奶业务，致力优化产品结构，例如2017年推出的豆奶等。

第八，竞争格局是乳业双寡头，强者恒强。伊利与蒙牛双寡头领先，占据中国乳制品40%左右的市场份额，其中伊利25%，蒙牛15%。同时伊利保持着快于行业整体的增速，市占率还在提升。

第九，公司运营质量同业对比高。（1）毛利率，尤其净利率同业对比最高。2017年年报数据，毛利率伊利36.8%，蒙牛35%，光明33%，三元29%；净利率伊利8.9%，蒙牛3.4%，光明3.8%，三元1.3%。（2）伊利净资产收益率常年维持在20%以上，典型的现金奶牛企业。而蒙牛近五年平均净资产收益率只有8.3%，其中2016年还是亏损的，原因是收购雅士利的商誉减值和出售库存大包粉的一次性亏损。（3）公司运营所需资金为负。公司2017年营收680亿，应收账款和应收票据加起来不到10亿；运营资金周转天数为存货+应收款–公司应付款=–25天，公司可以占有上下游25天的账期。而蒙牛应收账款和应收票据加起来是26亿，蒙牛运营资金周转天数基本为0。（4）公司轻资产运营。公司最近五年的经营现金流远远大于公司的经营利润；最近五年购置固定资产投入176亿，是公司最近5年营收2912亿的6%，维持运营所需资本投入不高。

第十，由于标的优秀，分红多，陆股通资金青睐，买成第一大股东。公司股价 2016 年快速发展，也是陆股通资金逐渐来 A 股买核心白马的阶段。公司最近五年累计分红 147 亿，占公司最近五年净利润的 62%，而蒙牛只有 25 亿。

第十一，通过海外收购来提升奶源风味并进入各国市场。伊利在亚洲、欧洲、美洲、大洋洲等乳业发达地区构建了一张覆盖全球资源体系、全球市场体系的骨干大网。2015 年，在西雅图成立中美食品智慧谷，研发健康牛奶进入美国市场。2017 年，伊利收购澳大利亚最大乳制品公司迈高集团，成为澳大利亚市场占有率最大的乳制品公司。同年，以 8.5 亿美元收购达能旗下美国有机酸奶生产商 Stonyfield，完善了有机奶奶源布局，扩大了美国市场。2018 年，伊利公司收购巴基斯坦乳制品公司 Fauji Foods Limited，深化中东布局；同年，收购泰国本土最大冰激凌企业 Chomthana，全面进入泰国市场，并辐射东南亚市场。

目前，公司正积极布局奶酪和健康饮品，寻求全新增长点。公司作为乳制品龙头企业，在夯实主业的同时尝试进军健康饮品领域，打开长期成长空间，相继推出了植选豆奶、焕醒源功能饮料。新成立了奶酪和健康饮品事业部，梳理新产品的经营体系，为长期增长奠定基础。同时公司大力拓展国际化业务，产品落地印尼市场。

6. 美年健康（002044）

上市时间：2005 年 05 月 18 日，中小板

企业性质：民营企业

累计收益率：1767%

年化收益率：34%

最低点：2008-12-31，0.80 元

最高点：2015-06-11，25.35 元

公司是民营体检巨头，以健康体检为核心，提供专业体检和医疗服务。公司主营业务为体检服务（2018 年收入结构占比近 99%）。公司拥有"美年大健康"（定位大众健康）、"慈铭体检"（定位大众健康）、"慈铭奥亚"（定位中高端团体及综合医疗）、"美兆体检"（定位高端个人健康）等多个健康体检品牌。公司目前是全国非公专业体检第一龙头，有中国最大的个人健康大数据平台，是医疗服务行业稀缺标的。

公司前三大股东都是法人平台，前两大股东背后实际控制人都是俞熔，第三和第四大股东背后是郭美玲。前十大股东中官方机构只有社保基金入驻，合计持股占比 4.5%。

美年健康 2015 年通过借壳江苏三友上市，之后股价多次涨停，短短 3 个月，股价从 3 元左右涨至 25 元左右。2016 年时公司更名

为美年健康。公司2017年6月收购慈铭体检100%股权（2014年底已收购近28%股权），确立了行业霸主地位，股价期间也有较大涨幅体现。2018年公司受股市行情影响下跌。

公司成为大牛股的核心原因是：第一，我国健康体检行业处于黄金期，渗透率不断提升，民营体检也相应不断发展。根据中国产业信息网数据，2010年中国体检市场近300亿元，第三方体检仅74亿元；2017年时体检市场规模达到1350亿元，第三方体检规模340亿元。行业复合增速都在26%左右。体检行业中，公立医院份额大，但民营体检网点分布更密集，靠价格（民营凭借客单价300~500元，公立的较贵）和服务抢占公立医院市场。

第二，业务模式标准化程度高，可不断扩张复制。其他医疗服务行业业务发展往往受限于医生资源缺乏，需要和公立医院争夺医生资源。但健康体检行业与临床诊断不同，对医生专业要求相对较低，而且医生多为退休返聘，所以医生资源不稀缺，扩张时不会因此受限。2014年美年健康员工近2000人，其中退休返聘人员占比超过75%。

第三，不断并购扩张整合优质资产，成为细分垄断性龙头。公司成立于2006年底，2011年是民营专业体检第三名，前两名为慈铭体检和爱康国宾。2011年底公司收购业内第四名大健康科技，之后又收购北京绿生源体检中心、西安康成连锁体检中心和广东体检龙头瑞格尔。2015年借壳上市后，又收购了美兆体检和业内排名第一的慈铭体检。

收购慈铭体检后，美年健康市占率成为行业第一。2018年上半年净利润同比增长近100倍。根据中国产业信息网数据，2019年第一季度，民营体检行业美年健康市占率23.9%，爱康国宾12.3%，瑞慈体检2.8%，华检体检1.2%，其他中小体检机构占近60%。通过收购，美年健康有效补充了高端体检市场的短板（公司业务主要覆盖中低端市场），市值从300亿涨到700亿，资本市场很认可。

第四，自建＋体外孵育＋并购，分院扩张数量多。单店营收增长有天花板，因为场地、接待的体检人员存在一定限制。有多少店，决定了有多少业绩。2018年公司达成了运营600家专业体检中心的目标，覆盖了32个省、市、自治区，215个核心城市，是国内规模领先、分布最广的专业体检及医疗机构。而新开一家体检中心一般只要一两年就可达到盈亏平衡。

第五，先参后控的模式，正确选择登录A股，解决了分院扩张的最大瓶颈（资金）

（1）决定体检机构扩张速度的核心是资金。一个系统完备的健康体检机构初期投入在2000万元左右。设备费用占50%，房租占15%，标准化程度高。

（2）登录A股后，公司融资能力比爱康国宾更高。上市前美年健康和爱康国宾融资能力差异不大，但上市后，融资能力显著分化，公司每年新增分院数5倍于爱康国宾。爱康国宾2014年有

50家左右分院，2017年仍然不到100家；而美年健康（不含慈铭）2014年不到100家，2017年已经近400家。因为爱康国宾是美股上市，美国投资者对公司业务理解受限，上市4年通过设立并购基金仅融资5亿元；而美年健康A股上市后，融资额是爱康国宾的3倍。

（3）先参后控的模式，节约资金，体外孵育分院。"先参"是每新建一家体检中心，公司先参股10%左右，其余股份由并购基金和其他区域小股东持有。"后控"，是体检中心经过一两年的发展达到盈亏平衡后，再由公司出资向并购基金收购标的公司股权至50%以上，达成控股。等三五年体检中心达到一定利润，再由上市公司出资全部持股。

第六，以团检客户为主，B端销售能力强，加快资金周转效率。规模较大的民营体检团体客户占比都在75%以上。团检多为员工福利，费用统一结算，这样客户对体检服务要求相对较低。而美年对销售很重视，带来客流量大幅增长。销售人员数量和占比均高于同业平均水平。2016年美年的销售员工占比31%，其他上市民营体检机构占比最高仅18%；2016年销售费用7.2亿元，占营收23%，而爱康国宾是5亿元，占营收比重仅为17%。

第七，渠道下沉，避开红海（一二线城市），进入蓝海（三四线城市）。美年与爱康的最大差别是爱康在一二线布局多，而美年在三四线城市布局多。一二线城市体检行业基本上为红海，而低线城市（三四线城市）是体检业务的蓝海。低线城市有庞大可开发的客户群体（人口基数庞大叠加人口回流，中产阶层比例上升快，可支配消费能力较强），竞争环境宽松，客单价较高，运营成本较低。美年先发布局，低线城市门店已经超过一二线。

目前公司布局的高端品牌美兆、奥亚，服务能力多维化。大众品牌美年、慈铭正在复制扩张，并且服务内容多元化提升，从健康管理、数据管理等角度提升价值。从长期角度，公司的发展逻辑和成长空间没有发生本质变化，具备长期成长空间。

7. 通策医疗（600763）

上市时间：1996年10月30日，主板

企业性质：外资企业

累计收益率：1734%

年化收益率：34%

最低点：2008-12-31，2.59元

最高点：2018-07-16，59.10元

通策医疗成立于1995年，是国内第一家以口腔医疗连锁经营为主要模式的上市公司。公司主营业务为医疗服务（2018年年中收入结构占比96%），下设三大业务板块：口腔（提供种植、正畸、修复等服务）、辅助生殖和眼科。口腔是最主要的业务，占比高达79%。

公司主要凭借杭州口腔医院，以杭州为中心，辐射浙江。2017年浙江省内营收占比达到93%，在杭州的占比达到60%。公司是聚焦于浙江省的口腔医疗龙头。

公司控股股东为杭州宝群实业集团，持股比例为33.8%，是通策控股集团的全资子公司。集团背后实际控制人是吕建明，持通策集团78%的股份。

通策医疗近10年来有两次较大涨幅，一次是2013—2015年，股价最高点达54.84元，之后震荡下跌。2017年四季度后迎来第二次涨幅，最高超过59元。之后在行业大幅下降时，公司仍将股价维持在高位。

公司成为大牛股的核心原因是：第一，口腔医疗作为专科更容易突破综合医院限制，同时兼具"医""美"属性，市场空间大，行业处于黄金发展期。综合医院对资本、人才的需求大，口腔专科领域是医疗体制改革后社会资本进入医疗行业的率先突破点。口腔医疗服务兼具"医"和"美"的属性，市场规模大。我国人群在龋病治疗和牙周洁治以及义齿修复方面有较大需求。我国全民口腔病患病率高达90%以上，但就诊率仅10%，从未看过牙医的人超过60%，只有2%的人有定期进行口腔检查和清洁的习惯。

第二，以"杭州口腔医院"为核心，业务"量价齐升"，支撑业绩稳定增长。杭州口腔医院创建于1952年，2006年杭州宝群实业公司收购了杭州口腔医院，并在2016年挂牌中国科学院杭州口腔，该口腔医院的收入占了通策医疗整体营收的74%，是公司最重要的利润来源。种植、正畸等高端业务的增长，使公司整体客单价持续上升，从2015年706元/人次，上升至2018年上半年748元/人次。2007—2017年收入实现33%的复合增速，归母净利润增速高达40.6%。

第三，"旗舰总院+分院"模式，支撑品牌影响力，销售费用仅为同业的1/15。大部分以门诊为主的民营口腔连锁机构需要通过多门店覆盖人群以及广告宣传获客，销售费用成本较高。"总院+分院"的优势在于保留了高水平医院作为经营核心，旗舰医院平台形成有力支撑，在一定区域内形成品牌影响力，再以旗舰医院为基础在附近区域开设分院，将品牌影响力快速推开，在较短的时间内积累客户资源。公司旗舰中心医院就是杭州口腔医院和宁波口腔医院，核心业务为口腔医疗服务，以生殖医疗服务为辅。该模式使销售费用率保持在1%左右，而同行却往往高达15%~20%。

第四，公司拥有获取稀缺公立医疗资源的能力。公司通过收购在当地已有一定体量和知名度的口腔专科医院，并依托于该医院的原有品牌发展连锁分院来实现扩张，将浙江省内市场从杭州市拓展至宁波市，并进一步拓展至河北、湖北及云南，先后收购了沧口、宁口、黄石现代以及昆口医院。2018年半年报披露，公司纳入并表范围的口腔医院共26家，加上体系外口腔医院，共覆盖23个城市。

2016年公司成立医疗投资基金，定向投资北京、武汉、重庆、成都、广州、西安六家大型口腔医院，之后又与创业软件、迪安诊断共同设立了大健康产业基金。

第五，拥有医生核心资源。牙医单兵作战能力很强，水平高的大夫往往很容易自立门户，这也是这类专科医院行业的症结所在，会限制非公医院的扩张壮大。公司建立了自己的一整套人才培养、引进计划，与大学展开合作或自建大学，已与国内外六所院校（包括中国科学院大学、杭州医学院、德国柏林大学）建立战略合作，与中国科学院大学合作成立的国科大存济医学院是公司新一轮全国扩张的核心医疗平台，将依托它建立以各学科名医为核心的通策医疗集团。

公司提前布局辅助生殖领域，与剑桥波恩（诺贝尔生理学或医学奖获得者"试管婴儿之父"罗伯特·爱德华兹创立的体外受精试管婴儿治疗中心）共同打造昆明波恩生殖中心，现已投入运营。生殖中心目前已扩展至三家诊所，2014—2016年就诊人数略有提升，复合增速15%。2018年6月，公司正式推出"蒲公英计划"，计划三年内在浙江省布局100家分院，其中首批签约10家医院已经正式亮相。

其他业务方面，眼科业务正处于培育期，浙大眼科医院已经开始装修，同济大学和夏利特医科大学附属中德妇幼医院装修工程也已启动，公司专科"大平台"战略即将落地。

8. 隆基股份（601012）

上市时间：2012年4月11日，主板

企业性质：民营企业

累计收益率：587%

年化收益率为：33%

最低点：2012-12-04，1.30元

最高点：2017-11-22，30.52元

隆基股份成立于2000年，2015年成为全球最大的太阳能单晶硅光伏产品制造商。公司主营业务为太阳能组件（2017年收入结构占比56%）、单晶硅片（占比35%，主要应用于各类太阳能光伏电池），此外还涉及电力（占比2.7%）、电池片（占比2.4%）、光伏系统设备、单晶硅棒等。公司是光伏行业的单晶龙头，2017年占全球单晶市场份额的37%。

公司控股股东为李振国，持股比例15%。李振国及其一致行动人李春安、李喜燕共持有隆基股份31.32%的股份，三人为公司前三大股东。李振国与李春安是兰州大学校友。公司董事长及多名高管拥有技术背景，非常注重技术积累和应用。前十大股东中有"国家队"和陆股通的香港中央结算公司。

公司股价在2015年、2017年有两次大幅上涨，第一次光伏行

业处于上升期，行业盈利丰厚，业内公司全面上涨。2017年，公司在行业低迷时却逆势实现高增长，净利率大幅提升近7%。2018年开始股价受国内531政策影响大幅下降，之后政策纠偏，股价逐渐上升。

公司成为大牛股的核心原因是：第一，2013年后光伏产业迎来疯狂增长。光伏是一个政策依赖性较强的行业。2010年以前，中国光伏产业累计装机量不到1GW，在世界范围之内几乎可以忽略不计。2012年下半年开始，国内利好政策不断，如规划发展规模提高装机需求、制定标杆上网电价和光伏发电补贴，促使整个光伏产业疯狂增长，光伏装机年均复合增速超过60%。2017年装机量高达53GW，占全球100GW的一半多。

第二，通过加大研发投入和费用管控，公司毛利率提高。2013—2017年，公司研发支出从1.5亿元增加到11亿元，营收占比6%。（1）通过持续性工艺提升（连续拉棒、提高拉棒速度等），使拉棒非硅成本低于2.5美分/瓦。（2）2015年金刚线应用成功（隆基是国内最早应用金刚线切割的公司），使单晶硅片成本大幅下降近20%，切割速度大幅加快，这使公司单晶的市占率迅速提升，2015年成为全球最大的单晶硅片制造商。（3）2012—2016年公司非硅成本降幅达67%，硅片总成本为3.07元，而其他公司的成本则为3.33元，比行业整体低8%。公司毛利率领先同行，由2014年的3.2%上升至2015年的8%

第三，不断投入，扩大产能，产品出货量全球第一。公司的固定资产在2011年、2016年和2017年大幅增长，产能扩张，而需求旺盛，促使公司营收快速增加。2018年公司1/3的资产都是产能：硅片产量5年内增长了10倍，2013年硅片产量只有2.7亿片，2017年增长至22亿片；组件产量4年增长了约10倍，2014年组件产量43WM，2017年4531WM。2015年隆基股份单晶硅片出货量全球第一；2017年度隆基股份组件出货量全国第一，单晶组件出货量全球第一。2009—2018年，公司营收从7.6亿元增至146.7亿元，增长了18倍；净利润从1亿到16.8亿，增长了近16倍。

第四，打通下游产业链，实现自产自销。公司上市初期收入来源于单晶硅片和硅棒。从2013年开始往下游组件，乃至向光伏电站扩展。2015年成立乐叶光伏，布局电池、组件环节。2017年，组件和硅片收入占公司营收超过90%，分别为91.7亿元和57.5亿元。

第五，持续拓展海外市场，与美国签订大额订单。近年来，隆基股份在马来西亚投资建厂，在美国、日本、欧洲等地开设分公司。2017年隆基海外市场出货占比约10%左右。2017年公司与美国公司在美签署了价值6亿美元的高效单晶组件销售合同。

第六，2018年"531新政"后行业洗牌加速，行业低迷时，公司护城河凸显。2018年6月"531新政"宣布光伏补贴大幅减少。为提振需求，产品价格大幅下降。从2017年12月份开始，公司单晶硅片价格就持续下调10次，国内从5.4元跌到3.05元，海外从

0.73 美元下跌到 0.38 美元。在价格下降、补贴减少、行业价格竞争激烈情形下，成本高的企业被淘汰，而隆基因低成本优势和行业龙头地位获得更多市场份额，保持较大盈利，有较大防守能力。

2018 年 6 月以来，受"531 新政"影响，国内光伏装机需求低迷，公司单晶硅片价格下滑，三季度综合毛利率同比下滑 13.5%，净利率同比下滑 62%。2019 年是光伏发电平价上网新周期的起步之年，隆基作为高效产品龙头明显受益。公司计划未来三年继续扩大硅片、组件产能，垂直延伸单晶优势，成为全球单晶硅片绝对龙头。近期公司硅片价格上调，营收有望高增长。

9. 卫宁健康（300253）

上市时间：2011 年 8 月 18 日，主板

企业性质：民营企业

累计收益率：682%

年化收益率为：32%

最低点：2011-09-30，1.05 元

最高点：2015-06-05，37.66 元

卫宁健康成立于 1994 年，是国内第一家专注于医疗健康信息化的上市公司。当前业务覆盖智慧医院、区域卫生、公共卫生、医

疗保险、健康服务等领域的传统医疗信息化解决方案，以及云医、云药、云险、云康这四朵云（将医生、药品、保险、体检资源通过创新服务平台整合对接到C端）为代表的互联网医疗业务。公司的主营业务为软件销售（2018年年中收入结构占比53%）、硬件销售（占比25%）和技术服务（占比22%）。2017年IDC（互联网数据中心）医疗科技公司排名中，卫宁位列全球第33名，为中国唯一上榜企业。

公司实际控制人是周炜、王英夫妇。控股股东周炜及其一致行动人王英、周成共持20.17%的股份。上海云鑫创投（蚂蚁金服全资子公司，是蚂蚁金服对外投资平台）持有5.05%的股份，是第四大股东。前十大股东中也有"国家队"。

公司从2011年上市以来股价一直处于稳定上涨状态，尤其是2013年下半年开始，由当时的4.3元飙升至2015年6月的36.3元，增长了8倍多。随后受股灾影响，股价暴跌，在2017年8月时仅剩6元，2018年6月蚂蚁金服入股卫宁健康，公司逆势实现了增长。

公司成为大牛股的核心原因是：第一，近10年医疗卫生行业信息化进程加快。2009—2017年，我国医疗信息化行业市场规模逐年递增，且年均增速保持在20%以上。2014年市场规模264亿元，2017年448亿元。其中，HIS系统（医院信息系统，是医院信息的基础）年复合增长率维持在9.4%，医院核心管理系统、电子病历、集成平台临床数据仓库、分级诊疗系统实现20%以上的增长。

第二，公司传统医疗信息化业务高速发展，且盈利能力强。公司 90% 以上收入来自医疗卫生信息化业务，互联网医疗业务利润贡献较少。营收保持高速增长，2012—2017 年营业总收入复合年均增长率为 35.3%，扣非归母净利润复合增长率为 33.3%。

第三，与阿里、用友等巨头合作，布局互联网医疗＋外围参投，完成业务闭环。2015 年公司实施传统医疗信息化服务业务加创新的"互联网＋健康"业务双轮驱动战略，目前已经形成了云医、云康、云险、云药＋创新服务平台医疗健康生态的搭建，并完成了业务闭环。

公司又相继设立了卫宁互联网、纳里健康（专注发展云医）、卫宁科技等旗下实体，参投了如钥世圈（连锁药店信息化建设的第三方平台，合作发展云药）、上海好医通（中国领先的健康体检、健康促进、就医保障和私人保健医生等健康管理服务集成商，合作发展云康）等企业，并且与阿里（2018 年 6 月蚂蚁金服全资子公司上海云鑫创投入股公司）、国药、国寿等巨头达成了战略合作关系。

第四，具有品牌优势，覆盖面广。根据 IDC2014 年的统计数据，国内医疗信息行业前五名（东软集团、万达信息、卫宁健康、华件创业）的集中度约为 38%，其中卫宁健康市占率为 7.2%。卫宁传统业务已覆盖 5000 家以上医院以及 110 家以上卫生管理机构。

第五，重视研发创新，注重新产品储备。公司研发人员每年增长数百人，公司研发投入占营收比重逐步提升。2017 年研发费用

2.42 亿元，占营收比重 20%，达到近年高点。公司已开始开展全新一代产品的研发工作，打造"智慧医院 2.0""区域医生 3.0""互联网 +2.0"等一系列产品解决方案。

第六，费用管控同业对比很有优势。公司销售费用占营业总收入的比例由 2016 年的 15.8% 降至 2018 年上半年的 14.3%，管理费用率由 22.7% 降至 20.5%，财务费用率由 1.2% 降至 0.6%。销售期间费用率由 39.7% 下滑至 35.3%，费用压缩十分明显。同行业公司创业软件在 2018 年上半年的费用率为 36.4%，远高于卫宁健康。

当前，公司传统业务正处于高景气周期，并且如电子病历建设标准等政策刚性所衍生的行业利好仍未完全释放。同时，公司创新业务在"互联网 + 医疗健康"领域的布局已初步成型，合作伙伴中不乏蚂蚁金服、中国人寿、国药集团等巨头，前景值得期待。

10. 中天金融（000540）

上市时间：1994 年 2 月 2 日，主板

企业性质：民营企业

累计收益率：1470%

年化收益率：32%

最低点：2008-12-31，0.31 元

最高点：2015-06-12，10.82 元

中天金融成立于1994年，是贵州地区唯一一家上市的房地产企业，2013年前叫中天城投。公司主营业务是地产开发、城市基础设施及配套项目开发。收入结构中商品房占比86.8%，公司还涉及金融业务。公司是贵州地区的房地产龙头企业。土地储备主要集中在贵阳地区，所开发项目主要集中于贵阳、遵义、南京等地。

公司控股股东为金世旗公司，持股45.95%。实际控制人为罗玉平，持控股平台74.8%的股份。前十大股东中还有"国家队"。

公司股价在2014年至2015年上半年有大幅上涨，后受股灾影响大幅下降。2017年11月公司公告称拟收购华夏人寿21%~25%的股权。为了完成这个"吞象"计划，公司选择自2017年8月开始停牌来专心进行重组，想通过剥离非金融资产来实现300多亿的筹资计划，但进展并不顺利，目前仍在积极推进。2019年1月2日复牌后股价接连跌停，公司通过回购和增持来稳定股价。

公司成为大牛股的核心原因是：第一，历经房地产行业10年黄金时代。随着2014年全国性松绑、2015年中央经济工作会议提出三四线城市楼市"去库存"，贵阳陆续出台各种购房落户、购房免征营业税等优惠政策，推动房地产发展。

第二，贵阳楼市供需两旺。2009—2013年贵阳商品房销售额的复合年均增长率为38%，其中销售面积复合年均增长率为25%，销售价格的复合年均增长率为10%，销售面积的增长是商品房销售额增长的主要原因。贵州省城市化率较低，需求主要来自贵阳市以棚户区改造为核心的城市更新和"引银入黔"产业升级战略带来的办公居住需求。

第三,深耕贵阳,当地资源雄厚,拥有贵州省战略核心工程近99%的土地,是当地规范土地市场的最大受益者。公司开发建设的贵州金融城,是贵州省实施"引金入黔"战略的核心工程,是贵州省"十三五"重点打造项目,项目在2014年进入业绩释放期。公司在贵阳拥有1114.6万平方米的土地储备,占规划总面积的98.6%。2014年贵阳实施去大盘化的政策规范土地市场,而公司未来方舟和国际金融中心拿地已基本完成,是贵阳去大盘化的最大受益者。

第四,布局金融领域,金融全牌照,产融结合进行业务协同。从2013年开始公司积极布局金融业务。全资子公司贵阳金控是其持牌类金融业务领域核心运营平台,业内范围包括了银行、保险、证券、信托、基金等在内的"金融全牌照"。公司地产业务积累了大量的客户资源和合作伙伴资源,随着金融板块的完善,可实现客户流的内部转化和销售渠道整合。子公司贵阳金控在2015年首次被纳入并表,2016年半年报赚取净利润8.1亿元,在公司约26亿元的净利润中占比超过30%。

为了收购华夏人寿21%~25%股权,公司曾置出地产业务,公司将中天城投等相关房地产业务从上市公司悉数剥离。由于重组并不顺利,2018年12月公司又收回了房地产业务。但收购华夏人寿股权仍在积极推进,若顺利完成,将进一步加深公司的金融属性。